高职高专经济管理类“十二五”规划教材
国家示范性高职院校重点规划教材
高等职业教育校企合作特色示范教材

中级财务会计

主　编　杜国用
副主编　王庆彤　王　梦
主　审　张振和

上海财经大学出版社

图书在版编目(CIP)数据

中级财务会计/杜国用主编.—上海:上海财经大学出版社,2015.6
高职高专经济管理类"十二五"规划教材
国家示范性高职院校重点规划教材
高等职业教育校企合作特色示范教材
ISBN 978-7-5642-2153-9/F·2153

Ⅰ.①中… Ⅱ.①杜… Ⅲ.①财务会计-高等职业教育-教材
Ⅳ.①F234.4

中国版本图书馆 CIP 数据核字(2015)第 087518 号

□ 责任编辑 顾晨溪
□ 封面设计 张克瑶
□ 责任校对 廖沛昕 胡 芸

ZHONGJI CAIWU KUAIJI
中 级 财 务 会 计

主 编 杜国用
副主编 王庆彤 王 梦
主 审 张振和

上海财经大学出版社出版发行
(上海市武东路 321 号乙 邮编 200434)
网 址:http://www.sufep.com
电子邮箱:webmaster @ sufep.com
全国新华书店经销
上海市崇明县裕安印刷厂印刷装订
2015 年 6 月第 1 版 2015 年 6 月第 1 次印刷

787mm×960mm 1/16 13.25 印张 297 千字
印数:0 001—4 000 定价:33.00 元

前　言

对于高等职业教育而言，教材是课程教学的重要载体。为了开发符合高等职业教育教学特点的教材，提升学生岗位所需的理论素养及实践技能，我们编写了本教材。

本教材以《企业会计准则》为依据，是"财务会计"课程教材的重要补充，进一步全面阐述了财务会计的理论与实务。全书共有十个学习任务，分别为：或有事项的会计处理；资产减值的会计处理；债务重组的会计处理；非货币性资产交换的会计处理；借款费用的会计处理；会计政策、会计估计变更和差错更正的会计处理；政府补助的会计处理；外币折算的会计处理；所得税的会计处理；资产负债表日后事项的会计处理。

本教材编写具有以下特点：

(1)来源于企业会计工作，凝结了教师教学经验。教材是以职业岗位能力培养为导向，以教师历年来教学实践经验为基础，注重深浅适宜、兼顾知识层次和连续性而设计开发的。

(2)以工作任务为载体，注重职业实践技能培养。教材设计的关键是面向会计工作的过程，灵活设计"知识链接""拓展思考"和"学中做"，突出职业岗位实践技能的训练和培养。

(3)以真实业务为平台，注重知识和实践的融合。在教材中，将岗位所要求的专业知识、实践技能和会计准则规范融入每一个学习任务中，有机嵌入职业标准，实现"学做合一""理实一体"。

(4)以职业资格证为补充，强调课证融通。教材主体的"学中做"及每个学习任务之后的"做中学——职业技能·职业资格考试训练"与职业资格证相支撑，为学生职业资格证的考取奠定基础。

(5)以校企合作为保障，满足课程教学需要。在本教材的编写过程中，与行业企业合作，充分汲取行业企业骨干人员的实践经验，突出教材的实践应用性，强调教材的教学适用性和拓展性。

本教材由黑龙江职业学院杜国用任主编，黑龙江职业学院王庆彤、王梦任副主编，哈尔滨市志诚会计代理记账有限公司副总经理林萍参与编写并对本教材的实践案例提出了建设性意见。全书由黑龙江职业学院张振和负责审稿。具体分工如下:学习任务二、学习任务四、学习任务六、学习任务七、学习任务九由杜国用编写,学习任务十由王庆彤编写,学习任务一、学习任务三、学习任务五由王梦编写,学习任务八由林萍编写。

尽管我们在教材的编写中做了许多努力,但高职教育教材还需要不断建设和完善,不足之处在所难免,恳请读者批评和指正。

编　者

2015 年 5 月

目 录

学习任务一 或有事项的会计处理

【职业能力目标】

能够界定不同类型的或有事项，判断或有事项的属性，依据相应的确认、计量的要求进行会计核算。

【典型学习任务】

界定或有事项，判断或有事项性质，核算或有事项。

学习子任务一 界定或有事项

一、或有事项的含义

或有事项，是指过去的交易或者事项形成的，其结果须由某些未来事项的发生或不发生才能决定的不确定事项。

常见的或有事项主要包括未决诉讼、未决仲裁、债务担保、产品质量保证（含产品安全保证）、亏损合同、重组义务、环境污染整治、承诺等。

【学中做1－1】 下列各项中，属于或有事项的有（　　）。

A. 公司为其子公司的贷款提供担保

B. 公司以财产抵押向银行借款

C. 公司被国外企业提起诉讼

D. 公司代被担保企业清偿债务

正确答案：AC

答案解析：选项B，公司以财产作为抵押向银行借款是以其自己的财产提供贷款担保，不属于为其他单位提供财产担保，因此，选项B不正确。选项D，公司代被担保企业清偿债务，则是为其他单位提供债务担保这一或有事项终结的结果，属于现实确定的事项，而不是或有事项，因此，选项D不正确。

二、或有事项的特征

(一)或有事项是由过去的交易或者事项形成的

由过去的交易或事项形成，是指或有事项的现存状况是过去的交易或事项引起的客观存在。

例如，未决诉讼虽然是正在进行中的诉讼，但该诉讼是企业因过去的经济行为导致起诉其他单位或被其他单位起诉；产品质量担保，是企业对已售出商品或已提供劳务的质量提供的保证，不是为尚未出售商品或尚未提供劳务的质量提供的保证。

也就是说，或有事项是资产负债表日的一种客观存在，是现存的一种状况，而不是未来将要发生的事项。因此，未来可能发生的自然灾害、经营亏损等，不属于或有事项。

(二)或有事项的结果具有不确定性

结果具有不确定性，是指或有事项的结果是否发生具有不确定性，或者或有事项的结果预计将会发生，但发生的具体时间或金额具有不确定性。或有事项的这种不确定性，是其区别于其他不确定性会计事项的重要特征。

首先，或有事项的结果是否发生具有不确定性。例如，为其他单位提供债务担保，若被担保方到期无力还款，那么担保方将负连带责任。对于担保方而言，担保事项构成其或有事项，但最后是否应履行连带责任，在担保协议达成时是不能确定的。

其次，或有事项的结果即使预计会发生，但发生的具体时间或金额具有不确定性。比如，某企业因生产经营形成的排污治理不力，对周围环境造成污染而被起诉，如无特殊情况，该企业很可能败诉。但是，在诉讼成立时，该企业因败诉将支出多少金额，或支出发生在何时，是难以确知的。

知识链接 会计事项的划分

会计事项（经济业务）
- 结果确定的事项（结果确定、时间确定、金额确定）
- 结果不确定的事项（或有事项）
  - 结果本身不确定
  - 结果本身确定，但时间或金额不确定

【拓展思考】 或有事项与其他会计事项有什么区别？

(三)或有事项的结果须由未来事项决定

由未来事项决定，是指或有事项的结果只能由未来不确定事项的发生或不发生才能决定。

或有事项对企业是有利影响还是不利影响，或虽已知是有利影响或不利影响，但影响有多大，在或有事项发生时是难以确定的，只能由未来不确定事项的发生或不发生予以证实。例如，未决诉讼，其最终结果只能随案情的发展，由判决结果来确定。

或有事项的这一特征，说明或有事项具有时效性。也就是说，或有事项结果具有不确定性是相对而言的，相对于资产负债表日（通常指年度资产负债日）而言，结果尚不确定。但随着影响或有事项结果的因素发生变化，或有事项最终会转化为确定事项。

需要说明的是，或有事项与不确定性联系在一起，但会计处理过程中存在的不确定性并不都形成企业会计准则所规范的或有事项，企业应当按照或有事项的定义和特征进行判断。例如，折旧的提取虽然涉及对固定资产净残值和使用寿命的估计，具有一定的不确定性，但固定资产原值是确定的，其价值最终会转移到成本或费用中也是确定的，因此折旧不是或有事项。

【拓展思考】 或有事项随着时间的延续，最终转化为确定事项。这一说法是否正确？

【学中做 1—2】 下列各项中，属于或有事项特征的有（　　）。

A. 或有事项是过去的交易或事项形成的一种状况

B. 或有事项具有不确定性

C. 或有事项的结果只能由未来发生的事项确定

D. 影响或有事项结果的不确定因素基本上可由企业控制

正确答案：ABC

答案解析：选项 D 错误，影响或有事项结果的不确定性因素不能由企业控制。

学习子任务二　判断或有事项属性

或有事项的结果可能会产生预计负债、资产、或有负债、或有资产等情形。其中，预计负债属于负债的范畴，当符合确认条件时应予以确认。或有资产和或有负债由于不符合资产要素、负债要素的确认条件，不应予以确认。

一、或有事项确认为预计负债、资产

（一）或有事项确认为预计负债

与或有事项相关的义务同时满足以下三个条件时，企业应将其确认为预计负债：该义务是企业承担的现时义务；履行该义务很可能导致经济利益流出企业；该义务的金额能够可靠地计量。

1. 该义务是企业承担的现时义务

“该义务是企业承担的现时义务”，是指与或有事项相关的义务是在企业当前条件下已承担的义务，企业没有其他现实的选择，只能履行该现时义务。

这里的现时义务包括法定义务和推定义务。

法定义务，是指因合同、法规或其他司法解释等产生的义务，通常是企业依照法律、法规的规定必须履行的责任。例如，企业与其他企业签订购货合同产生的义务就属于法定义务。

推定义务，是指因企业的特定行为而产生的义务。企业的“特定行为”，泛指企业以往的习惯做法、已公开的承诺或已公开宣布的经营政策。并且，由于以往的习惯做法，或通过这些承诺或公开的声明，企业向外界表明了将承担特定的责任，从而使受影响的各方形成了其

将履行那些责任的合理预期。

【学中做 1—3】 甲公司是一家化工企业，因扩大经营规模，到M国创办了一家分公司。假定M国尚未针对甲公司这类企业的生产经营可能产生的环境污染制定相关法律，因而甲公司的分公司对在M国生产经营可能产生的环境污染不承担法定义务。

但是，甲公司为在M国树立良好的形象，自行向社会公告，宣称将对生产经营可能产生的环境污染进行治理，甲公司的分公司为此承担的义务就属于推定义务。

2. 履行该义务很可能导致经济利益流出企业

"该义务的履行很可能导致经济利益流出企业"，是指履行因或有事项发生的现时义务时，导致经济利益流出企业的可能性超过50%。

我国企业会计准则关于各种可能性及其对应的概率区间的规定如表1—1所示。

表1—1　　或有事项可能性及对应概率区间

结果的可能性	对应的概率区间
基本确定	大于95%但小于100%
很可能	大于50%但小于或等于95%
可能	大于5%但小于或等于50%
极小可能	大于0但小于或等于5%

企业因或有事项承担了现时义务，并不说明该现时义务很可能导致经济利益流出企业。

【学中做 1—4】 2014年7月9日，甲公司与乙公司签订协议，承诺为乙公司的一笔银行借款提供全额担保。对于甲公司而言，由于担保事项而承担了一项现时义务，该项义务的履行是否很可能导致经济利益流出企业，需依据乙公司的经营情况和财务状况等因素加以确定。

假定2014年12月31日，乙公司财务状况良好，如果没有其他特殊情况，一般可以认定乙公司不会违约，因而甲公司履行承担的现时义务不是很可能导致经济利益流出企业。

假定2014年12月31日，乙公司财务状况恶化，且没有迹象表明可能发生好转，此种情况表明，乙公司很可能违约，因而甲公司履行承担的现时义务很可能导致经济利益流出企业。

3. 该义务的金额能够可靠地计量

"该义务的金额能够可靠地计量"，是指与或有事项相关的现时义务的金额能够合理地估计。由于或有事项具有不确定性，因或有事项产生的现时义务的金额也具有不确定性，需要估计。要对或有事项确认一项预计负债，除满足前述两个条件外，其相关现时义务的金额还应当能够可靠估计。

【学中做 1—5】 甲公司(被告)涉及一起诉讼案。根据以往的审判案例判断，公司很可能败诉，相关的赔偿金额也可以估算出一个范围。

在这种情况下，就可以认为该公司因未决诉讼承担的现时义务的金额能够可靠地估计，从而应对未决诉讼确认为一项预计负债。

(二)或有事项确认为资产

或有事项确认为资产,即在确认预计负债的前提下,确认的预期可获得的补偿。

企业清偿预计负债所需支出全部或部分预期由第三方补偿的,补偿金额只有在基本确定能够收到时才能作为资产单独确认,且确认的补偿金额不应超过所确认预计负债的账面价值。

或有事项中确认的资产如图1—1所示。

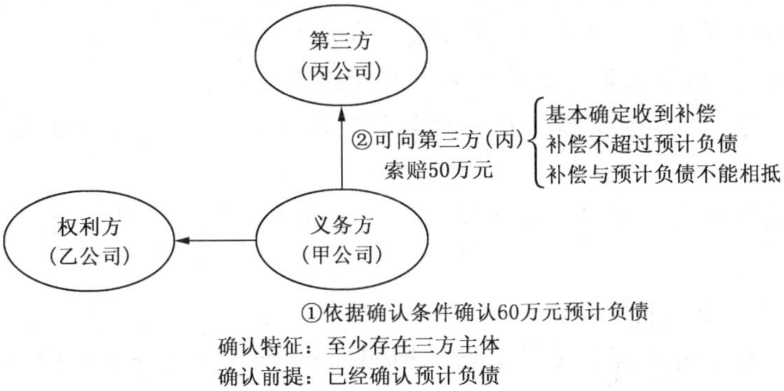

图1—1　或有事项确认资产的说明

预期可能获得补偿的情况通常有:

(1)发生交通事故等情况时,企业通常可以从保险公司获得合理的赔偿。

(2)在某些索赔诉讼中,企业可以通过反诉的方式对索赔人或第三方另行提出赔偿要求。

(3)在债务担保业务中,企业在履行担保义务的同时,通常可以向被担保企业提出额外追偿要求。

> **知识链接　　或有事项确认预计负债及资产的披露**
>
> 对于或有事项确认的预计负债,除编制相应的会计分录,在资产负债表中以"预计负债"项目反映,在利润表中与其他支出费用合并以"销售费用""管理费用"或"营业外支出"等项目反映外,还应在会计报表附注中披露以下内容:
>
> (1)预计负债的种类、形成原因以及经济利益流出不确定性的说明。
>
> (2)各类预计负债的期初、期末余额和本期变动情况。
>
> (3)与预计负债有关的预期补偿金额和本期已确认的预期补偿金额。

二、或有事项形成或有负债、或有资产

(一)或有事项形成或有负债

或有负债,是指过去的交易或事项形成的潜在义务,其存在须通过未来不确定事项的发生或不发生予以证实;或过去的交易或事项形成的现时义务,履行该义务不是很可能导致经

济利益流出企业或该义务的金额不能可靠地计量。

或有负债涉及潜在义务和现时义务两类义务。

1. 潜在义务的或有负债

潜在义务，是指结果取决于不确定未来事项的可能义务。也就是说，潜在义务最终是否转变为现时义务，需由某些未来不确定事项的发生或不发生才能决定。

【学中做 1—6】 2014 年 12 月 10 日，甲公司与乙公司发生经济纠纷，并且被乙公司提起诉讼。直到 2014 年 12 月 31 日，该起诉讼尚未进行审理。

从 2014 年年末看，甲公司承担的义务就属于潜在义务。

【学中做 1—7】 当或有负债满足一定条件时，企业应将或有负债确认为负债。

正确答案：×

答案解析：或有负债不能确认为负债。或有事项在满足一定的条件时才可以确认为负债，且是预计负债。

2. 现时义务的或有负债

现时义务，是指企业在现行条件下已承担的义务，该现时义务的履行不是很可能导致经济利益流出企业，或者该现时义务的金额不能可靠地计量。

"该现时义务的履行不是很可能导致经济利益流出企业"是指该现时义务导致经济利益流出企业的可能性小于或等于 50%。

【学中做 1—8】 2014 年 12 月 18 日，甲公司与乙公司签订担保合同，承诺为乙公司的三年期贷款提供担保。由于担保合同的签订，甲公司承担了一项现时义务。但是，承担现时义务并不意味着经济利益将很可能因此而流出甲公司，该现时义务属于甲公司的或有负债。

"该现时义务的金额不能可靠地计量"，是指该现时义务导致经济利益流出企业的"金额"难以合理预计，现时义务履行的结果具有较大的不确定性。

【学中做 1—9】 2014 年 12 月 24 日，某单位全体员工发生食物中毒，而甲公司恰是食物提供者。甲公司得知此事后，承诺负担一切赔偿费用。但直到 2014 年 12 月 31 日，事态还在发展中，赔偿费用难以预计。

此时，甲公司承担了现时义务，但义务的金额不能可靠地计量。

或有负债与负债的区别如图 1—2 所示。

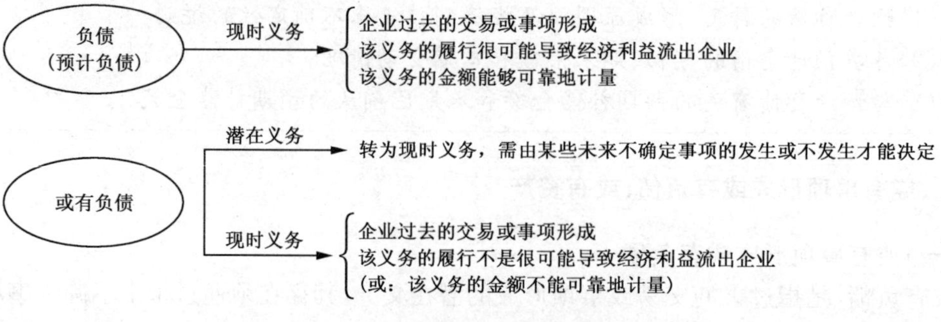

图 1—2 或有负债与负债的区别

【拓展思考】 承担现时义务是否可认为是形成或有负债?

【学中做 1—10】 下列关于或有事项的表述中,正确的有(　　)。

A. 或有负债由过去的交易或事项形成

B. 或有负债只能是潜在义务

C. 或有事项必然形成或有负债

D. 或有负债有可能转化成预计负债

正确答案:AD

答案解析:选项 B,或有负债既可能是潜在义务,也可能是特殊的现时义务,由此判断选项 B 错误。选项 C,或有事项的结果具有不确定性,既可能形成或有负债,也可能形成或有资产,还可能确认预计负债,因此,选项 C 错误。

【拓展思考】 或有负债与负债有什么区别?

(二)或有事项形成或有资产

或有资产,是指过去的交易或事项形成的潜在资产,其存在须通过未来不确定事项的发生或不发生予以证实。

或有资产作为一种潜在资产,其结果具有较大的不确定性,只能随事态的发展,通过某些未来不确定事项的发生或不发生才能证实其是否会形成企业真正的资产。

【学中做 1—11】 甲公司向法院起诉乙公司侵犯了其专利权。法院尚未对该案件进行审理,甲公司是否胜诉尚难判断。

对于甲公司而言,将来可能胜诉而获得的赔偿属于一项或有资产,但这项或有资产是否会转化为真正的资产,要由法院的判决结果确定。如果终审判决结果是甲公司胜诉,那么这项或有资产就转化为甲公司的一项资产;如果终审判决结果是甲公司败诉,那么或有资产就消失了,更不可能形成甲公司的资产。

或有资产与资产的区别如图 1—3 所示。

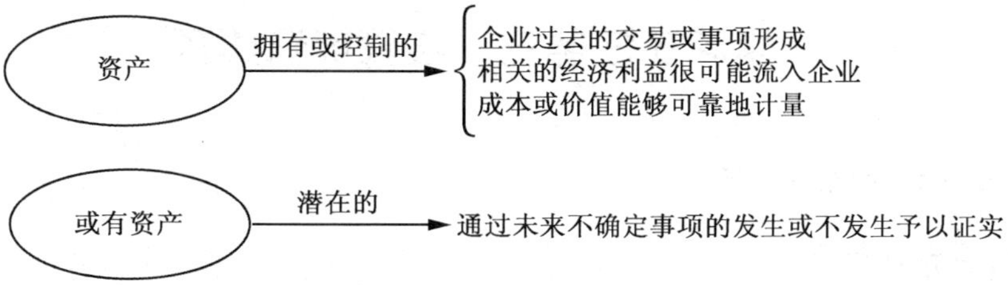

图 1—3　或有资产与资产的区别

【拓展思考】 或有资产与资产有什么区别?

【学中做 1—12】 下列有关或有事项的表述中,正确的是(　　)。

A. 或有负债与或有事项相联系,有或有事项就有或有负债

B. 对于或有事项既要确认或有负债,也要确认或有资产

C. 由于担保引起的或有事项随着被担保人债务的全部清偿而消失

D. 只有对本单位产生不利影响的事项，才能作为或有事项

正确答案：C

答案解析：选项A，或有事项可能导致或有负债，也有可能导致或有资产，选项A的说法不正确。选项B，根据企业会计准则的规定，或有负债和或有资产都不允许确认。选项D，根据企业会计准则的规定，或有事项对于企业既有可能产生不利影响，也有可能产生有利影响。

知识链接　　或有事项形成或有负债、或有资产的披露

1. 或有事项形成或有负债的披露

或有负债（不包括极小可能导致经济利益流出企业的或有负债）不编制会计分录，应在会计报表附注中披露以下内容：

(1)或有负债的种类及其形成原因，包括已贴现商业承兑汇票、未决诉讼、未决仲裁、对外提供担保等形成的或有负债。

(2)经济利益流出不确定性的说明。

(3)或有负债预计产生的财务影响，以及获得补偿的可能性；无法预计的，应当说明原因。

在涉及未决诉讼、未决仲裁的情况下，如果按以上要求披露全部或部分信息预期会对企业造成重大不利影响，则企业无须披露这些信息，但应当披露该未决诉讼、未决仲裁的性质，以及没有披露这些信息的事实和原因。

2. 或有事项形成或有资产的披露

企业通常不应当披露或有资产。但或有资产很可能会给企业带来经济利益的，应当披露其形成原因、预计产生的财务影响等。

学习子任务三　核算或有事项

一、计量预计负债和资产

(一)计量预计负债

计量预计负债，主要涉及两个问题：一是确定最佳估计数；二是复核预计负债的账面价值。

1. 确定最佳估计数

预计负债应当按照履行相关现时义务所需支出的最佳估计数进行初始计量。企业在确定最佳估计数时，应当综合考虑与或有事项有关的风险、不确定性和货币时间价值等因素。货币时间价值影响重大的，应当通过对相关未来现金流出量进行折现后确定最佳估计数。具体来说，最佳估计数的确定，分两种情况考虑：

(1)所需支出存在一个连续范围，且该范围内各种结果发生的可能性相同，最佳估计数应当按照该范围内的中间值，即上、下限金额的平均数确定。

【学中做 1－13】 2014 年 12 月 25 日甲公司因违约而涉及一桩诉讼案。根据企业的法律顾问判断，最终的判决很可能对甲公司不利。2014 年 12 月 31 日，甲公司尚未接到法院判决，因诉讼需承担的赔偿金额也无法准确地确定。不过，根据专业人士估计，赔偿金额可能是 60 万元至 80 万元之间的某一金额，且各种结果发生的可能性相同。

甲公司应在 2014 年 12 月 31 日的资产负债表中确认一项预计负债，金额为：

(60＋80)÷2＝70(万元)

(2)所需支出不存在一个连续范围，或者虽然存在一个连续范围但该范围内各种结果发生的可能性不相同，最佳估计数应当分别下列情况处理：

①或有事项涉及单个项目时，最佳估计数按最可能发生金额确定。“涉及单个项目”，指或有事项涉及的项目只有一个，如一项未决诉讼、一项未决仲裁或一项债务担保等。

②或有事项涉及多个项目时，最佳估计数按各种可能发生额及其发生概率计算确定。“涉及多个项目”，指或有事项涉及的项目不止一个，如产品质量保证。在产品质量保证中，提出产品保修要求的可能有许多客户。相应地，企业对这些客户负有保修义务。

【学中做 1－14】 2014 年度，甲公司销售产品 30 000 件，销售额为 1 200 万元。甲公司的产品质量条款规定：产品售出后一年内，如发生正常质量问题，乙公司将免费负责修理。根据以往的经验，如果出现较小的质量问题，则需发生的修理费为销售额的 1％；如果出现较大的质量问题，则需发生的修理费为销售额的 3％。根据预测，本年度已售产品中，有 90％不会发生质量问题，有 8％将发生较小质量问题，有 2％将发生较大质量问题。

据此，2014 年 12 月 31 日甲公司应确认的预计负债金额为：

(1 200×1％)×8％＋(1 200×3％)×2％＝1.68(万元)

2. 复核预计负债的账面价值

对于已确认的预计负债，企业应当在资产负债表日对其账面价值进行复核。有确凿证据表明该账面价值不能真实反映当前最佳估计数的，应当按照当前最佳估计数对该账面价值进行调整。

【学中做 1－15】 甲公司为一家化工厂企业，对环境造成污染，按照当时的法律规定，只需要对污染进行清理即可。随着国家对环境保护越来越重视，按照现在的法律规定，该企业不但需要对污染进行清理，还很可能要对居民进行赔偿。这种法律要求的变化，会对企业预计负债的计量产生影响。

企业应当在资产负债表日对为此确认的预计负债金额进行复核，如果有确凿证据表明资产负债金额不再能反映真实情况时，需要按照当前情况下企业清理污染和赔偿支出的最佳估计数对预计负债的账面价值进行相应的调整。

(二)计量资产

前已述及，或有事项预期可获得的补偿，即确认资产。补偿金额的确认，涉及两个问题：一是确认时间，补偿金额只有在“基本确定”能收到时才予以确认；二是确认金额，确认的金额是基本确定能够收到的金额，且不应超过所确认的预计负债的账面价值。还应注意，补偿金额应单独确认为资产。

【学中做1－16】 2014年8月1日，甲公司因产品质量不合格而被乙公司起诉。至2014年12月31日，该起诉讼尚未判决，甲公司估计很可能承担违约赔偿责任，赔偿150万元的可能性为70%，赔偿100万元的可能性为30%。甲公司基本确定能够从直接责任人处追回30万元。2014年12月31日，对于该起诉讼甲公司应确认的预计负债金额为（　　）万元。

A. 125　　B. 120　　C. 100　　D. 150

正确答案：D

答案解析：或有事项涉及单个项目的，按照最可能发生金额确定预计负债的金额，本题中最可能发生的赔偿支出为150万元。甲公司基本确定能够从直接责任人处追回的30万元通过"其他应收款"账户核算，不能冲减预计负债的账面价值。

二、核算预计负债和资产

（一）未决诉讼或未决仲裁

诉讼，是指当事人不能通过协商解决争议，因而在人民法院起诉、应诉，请求人民法院通过审判程序来解决纠纷的活动。诉讼尚未裁决之前，对于被告来说，可能形成一项或有负债或者预计负债；对于原告来说，则可能形成一项或有资产。

仲裁，是指经济法的各方当事人依照事先约定或事后达成的书面仲裁协议，共同选定仲裁机构并由其对争议依法作出具有约束力裁决的一种活动。作为当事人一方，仲裁的结果在仲裁决定公布以前是不确定的，会形成或有负债或预计负债，或者或有资产。

【学中做1－17】 甲公司因产品质量不合格而被乙公司起诉，截至2014年12月31日，该起诉尚未判决。甲公司估计很可能承担违约赔偿责任，需要赔偿310万元，同时还需支付诉讼费30万元。

预计负债，单个项目按照最可能发生的金额确定。甲公司2014年12月31日应确认的预计负债为340万元，其中营业外支出为310万元、管理费用为30万元。编制的会计分录如下：

借：营业外支出——赔偿支出　　3 100 000
　　管理费用——诉讼费　　300 000
　贷：预计负债——未决诉讼　　3 400 000

【学中做1－18】 2014年10月1日，A公司有一笔已到期的银行贷款本金1 000万元，利息150万元，A公司具有还款能力，但因与B银行存在其他经济纠纷，而未按时归还B银行的贷款。2014年12月1日，B银行向人民法院提起诉讼，截至2014年12月31日人民法院尚未对案件进行审理。A公司法律顾问认为败诉的可能性为60%，预计将要支付的罚息、诉讼费用为100万～120万元，其中诉讼费为6万元。

A公司败诉的可能性为60%，即很可能败诉，则A公司应在2014年12月31日确认一

项预计负债:(100+120)÷2=110(万元)。编制的会计分录如下:

借:营业外支出——赔偿支出　　1 040 000

　管理费用——诉讼费　　60 000

　贷:预计负债——未决诉讼　　1 100 000

需要说明的是:对于未决诉讼,企业当期实际发生的诉讼损失金额与已计提的相关预计负债的差额,应当分别情况处理:

第一,企业在前期资产负债表日,依据当时实际情况和所掌握的证据合理预计了预计负债,应当将当期实际发生的诉讼损失金额与已经计提的相关预计负债的差额,直接计入或冲减当期营业外支出。

第二,企业在前期资产负债表日,依据当时实际情况和所掌握的证据,原本能够合理估计诉讼损失,但企业所作的估计却与当时的事实严重不符,应当按重大会计差错更正处理。

第三,企业在前期资产负债表日,依据当时实际情况和所掌握的证据,确实无法合理估计诉讼损失,因而未确认预计负债,则在该项损失实际发生的当期直接计入当期营业外支出。

第四,资产负债表日后至财务报告批准报出日之间发生的需要调整或说明的未决诉讼,按照资产负债表日后事项的有关规定进行会计处理。

(二)产品质量保证

产品质量保证,是指销售商或制造商在销售产品或提供劳务后,对客户提供服务的一种承诺。

在约定期内(或终身保修),若产品或劳务在正常使用过程中出现质量等属于正常范围的问题,企业负有更换产品、免费或只收成本价进行修理等责任。因此,企业应当在符合确认条件的情况下,于销售成立时确认预计负债。

【学中做1-19】 甲公司主要生产和销售水清洁器。2011年、2012年、2013年、2014年分别销售水清洁器1 000台、1 200台、1 500台和2 000台,每台售价为2 000元。对购买其产品的消费者,甲公司作出如下承诺:水清洁器售出后两年内如出现非意外事件造成的水清洁器故障和质量问题,甲公司免费保修(含零部件更换)。根据以往的经验,发生的保修费一般为销售额的1%~3%。假定甲公司2011年至2014年实际发生的维修费分别为20 000元、60 000元、50 000元和70 000元(均以银行存款支付),2010年"预计负债——产品质量保证"科目年末余额为30 000元。

甲公司因销售水清洁器而承担了现时义务,该义务的履行很可能导致经济利益流出甲公司,且该义务的金额能够可靠地计量,因此,甲公司应在每年年末确认一项负债。

2011年,发生产品质量保证费用(维修费)20 000元。

借:预计负债——产品质量保证　　20 000

　贷:银行存款　　20 000

年末应确认的预计负债金额=1 000×2 000×(1%+3%)÷2=40 000(元)

借:销售费用——产品质量保证　　40 000

贷:预计负债——产品质量保证　　　　40 000

2011 年年末,"预计负债——产品质量保证"科目的余额为 50 000 元(30 000－20 000＋40 000)。

【拓展思考】 计提 2011 年年末的"预计负债——产品质量保证"时,是否应考虑其年初余额?

2012 年,发生产品质量保证费用(维修费)60 000 元。

借:预计负债——产品质量保证　　　　60 000

贷:银行存款　　　　60 000

年末应确认的预计负债余额＝1 200×2 000×(1%＋3%)÷2＝48 000(元)

借:销售费用——产品质量保证　　　　48 000

贷:预计负债——产品质量保证　　　　48 000

2012 年年末,"预计负债——产品质量保证"科目的余额为 38 000 元(50 000－60 000＋48 000)。

2013 年,发生产品质量保证费用(维修费)50 000 元。

借:预计负债——产品质量保证　　　　50 000

贷:银行存款　　　　50 000

年末应确认的预计负债余额＝1 500×2 000×(1%＋3%)÷2＝60 000(元)

借:销售费用——产品质量保证　　　　60 000

贷:预计负债——产品质量保证　　　　60 000

2013 年年末,"预计负债——产品质量保证"科目的余额为 48 000 元(38 000－50 000＋60 000)。

2014 年,发生产品质量保证费用(维修费)70 000 元。

借:预计负债——产品质量保证　　　　70 000

贷:银行存款　　　　70 000

年末应确认的预计负债金额＝2 000×2 000×(1%＋3%)÷2＝80 000(元)

借:销售费用——产品质量保证　　　　80 000

贷:预计负债——产品质量保证　　　　80 000

2014 年年末,"预计负债——产品质量保证"科目的余额为 58 000 元(48 000－70 000＋80 000)。

在产品质量保证确认预计负债时,需要注意的是:

第一,如果企业发现保证费用的实际发生额与预计数额相差较大,应及时对预计比例进行调整。

第二,如果企业针对特定批次产品确认预计负债,则在保修期结束时,应将"预计负债——产品质量保证"科目余额冲销,即借记"预计负债——产品质量保证"科目,贷记"销售费用"科目。

第三,已对其确认预计负债的产品,如果企业不再生产了,那么应在相应的产品质量保证期满后，将“预计负债——产品质量保证”科目余额冲销，不留余额。

（三）亏损合同

待执行合同，是指合同各方尚未履行任何合同义务，或部分地履行了同等义务的合同。企业与其他企业签订的商品销售合同、劳务提供合同、租赁合同等，均属于待执行合同，待执行合同不属于或有事项。

但是，待执行合同变为亏损合同的，应当作为或有事项，同时该亏损合同产生的义务满足预计负债的确认条件，应当确认为预计负债。

亏损合同，是指在履行合同义务的过程中，发生的成本预期将超过与合同相关的未来流入经济利益的合同。这里所称“发生的成本”，是指履行合同义务不可避免发生的成本，反映了退出该合同的最低净成本，即履行该合同的成本与未能履行该合同而发生的补偿或处罚两者之中的较低者，即执行合同发生的损失和撤销合同损失的较低者。

1. 待执行合同变为亏损合同时，合同可撤销

如果与亏损合同相关的义务不需支付任何补偿即可撤销，企业通常就不存在现时义务，不应确认预计负债。

2. 待执行合同变为亏损合同时，合同不可撤销

(1)合同不存在标的资产。合同不存在标的资产的，亏损合同相关义务满足规定条件时，应当确认预计负债。

【学中做1—20】 2014年1月1日，甲公司采用经营租赁方式租入一条生产线生产A产品，租期3年，每年支付租金200 000元。2014年12月31日甲公司因市政规划调整不得不迁址，且因宏观政策调整决定停产A产品，原经营租赁合同不可撤销，还要持续2年，且生产线无法转租给其他单位。

甲公司与其他公司签订了不可撤销的经营租赁合同，负有法定义务，必须继续履行租赁合同（缴纳租金）。因此，甲公司执行原合同不可避免要发生的费用很可能超过预期获得的经济利益，属于亏损合同，应当在2014年12月31日根据未来期间（2015年和2016年）支付租金的最佳估计数确认预计负债。应编制会计分录如下：

借：营业外支出　　　　400 000

　　贷：预计负债　　　　400 000

【学中做1—21】 甲公司2014年12月10日与丙公司签订合同，约定在2015年2月20日以每件200元的价格向丙公司提供A产品1 000件，若不能按期交货，将对甲公司处以总价款20%的违约金。签订合同时产品尚未开始生产，当甲公司准备生产产品时，原材料的价格突然上涨，预计生产A产品的单位成本将超过合同单价。

①若生产A产品的单位成本为210元：

履行合同发生的损失＝1 000×(210－200)＝10 000(元)

不履行合同支付的违约金＝1 000×200×20%＝40 000(元)

依据预计负债确认和计量要求，应确认预计负债10 000元。

借：营业外支出　　　　10 000

贷:预计负债　　10 000

待产品完工后,将确认的预计负债冲减产品成本。

借:预计负债　　10 000

贷:库存商品　　10 000

【拓展思考】 如何理解将确认的预计负债冲减产品成本?

②若生产A产品的单位成本为270元:

履行合同发生的损失=1 000×(270-200)=70 000(元)

不履行合同支付的违约金=1 000×200×20%=40 000(元)

依据预计负债确认和计量要求,应确认预计负债40 000元。

借:营业外支出　　40 000

贷:预计负债　　40 000

选择违约并支付违约金。

借:预计负债　　40 000

贷:银行存款　　40 000

(2)合同存在标的资产。合同存在标的资产的,应当对标的资产进行减值测试并按规定确认减值损失,如果预计亏损超过该减值损失,应将超过部分确认为预计负债。

【学中做1-22】 关于或有事项,下列说法中错误的有(　　)。

A. 企业在一定条件下应当将未来经营亏损确认为预计负债

B. 待执行合同变成亏损合同的,应当确认为预计负债

C. 企业应当就未来经营亏损确认预计负债

D. 待执行合同变成亏损合同的,该亏损合同产生的义务满足或有事项确认预计负债条件的,应当确认为预计负债

正确答案:ABC

答案解析:待执行合同变成亏损合同的,该亏损合同产生的义务满足或有事项确认预计负债条件的,应当确认为预计负债,选项B不正确;企业不应当就未来经营亏损确认预计负债,选项A和C不正确。

【学中做1-23】 2014年12月20日,甲公司商品已生产完工并验收入库,单位成本为1 200元。为了回笼资金与乙公司签订合同,于2015年1月8日向乙公司销售10件商品,合同价格每件1 000元。

合同为亏损合同,存在标的资产(商品),确认减值损失为2 000元[(1 200-1 000)×10]。2014年12月31日应编制会计分录如下:

借:资产减值损失　　2 000

贷:存货跌价准备　　2 000

(四)重组义务

重组,是指企业制订和控制的,将显著改变企业组织形式、经营范围或经营方式的计划实施行为。属于重组的事项主要包括:

(1)出售或终止企业的部分业务。

(2)对企业的组织结构进行较大调整。

(3)关闭企业的部分营业场所,或将营业活动由一个国家或地区迁移到其他国家或地区。

企业应当将重组与企业合并、债务重组区别开。重组通常是企业内部资源的调整和组合,谋求现有资产效能的最大化;企业合并是在不同企业之间的资本重组和规模扩张;而债务重组是债权人对债务人作出的让步,债务人减轻债务负担,债权人尽可能减少损失。

企业因重组而承担了重组义务,并且同时满足预计负债确认条件时,才能确认预计负债。

首先,同时存在下列情况时,表明企业承担了重组义务:

(1)有详细、正式的重组计划,包括重组涉及的业务、主要地点、需要补偿的职工人数及其岗位性质、预计重组支出、计划实施时间等。

(2)该重组计划已对外公告。

其次,需要判断重组义务是否满足预计负债的三个确认条件,即判断其承担的重组义务是否是现时义务、履行重组义务是否很可能导致经济利益流出企业、重组义务的金额是否能够可靠地计量。

企业应当按照与重组有关的直接支出确定预计负债金额。直接支出不包括留用职工岗前培训、市场推广、新系统和营销网络投入等支出。

【学中做 1-24】 关于或有事项,下列说法中正确的有(　　)。

A. 企业承担的重组义务满足或有事项确认预计负债规定的,应确认预计负债

B. 重组是指企业制订和控制的,将显著改变企业组织形式、经营范围或经营方式的计划实施行为

C. 企业应当按照与重组有关的直接支出确定预计负债金额

D. 与重组有关的直接支出包括留用职工岗前培训、市场推广、新系统和营销网络投入等支出

正确答案:ABC

答案解析:企业应当按照与重组有关的直接支出确定预计负债金额。直接支出不包括留用职工岗前培训、市场推广、新系统和营销网络投入等支出。

【学中做 1-25】 甲公司董事会决定关闭一个分公司,制订了详细、正式的重组计划,并且有关决定已经传达到受影响的各方,各方预期甲公司将关闭该分公司。公司进行重组预计需要直接支出 100 万元。

本例中,表明甲公司开始承担重组义务(假定同时满足预计负债的确认条件),应当确认预计负债。应编制会计分录如下:

借:营业外支出	1 000 000	
贷:预计负债		1 000 000

【任务小结】

本学习任务主要包括：界定或有事项，判断或有事项性质，核算或有事项。

- 或有事项的会计处理
  - 界定或有事项
    - 或有事项的含义
    - 或有事项的特征
  - 判断或有事项属性
    - 或有事项确认为预计负债、资产
    - 或有事项形成或有负债、或有资产
  - 核算或有事项
    - 计量预计负债和资产
    - 核算预计负债和资产

【做中学——职业技能·职业资格考试训练】

一、单项选择题

1. 下列各项中，属于或有事项的是（　　）。

A. 对原材料价格暂估入账　　B. 计提坏账准备

C. 对外单位提供债务担保　　D. 董事会提出利润分配预案

2. “很可能”这一可能性对应的概率为（　　）。

A. 大于 95%但小于 100%　　B. 大于 50%但小于或等于 95%

C. 大于 5%但小于或等于 50%　　D. 大于 0 但小于或等于 5%

3. 甲公司因或有事项而确认的负债 70 万元，估计有 98%的可能性由 C 公司补偿 50 万元，则甲公司确认的资产金额为（　　）万元。

A. 0　　B. 50　　C. 20　　D. 70

4. 下列有关或有事项的表述中，错误的是（　　）。

A. 或有负债不包括或有事项产生的现时义务

B. 或有负债不能确认预计负债

C. 或有资产不能确认资产

D. 或有事项的结果只能由未来不确定事项的发生或不发生加以证实

5. 因或有事项而确认的负债，在资产负债表中应以（　　）项目反映。

A. “预计负债”　　B. “管理费用”　　C. “营业外支出”　　D. “销售费用”

6. 下列各项中，正确的是（　　）。

A. 或有资产不符合资产确认条件　　B. 或有负债符合负债确认条件

C. 或有资产应在附注中披露　　D. 只要是或有负债，就必须在附注中披露

7. 甲公司 2013 年 1 月采用经营租赁方式租入生产线，租期 3 年，产品获利。每年租金 50 万元，2014 年 12 月，市政规划要求公司迁址，决定停产该产品。原经营租赁合同不可撤

销，还要持续1年，生产线无法转租，若撤销合同，要支付违约金60万元。则2014年12月31日甲公司应确认的预计负债为(　　)万元。

A. 60　　B. 10　　C. 50　　D. 0

8. 2014年5月2日，乙公司涉及一起诉讼案。2014年12月31日，法院尚未判决，乙公司法律顾问认为，胜诉的可能性为40%，败诉的可能性为60%。如果败诉，需要赔偿的金额为350万～425万元，含应承担的诉讼费3万元。但很可能从第三方收到补偿款10万元。乙公司在资产负债表中确认的负债金额应为(　　)万元。

A. 384.5　　B. 350　　C. 422　　D. 387.5

9. 甲公司2014年分别销售1万件A产品和2万件B产品，销售单价分别为100元和50元。公司向购买者承诺提供2年的免费保修服务。预计保修期内将发生的保修费为销售额的3%～6%。2014年实际发生保修费1万元。假定无其他或有事项，假定2014年年初"预计负债"账户无余额，则甲公司2014年年末资产负债表中"预计负债"项目的金额为(　　)万元。

A. 3　　B. 9　　C. 10　　D. 15

10. 下列关于或有事项的表述中，不正确的是(　　)。

A. 或有资产由过去的交易或事项形成

B. 或有负债应在资产负债表内予以确认

C. 或有资产不应在资产负债表内予以确认

D. 因或有事项所确认负债的偿债时间或金额不确定

二、多项选择题

1. 下列事项中，属于或有事项的有(　　)。

A. 正在进行中的诉讼案

B. 对售出产品提供质量担保

C. 不附有追索权的商业票据贴现

D. 应收账款计提坏账准备

2. 如果清偿预计负债所需支出全部或部分预期由第三方补偿，则下列说法中正确的有(　　)。

A. 补偿金额只有在基本确定能收到时，才作为资产单独确认，且确认的补偿金额不应超过所确认负债的账面价值

B. 补偿金额只有在很可能收到时，才作为资产单独确认，且确认的补偿金额不应超过所确认负债的账面价值

C. 补偿金额在基本确定能收到时，企业应按所需支出扣除补偿金额确认负债

D. 补偿金额在基本确定能收到时，企业应按所需支出确认预计负债，而不能扣除补偿金额

3. 将或有事项确认为负债，其金额应是清偿该负债所需支出的最佳估计数。下列说法

中正确的有(　　)。

A. 所需支出存在一个连续范围,且该范围内各种结果发生的可能性相同的,最佳估计数应当按照该范围内的中间值确定

B. 如果所需支出不存在一个金额范围,或有事项涉及单个项目时,最佳估计数按最可能发生金额确定

C. 如果所需支出不存在一个金额范围,或有事项涉及多个项目时,最佳估计数按各种可能发生额及其发生概率计算确定

D. 如果所需支出不存在一个金额范围,或有事项涉及多个项目时,最佳估计数按各种可能发生额的算术平均数确定

4. 下列说法中正确的有(　　)。

A. 或有负债不符合负债定义

B. 或有负债可能符合、也可能不符合负债定义

C. 或有资产不符合资产定义

D. 预计负债不仅符合负债定义,而且符合负债确认条件

5. 对于因产品质量保证而确认的预计负债,下列表述中正确的有(　　)。

A. 如果企业针对特定批次产品确认预计负债,则在保修期结束时,应将该项预计负债的余额冲销,不留余额

B. 如果发现产品质量保证费用的实际发生额与预计数相差较大,应及时对预计比例进行调整

C. 保修期结束,如果确认预计负债的产品不再生产了,应将相关预计负债余额转入其他产品对应的预计负债项下,不需要冲销

D. 已对其确认预计负债的产品,如不再生产了,应在相应产品的质量保证期满后,将相关预计负债余额冲销

三、判断题

1. 或有事项是指未来的交易或者事项形成的,其结果须由某些未来事项的发生或不发生才能决定的不确定事项。(　　)

2. 待执行合同变为亏损合同时,需要确认预计负债。(　　)

3. 企业在履行合同义务过程中,发生成本实际超过与合同相关的未来流入的经济利益时,待执行合同即变成了亏损合同。(　　)

4. 因或有事项而确认的负债,企业应在资产负债表中单列项目反映。(　　)

5. 企业应当按照与重组有关的直接支出确定预计负债金额。直接支出不包括留用职工岗前培训、市场推广、新系统和营销网络投入等支出。(　　)

四、计算分录题

1. 甲公司欠乙公司货款1 000万元。按合同规定,甲公司应于2014年10月10日前付

清货款，但甲公司未按期付款。为此，乙公司于 2014 年 12 月 10 日向法院提起诉讼，要求甲公司向乙公司全额支付货款，并按每日 2‰的利率支付货款延付期间的利息 12.2 万元和诉讼费 2 万元，三项合计 1 014.2 万元。至 2014 年 12 月 31 日，法院尚未判决，甲公司认为支付货款延付期间的利息和承担诉讼费的可能性为 51%，金额为 8 万～10 万元（含诉讼费 2 万元）。

要求：对上述事项作出分析并进行处理。

2. 甲公司为机床生产和销售企业。甲公司作出承诺：机床售出后三年内如出现非意外事件造成的机床故障和质量问题，公司免费负责保修（含零部件更换）。甲公司 2014 年第一季度、第二季度、第三季度、第四季度分别销售机床 400 台、600 台、800 台和 700 台，每台售价为 5 万元。对购买其产品的消费者，根据以往的经验，机床发生的保修费一般为销售额的 1%～1.5%。甲公司 2014 年四个季度机床实际发生的维修费用分别为 4 万元、40 万元、36 万元和 70 万元（假定用银行存款支付 50%，另 50%为耗用的原材料）。假定 2013 年 12 月 31 日，甲公司"预计负债——产品质量担保"账户年末余额为 24 万元。

要求：

(1)编制发生产品质量保证费用的会计分录。

(2)计算应确认的产品质量保证负债金额并编制相关会计分录。

(3)计算每个季度末"预计负债——产品质量担保"账户的余额。

3. 甲公司 2014 年发生如下与或有事项有关的经济业务：

(1)甲公司 2014 年 9 月与乙公司签订合同，在 2015 年 4 月销售 10 件 A 商品，单位成本估计为 800 元，单位合同价格为 1 200 元；如 2015 年 4 月未交货，延迟交货的商品价格降为 750 元。2014 年 12 月末因生产线损坏，10 件商品尚未投入生产，估计在 2015 年 5 月交货。

(2)甲公司 2014 年 10 月为了回笼资金与丙公司签订合同，在 2015 年 4 月销售 100 件 B 商品，合同价格为每件 1 000 元，单位成本为 1 020 元。2014 年 12 月末，已库存 B 商品 100 件。

要求：编制甲公司 2014 年年末上述经济业务的会计分录。

学习任务二

资产减值的会计处理

【职业能力目标】

能够准确认定资产组、判断资产及资产组减值迹象、计算比较公允价值减处置费用的净额和未来现金流量的现值以确定资产及资产组可收回金额，进而能够准确核算资产及资产组的减值损失。

【典型学习任务】

界定资产减值，计算资产可收回金额及核算减值损失，计算资产组可收回金额及核算减值损失。

学习子任务一　界定资产减值

资产的主要特征之一是它能够为企业带来经济利益的流入。如果资产不能够为企业带来经济利益或者带来的经济利益低于其账面价值，那么，该资产就不再予以确认，或者不能再以原账面价值予以确认，否则不符合资产的定义，也无法反映资产的实际价值，其结果会导致企业资产虚增和利润虚增。因此，当资产发生减值时，企业应当确认资产减值损失。

一、资产减值的含义

资产减值，是指资产的可收回金额低于其账面价值。

当企业资产的可收回金额低于其账面价值时，即表明资产发生减值，企业应确认资产减值损失，并把资产的账面价值减记至可收回金额。

【拓展思考】 资产的账面价值与账面余额有什么区别？资产的账面价值如何计算？

根据《企业会计准则——资产减值》的规定，主要涉及以下资产：

(1)对子公司、联营企业和合营企业的长期股权投资；

(2)采用成本模式进行后续计量的投资性房地产；

【拓展思考】 采用公允价值模式计量的投资性房地产是否计提资产减值准备？

(3)固定资产；

(4)生产性生物资产；

(5)无形资产；

(6)商誉；

(7)探明石油天然气矿区权益和井及相关设施。

按照《企业会计准则——资产减值》的规定，以上资产所计提的减值准备都不允许转回。"不允许转回"这个规定，其目的之一是为防止企业利用资产减值准备的计提与转回操纵利润。

【学中做2－1】 下列资产所计提的减值准备中，符合条件可以在以后期间转回的有(　　)。

A. 采用成本模式进行后续计量的投资性房地产

B. 应收款项

C. 存货

D. 无形资产

正确答案：BC

答案解析：采用成本模式进行后续计量的投资性房地产及无形资产计提的减值准备不允许转回。

二、资产减值迹象的判断

在资产负债表日，企业应首先判断资产是否存在可能发生减值的迹象；若资产存在减值迹象，再进行减值测试，计算可收回金额，并按可收回金额低于账面价值的差额计提资产减值准备。

简言之，在资产负债表日，先判断资产减值迹象，再进行减值测试，即资产存在减值迹象是进行减值测试的前提。

资产可能发生减值的迹象主要可从外部信息来源和内部信息来源两方面加以判断。

(一)外部信息来源

从企业外部信息来源来看，以下情况均属于资产可能发生减值的迹象：

(1)资产的市价当期大幅度下跌，其跌幅明显高于因时间的推移或者正常使用而预计的下跌。

(2)企业经营所处的经济、技术或者法律等环境以及资产所处的市场在当期或者将在近期发生重大变化，从而对企业产生不利影响。

(3)市场利率或者其他市场投资报酬率在当期已经提高，从而影响企业计算资产预计未来现金流量现值的折现率，导致资产可收回金额大幅度降低。

【拓展思考】 折现率如何影响资产预计未来现金流量的现值？

(二)内部信息来源

从企业内部信息来源来看，以下情况均属于资产可能发生减值的迹象：

(1)有证据表明资产已经陈旧过时或者其实体已经损坏。

(2)资产已经或者将被闲置、终止使用或者计划提前处置。

(3)企业内部报告的证据表明资产的经济绩效已经低于或者将低于预期，如资产所创造的净现金流量或者实现的营业利润(或者亏损)远远低于(或者高于)预计金额。

需要说明的是，上述所列举的资产减值迹象并不能穷尽所有的减值迹象，企业应根据实际情况来认定资产可能发生减值的迹象。

另外，因企业合并所形成的商誉和使用寿命不确定的无形资产，无论是否存在减值迹象，都应当至少于每年年度终了时进行减值测试。其原因是，因企业合并所形成的商誉和使用寿命不确定的无形资产在后续计量中不进行摊销，但这些资产的价值和产生的未来经济利益有较大的不确定性，易高估资产价值，因此，对于这些资产至少于每年年度终了时进行减值测试。对于尚未达到可使用状态的无形资产，由于其价值具有较大的不确定性，也应当每年进行减值测试。除此之外的其他资产都应在存在减值迹象时再进行减值测试。

【学中做 2—2】 下列资产中，至少于每年年末必须进行减值测试的有(　　)。

A. 固定资产

B. 商誉

C. 使用寿命有限的无形资产

D. 使用寿命不确定的无形资产

正确答案：BD

答案解析：企业合并形成的商誉和使用寿命不确定的无形资产，无论是否存在减值迹象，都应当至少于每年年度终了时进行减值测试。

三、资产组的认定

对于资产减值而言，其所说的资产，除了特别规定外，包括单项资产和资产组。

(一)资产组的含义

有迹象表明一项资产可能发生减值的，企业应当以单项资产为基础估计其可收回金额。但是，企业难以对单项资产的可收回金额进行估计的，应当以该资产所属的资产组为基础确定资产组的可收回金额，并据此判断是否需要计提资产减值准备及应当计提多少资产减值准备。

资产组，是指企业可以认定的最小资产组合，其产生的现金流入应当基本上独立于其他资产或者资产组产生的现金流入。资产组应当由创造现金流入相关的资产组成。

(二)认定资产组应当考虑的因素

(1)必要条件：以资产组产生的主要现金流入是否独立于其他资产或者资产组的现金流入为依据。

换言之，资产组能否独立产生现金流入是认定资产组的最关键因素。

【学中做 2—3】 甲公司是一家矿业公司，拥有一个煤矿，与煤矿的生产和运输相配套，建设有一条专用铁路线。该铁路线除非报废出售,其在持续使用过程中难以脱离与煤矿生产和运输相关的资产而产生单独的现金流入。

甲公司难以对专用铁路线的可收回金额进行单独估计,此时,应将专用铁路线和煤矿其他相关资产结合在一起,划分为一个资产组,以估计该资产组的可收回金额。

【学中做2—4】 甲公司的A、B、C三家工厂位于三个不同洲的三个国家,生产某一产品。工厂A生产一种组件,由工厂B或者工厂C进行组装,最终产品由工厂B或者工厂C销往世界各地。工厂B的产品可以在本地销售,也可以在工厂C所在地工厂销售(如果将产品从工厂B运到工厂C所在洲更方便的话)。工厂B和工厂C的生产能力合在一起尚有剩余,没有被完全利用。工厂B和工厂C生产能力的利用程度依赖于甲公司对于所销售产品在两地之间的分配。

如何认定与工厂A、B、C有关的资产组?

若工厂A生产的产品(即组件)存在活跃市场,则工厂A很可能可以认定为一个单独的资产组。原因是它生产的产品尽管主要用于工厂B或者工厂C组装销售,但是由于该产品存在活跃市场,可以产生独立的现金流量,因此,通常应当认定为一个单独的资产组。

对于工厂B和工厂C而言,即使组装的产品存在活跃市场,工厂B和工厂C的现金流入也依赖于产品在两地之间的分配。工厂B和工厂C的未来现金流入不可能单独地确定,但是,工厂B和工厂C组合在一起是可以认定的、可产生基本上独立于其他资产或者资产组的现金流入的资产组合。因此,工厂B和工厂C应当认定为一个资产组。

(2)参考条件:应当考虑企业管理层管理生产经营活动的方式(如是按照生产线、业务种类还是按照地区或者区域等)和对资产的持续使用或者处置的决策方式等。

【学中做2—5】 甲服装加工企业有童装、西装、衬衫三个工厂。每个工厂在核算、考核和管理等方面都相对独立。在这种情况下,每个工厂很可能应当分别认定为单独的资产组。

【学中做2—6】 甲家具制造有限公司由A车间和B车间两个生产车间组成。A车间专门生产家具部件且该部件没有活跃市场,生产后由B车间负责组装并对外销售。

甲家具制造有限公司对A车间和B车间资产的使用和处置等决策是一体化的。在这种情况下,A车间和B车间很可能应当认定为一个资产组。

需要强调的是,几项资产的组合生产的产品(或者其他产出)存在活跃市场的,即使部分或者所有这些产品(或者其他产出)均供内部使用,也应当在符合前款规定的情况下,将这几项资产的组合认定为一个资产组。

如果该资产组的现金流入受内部转移价格的影响,应当按照企业管理层在公平交易中对未来价格的最佳估计数来确定资产组的未来现金流量。

【拓展思考】 认定资产组需要考虑哪些因素?

(三)资产组认定后不得随意变更

资产组一经确定,各个会计期间应当保持一致,不得随意变更。即资产组的各项资产构成通常不能随意变更。

如需变更,企业管理层应当证明该变更是合理的,并根据规定在报表附注中作相应说明。

【拓展思考】 企业财务报告包括哪些内容？

学习子任务二 计算资产可收回金额及核算减值损失

一、计算资产可收回金额

资产存在减值迹象的，应当估计其可收回金额。

可收回金额应当根据资产的公允价值减去处置费用后的净额与资产预计未来现金流量的现值两者之间较高者确定。因此，估计资产可收回金额，通常需要同时估计资产的公允价值减去处置费用后的净额和资产预计未来现金流量的现值。

但是，下列情况可以有例外或作特殊考虑：

(1)资产的公允价值减去处置费用后的净额与资产预计未来现金流量的现值，只要有一项超过了资产的账面价值，就表明资产没有发生减值，无须再估计另一项金额。

(2)没有确凿证据或者理由表明资产预计未来现金流量现值显著高于其公允价值减去处置费用后的净额的，可以将资产的公允价值减去处置费用后的净额视为资产的可收回金额。

(3)资产的公允价值减去处置费用后的净额如果无法可靠估计的，应当以该资产预计未来现金流量的现值作为其可收回金额。

知识链接　　核算资产减值不需要估计可收回金额的情形

(1)以前报告期间的计算结果表明，资产可收回金额远高于其账面价值，之后又没有发生消除这一差异的交易或事项，企业在资产负债表日可以不需要重新估计该资产的可收回金额。

(2)以前报告期间的计算与分析表明，资产可收回金额对于《资产减值》准则中所列示的一种或多种减值迹象不敏感，在本报告期间又发生了这些减值迹象的，在资产负债表日企业可以不需要因为上述减值迹象的出现而重新估计该资产的可收回金额。

(一)计算公允价值减去处置费用

公允价值，是指市场参与者在计量日发生的有序交易中，出售一项资产所能收到或者转移一项负债所需支付的价格。

处置费用包括与资产处置有关的法律费用、相关税费、搬运费以及为使资产达到可销售状态所发生的直接费用等，但是财务费用和所得税费用等间接费用不包含在内。

【学中做 2—7】 在计算确定资产公允价值减去处置费用后的净额时，下列项目中不应抵减的是(　　)。

A. 与资产处置有关的法律费用

B. 与资产处置有关的相关税费

C. 与资产处置有关的所得税费用

D. 与资产处置有关的搬运费

正确答案:C

答案解析:处置费用是指可以直接归属于资产处置的增量成本,包括与资产处置有关的法律费用、相关税费、搬运费以及为使资产达到可销售状态所发生的直接费用等,但是,财务费用和所得税费用等不包括在内。

【拓展思考】 公允价值减去处置费用与存货核算中的可变现净值相同吗?

【学中做 2－8】 2014 年 12 月 31 日,甲公司对一辆货车进行检查时发现该货车因市场环境变化可能发生减值。此时,货车的公允价值为 11 万元,可归属该货车的处置费用为 0.1 万元。

货车的公允价值减去处置费用的净额＝11－0.1＝10.9(万元)

(二)计算预计未来现金流量的现值

资产预计未来现金流量的现值,应当按照资产在持续使用过程中和最终处置时所产生的预计未来现金流量,选择恰当的折现率对其进行折现后的金额加以确定。

预计资产未来现金流量的现值,应当综合考虑资产的预计未来现金流量、使用寿命和折现率等因素。

1. 预计资产未来现金流量

知识链接　　预计资产未来现金流量的基础

(1)预计资产未来现金流量时,企业管理层应当在合理和有依据的基础上对资产剩余使用寿命内整个经济状况进行最佳估计。

预计资产的未来现金流量,应当以经企业管理层批准的最近财务预算或者预测数据,以及该预算或者预测期之后年份稳定的或者递减的增长率为基础。企业管理层如能证明递增的增长率是合理的,可以递增的增长率为基础。

建立在预算或者预测基础上的预计现金流量最多涵盖 5 年,企业管理层如能证明更长的期间是合理的,可以涵盖更长的期间。

在对预算或者预测期之后年份的现金流量进行预计时,所使用的增长率除了企业能够证明更高的增长率是合理的之外,不应当超过企业经营的产品、市场、所处的行业或者所在国家或者地区的长期平均增长率,或者该资产所处市场的长期平均增长率。

(2)预计资产的未来现金流量,应当以资产的当前状况为基础,不应当包括与将来可能会发生的、尚未作出承诺的重组事项或者与资产改良有关的预计未来现金流量。

预计资产的未来现金流量也不应当包括筹资活动产生的现金流入或者流出以及与所得税收付有关的现金流量。

企业已经承诺重组的,在确定资产的未来现金流量的现值时,预计的未来现金流入和流出数,应当反映重组所能节约的费用和由重组所带来的其他利益,以及因重组所导致的估计未来现金流出数。其中重组所能节约的费用和由重组所带来的其他利益,通常应当根据企业管理层批准的最近财务预算或者预测数据进行估计;因重组所导致的估计未来现金流出数应当根据《或有事项》会计准则所确认的因重组所发生的预计负债金额进行估计。

【学中做 2—9】 企业对资产未来现金流量的预计，应建立在企业管理层批准的最近财务预算或者预测基础上，但一般情况下预算涵盖的期间最多不超过(　　)年。

A. 3　　B. 4　　C. 5　　D. 10

正确答案：C

答案解析：建立在预算或者预测基础上的预计现金流量最多涵盖 5 年，企业管理层如能证明更长的期间是合理的，可以涵盖更长的期间。

(1)预计资产未来现金流量的内容。

①资产持续使用过程中预计产生的现金流入。

②为实现资产持续使用过程中产生的现金流入所必需的预计现金流出(包括为使资产达到预定可使用状态所发生的现金流出)，该现金流出应当是可直接归属于或者可通过合理和一致的基础分配到资产中的现金流出。

对于在建工程、开发过程中的无形资产等，企业在预计其未来现金流量时，就应当包括为使该类资产达到预定可使用状态(或者可销售状态)而发生的全部现金流出数。

③资产使用寿命结束时，处置资产所收到或者支付的净现金流量。该现金流量应当是企业预期可从资产的处置中获取或者支付的、减去预计处置费用后的金额。

综上所述，每期净现金流量计算公式如下：

每期净现金流量＝每期现金流入－该期现金流出

【学中做 2—10】 下列各项中，在预计资产未来现金流量的现值时，应当综合考虑的因素有(　　)。

A. 资产持续使用过程中预计产生的现金流入

B. 为实现资产持续使用过程中产生的现金流入所必需的预计现金流出

C. 资产的使用寿命

D. 折现率

正确答案：ABCD

答案解析：预计资产未来现金流量的现值，应当综合考虑资产的预计未来现金流量、使用寿命和折现率等因素。

(2)预计资产未来现金流量的方法。

①单一现金流量法。在单一现金流量法下，资产未来每期现金流量应当根据资产未来每期最有可能产生的现金流量进行预测。

【学中做 2—11】 甲公司拥有一项固定资产，该固定资产剩余使用年限为 3 年，公司预计未来 3 年里在正常的情况下，该资产每年可为企业产生的净现金流量分别为：第 1 年 210 万元；第 2 年 130 万元；第 3 年 26 万元。

该固定资产现金流量通常即为最有可能产生的现金流量，应以该现金流量的预计数，即 210 万元、130 万元、26 万元为基础计算固定资产的现值。

【学中做 2—12】 甲公司管理层 2013 年年末批准的财务预算中与产品 A 生产线预计未来现金流量有关的资料如表 2—1 所示(有关现金流量均发生于年末，各年年末不存在与产品 A 相关的存货，收入、支出均不含增值税)。

表 2—1 **预计未来现金流量相关资料** 单位:万元

项　目	2014 年	2015 年	2016 年
产品 A 销售收入	1 200	960	870
上年销售产品 A 产生应收账款本年收回	0	80	76
本年销售产品 A 产生应收账款将于下年收回	80	76	0
购买生产产品 A 的材料支付现金	510	450	400
以现金支付职工薪酬	200	185	150
其他现金支出	110	105	90
处置生产线净现金流入			50

资产每年预计未来现金流量计算如下:

(1)2014 年净现金流量=(1 200—80)—510—200—110=300(万元)

(2)2015 年净现金流量=(960+80—76)—450—185—105=224(万元)

(3)2016 年净现金流量=(870+76)—400—150—90+50=356(万元)

【学中做 2—13】 甲公司于 2013 年年末对一项固定资产进行减值测试。该固定资产的账面价值为 2 000 万元,预计尚可使用年限为 8 年。

为计算该固定资产在 2013 年年末未来现金流量的现值,公司首先必须预计其未来现金流量。假定公司管理层批准的 2013 年年末的该固定资产未来现金流量如表 2—2 所示。

表 2—2 **公司管理层批准的资产未来现金流量相关资料** 单位:万元

年　份	预计未来现金流量（不包括改良的影响金额）	预计未来现金流量（包括改良的影响金额）
2014	130	
2015	125	
2016	120	
2017	118	
2018	115	
2019	112	143
2020	110	138
2021	106	140

在 2013 年年末计算该资产未来现金流量的现值时,应以不包括资产改良影响金额的未来现金流量为基础加以计算。具体如表 2—3 所示。

表 2—3　　**资产未来现金流量预测表**　　单位:万元

年　份	预计未来现金流量(不包括改良的影响金额)
2014	130
2015	125
2016	120
2017	118
2018	115
2019	112
2020	110
2021	106

【学中做 2—14】 下列各项中,属于固定资产减值测试时预计其未来现金流量不应考虑的因素有(　　)。

A. 与所得税收付有关的现金流量

B. 筹资活动产生的现金流入或者流出

C. 与预计固定资产改良有关的未来现金流量

D. 与尚未作出承诺的重组事项有关的预计未来现金流量

正确答案:ABCD

答案解析:企业预计资产未来现金流量,应当以资产的当前状况为基础,不应当包括与将来可能会发生的、尚未作出承诺的重组事项或与资产改良有关的预计未来现金流量。不应当包括筹资活动和所得税收付产生的现金流量等。

②期望现金流量法。在期望现金流量法下,资产未来每期现金流量应当根据每期可能发生情况的概率及其相应的现金流量加总计算求得。

【学中做 2—15】 甲公司拥有一项固定资产,该固定资产剩余使用年限为 3 年,公司预计未来 3 年里在正常的情况下,固定资产生产的产品受市场行情波动影响大。在产品行情好、一般和差三种情况下,其实现的现金流量有较大差异,有关该资产预计未来 3 年每年的现金流量情况如表 2—4 所示。

表 2—4　　**预计未来 3 年每年的现金流量预测表**　　单位:万元

年　份	产品行情好(30%的可能性)	产品行情一般(60%的可能性)	产品行情差(10%的可能性)
第 1 年	280	220	120
第 2 年	170	110	40
第 3 年	50	30	0

资产每年预计未来现金流量计算如下：

第 1 年预计现金流量＝280×30%＋220×60%＋120×10%＝228(万元)

第 2 年预计现金流量＝170×30%＋110×60%＋40×10%＝121(万元)

第 3 年预计现金流量＝50×30%＋30×60%＋0×10%＝33(万元)

2. 预计折现率

折现率是反映当前市场货币时间价值和资产特定风险的税前利率。该折现率是企业在购置或者投资资产时所要求的必要报酬率。

在预计资产的未来现金流量时已经对资产特定风险的影响做了调整的，折现率的估计不需要考虑这些特定风险。如果用于估计折现率的基础是税后的，应当将其调整为税前的折现率。调整时，应考虑与资产预计现金流量有关的特定风险以及其他有关政治风险、货币风险和价格风险等。

折现率的确定，应当首先以该资产的市场利率为依据。如果该资产的利率无法从市场获得的，可以使用替代利率估计折现率。在估计替代利率时，企业应当充分考虑资产剩余寿命期间的货币时间价值和其他相关因素。

【拓展思考】 什么是资金时间价值?

替代利率在估计时，可以根据企业加权平均资金成本、增量借款利率或者其他相关市场借款利率作适当调整后确定。

企业在估计资产未来现金流量现值时，通常应当使用单一的折现率。但是，如果资产未来现金流量的现值对未来不同期间的风险差异或者利率的期间结构反应敏感的，企业应当在未来各不同期间采用不同的折现率。

【学中做 2－16】 在资产减值测试中，计算资产未来现金流量现值时所采用的折现率应当是反映当前市场货币时间价值和资产特定风险的税前利率。

正确答案：√

答案解析：为了资产减值测试的目的，计算资产未来现金流量现值时所使用的折现率应当是反映当前市场货币时间价值和资产特定风险的税前利率。

【学中做 2－17】 下面关于资产未来现金流量现值计算中所使用的折现率说法中，正确的有(　　)。

A. 可直接选用加权平均资金成本、增量借款利率或者其他相关市场借款利率

B. 优先选择以该资产的市场利率为依据进行确定

C. 如果用于估计折现率的基础是税后的，应当将其调整为税前的折现率

D. 应是企业在购置或者投资资产时所要求的必要报酬率

正确答案：BCD

答案解析：选项 A，应是进行适当调整后的加权平均资金成本、增量借款利率或者其他相关市场借款利率。

3. 预计资产的未来现金流量现值

在预计资产未来现金流量和折现率的基础之上，企业将该资产的预计未来现金流量按

照预计的折现率在预计期限内加以折现后即可确定该资产未来现金流量的现值。

【学中做 2—18】 2014 年 12 月 31 日，甲公司预计某生产线在未来 5 年内每年产生的现金流量净额分别为 200 万元、300 万元、400 万元、600 万元、400 万元，其账面价值为 1 600 万元。假定按照 5%的折现率和相应期间的货币时间价值系数，该生产线未来现金流量的现值为（　　）万元。

相关复利系数：$(P/S, 5\%, 1)=0.9524$，$(P/S, 5\%, 2)=0.9070$，$(P/S, 5\%, 3)=0.8638$，$(P/S, 5\%, 4)=0.8227$，$(P/S, 5\%, 5)=0.7835$。

A. 1 615.12　　B. 1 301.72　　C. 1 650　　D. 115.12

正确答案：A

答案解析：

生产线未来现金流量现值 $=200\times0.9524+300\times0.9070+400\times0.8638+600\times0.8227+400\times0.7835$

$=1\,615.12$（万元）

二、核算资产减值损失

可收回金额的计量结果表明，资产的可收回金额低于其账面价值的，应当将资产的账面价值减记至可收回金额，减记的金额确认为资产减值损失，计入当期损益，同时计提相应的资产减值准备。

资产减值损失一经确认，在以后会计期间不得转回。以前期间计提的资产减值准备，需要等到资产处置时才可转出。

【拓展思考】 企业出售一项投资性房地产，其成本为 10 000 元，已提减值准备 2 000 元，如何编制成本结转的会计分录？

需要说明的是，资产减值损失确认后，减值资产的折旧或者摊销费用应当在未来期间作相应调整，以使该资产在剩余使用寿命内，系统地分摊调整后的资产账面价值（扣除预计净残值）。

【学中做 2—19】 承【学中做 2—15】，甲公司无法估计固定资产的公允价值减去处置费用的净额，则按照资产未来现金流量的现值估计其可收回金额（折现率为 5%）。固定资产账面价值为 300 万元。复利现值系数见【学中做 2—18】。

资产未来现金流量现值 $=228\times0.9524+121\times0.9070+33\times0.8638=355.40$（万元）

由于无法估计资产的公允价值减去处置费用的净额，则资产的可收回金额为 355.40 万元。

可收回金额小于账面价值，则资产发生减值。

减值金额 $=355.40-300=55.40$（万元）

甲公司编制的会计分录如下：

借：资产减值损失	554 000	
贷：固定资产减值准备		554 000

【学中做 2—20】 承【学中做 2—18】，该生产线的公允价值减去处置费用后的净额为 1 650万元。

生产线未来现金流量的现值为 1 615.12 万元，公允价值减去处置费用后的净额为 1 650万元。可收回金额应当根据资产的公允价值减去处置费用后的净额与资产预计未来现金流量的现值两者之间较高者确定，则可收回金额为 1 650 万元。

可收回金额小于账面价值，则生产线发生减值，减值金额为 50 万元(1 650—1 600)。

甲公司编制的会计分录如下：

借：资产减值损失　　　　500 000

　　贷：固定资产减值准备　　　　500 000

预计资产的未来现金流量涉及外币的，应当以该资产所产生的未来现金流量的结算货币为基础，按照该货币适用的折现率计算资产的现值；然后将该外币现值按照计算资产未来现金流量现值当日的即期汇率进行折算。

首先，应当以该资产所产生的未来现金流量的结算货币为基础预计其未来现金流量，并按照该货币适用的折现率计算资产的现值。

其次，将该外币现值按照计算资产未来现金流量现值当日的即期汇率进行折算，从而折算成按照记账本位币表示的资产未来现金流量的现值。

最后，在该现值基础上，将其与资产公允价值减去处置费用后的净额相比较，确定其可收回金额，再根据可收回金额与资产账面价值相比较，确定是否需要确认减值损失以及确认多少减值损失。

【学中做 2—21】 甲公司经营国内、国际货物运输业务。因拥有的货轮出现减值迹象，于 2013 年 12 月 31 日对其进行减值测试。相关资料如下：

(1)甲公司以人民币为记账本位币，国内货物运输采用人民币结算，国际货物运输采用美元结算。

(2)货轮采用年限平均法计提折旧，预计使用 20 年，预计净残值率为 5%。2013 年 12 月 31 日，货轮的账面原价为人民币 75 000 万元，已计提折旧为人民币 54 000 万元，账面价值为人民币 21 000 万元。货轮已使用 15 年，尚可使用 5 年，预计净残值为 0，甲公司拟继续经营使用货轮直至报废。

(3)甲公司将货轮专门用于国际货物运输。由于国际货物运输业务受宏观经济形势的影响较大，预计货轮未来 5 年产生的净现金流量(假定使用寿命结束时处置货轮产生的净现金流量为零，有关现金流量均发生在年末)如表 2—5 所示。

表 2—5　　未来 5 年现金净流量预测表　　单位：万美元

年　份	业务好 (20%的可能性)	业务一般 (60%的可能性)	业务差 (20%的可能性)
第 1 年	1 000	800	400
第 2 年	960	720	300

续表

年　份	业务好 (20%的可能性)	业务一般 (60%的可能性)	业务差 (20%的可能性)
第 3 年	900	700	240
第 4 年	960	760	300
第 5 年	910	800	360

(4)由于不存在活跃市场，甲公司无法可靠估计货轮的公允价值减去处置费用后的净额。

(5)在考虑了货币时间价值和货轮特定风险后，甲公司确定10%为人民币适用的折现率，确定12%为美元适用的折现率。相关复利现值系数如下：

$(P/S,10\%,1)=0.9091$；$(P/S,12\%,1)=0.8929$

$(P/S,10\%,2)=0.8264$；$(P/S,12\%,2)=0.7972$

$(P/S,10\%,3)=0.7513$；$(P/S,12\%,3)=0.7118$

$(P/S,10\%,4)=0.6830$；$(P/S,12\%,4)=0.6355$

$(P/S,10\%,5)=0.6209$；$(P/S,12\%,5)=0.5674$

(6)2013 年 12 月 31 日的汇率为 1 美元=6.10 元人民币。甲公司预测以后各年年末的美元汇率如下：第 1 年年末为 1 美元=6.15 元人民币；第 2 年年末为 1 美元=6.16 元人民币；第 3 年年末为 1 美元=6.11 元人民币；第 4 年年末为 1 美元=6.09 元人民币；第 5 年年末为 1 美元=6.08 元人民币。

(1)计算结算货币为基础的各年未来现金流量：

第 1 年期望现金流量=1 000×20%+800×60%+400×20%=760(万美元)

第 2 年期望现金流量=960×20%+720×60%+300×20%=684(万美元)

第 3 年期望现金流量=900×20%+700×60%+240×20%=648(万美元)

第 4 年期望现金流量=960×20%+760×60%+300×20%=708(万美元)

第 5 年期望现金流量=910×20%+800×60%+360×20%=734(万美元)

(2)计算结算货币为基础的未来现金流量现值：

760×0.892 9+684×0.797 2+648×0.711 8+708×0.635 5+734×0.567 4
=2 551.54(万美元)

【拓展思考】 计算各年未来现金流量的现值是用 10%还是用 12%进行折现？

(3)计算记账本位币为基础的未来现金流量现值：

2 551.54×6.10=15 564.39(万元)

【拓展思考】 计算记账本位币为基础的未来现金流量现值用哪一时点的汇率进行折算？

(4)确定资产可收回金额：

因无法可靠估计货轮的公允价值减去处置费用后的净额，则可收回金额为 15 564.39

万元。

(5)计算应计提的减值金额:

应计提减值准备=21 000-15 564.39=5 435.61(万元)

借:资产减值损失	54 356 100	
贷:固定资产减值准备		54 356 100

(6)计算2014年应计提的折旧:

2014年应计提折旧=15 564.39÷5=3 112.88(万元)

借:主营业务成本	31 128 800	
贷:累计折旧		31 128 800

【拓展思考】 计算2014年应计提的折旧为什么以15 564.39万元为基础?

学习子任务三　计算资产组可收回金额及核算减值损失

资产组减值测试的原理与单项资产一致,即企业需要预计资产组的可收回金额和计算资产组的账面价值,并将两者进行比较。若资产组的可收回金额低于其账面价值,则表明资产组发生减值损失,应当予以确认。

一、计算资产组可收回金额

【学中做2—22】 资产组的认定应当以资产组产生的主要现金流入是否独立于其他资产或者资产组的现金流入为依据。

正确答案:√

答案解析:资产组以其产生的主要现金流入是否独立于其他资产或者资产组的现金流入为依据。

资产组的可收回金额应当按照该资产组的公允价值减去处置费用后的净额与其预计未来现金流量的现值两者之间较高者确定。

资产组账面价值的确定基础应当与其可收回金额的确定方式相一致。只有这样,两者才能在共同的基础上进行估计和比较。

资产组的账面价值包括可直接归属于资产组与可以合理和一致地分摊至资产组的资产账面价值,通常不应当包括已确认负债的账面价值,但如不考虑该负债金额就无法确定资产组可收回金额的除外。这是因为在预计资产组的可收回金额时,既不包括与该资产组的资产无关的现金流量,也不包括与已在财务报表中确认的负债有关的现金流量,因此,为了与资产组可收回金额的确定基础相一致,资产组的账面价值也不应该包括这些项目。

【学中做2—23】 下列各项中,应计入资产组账面价值的有(　　)。

A. 可直接归属于资产组与可以合理和一致地分摊至资产组的账面价值

B. 已确认负债的账面价值

C. 对资产组可收回金额的确定起决定性作用的负债的账面价值

D. 可以合理和一致地分摊至资产组的资产的公允价值

正确答案:AC

答案解析:资产组的账面价值包括可直接归属于资产组与可以合理和一致地分摊至资产组的资产账面价值,通常不应当包括已确认负债的账面价值,但如不考虑该负债金额就无法确定资产组可收回金额的除外。

【学中做 2—24】 甲公司 2014 年 12 月 31 日测试其一资产组发生了减值。该资产组由一栋厂房、一台设备和一项负债组成。厂房的账面原值为 520 万元,已提折旧 320 万元;设备账面原值为 600 万元,已提折旧 300 万元;负债为 80 万元。该资产组如果进行处置,其公允价值减去处置费用后的净额为 360 万元;该资产组如果持续使用,其使用期间及资产期满报废所带来的各年现金流量现值为 400 万元。

厂房账面价值=520—320=200(万元)

设备账面价值=600—300=300(万元)

资产组账面价值=200+300—80=420(万元)

比较公允价值减去处置费用后的净额 360 万元和未来现金流量现值 400 万元后,选其较高的 400 万元作为可收回金额。即:

资产组可收回金额=400(万元)

由于资产组的可收回金额小于其账面价值,所以资产组发生减值,应当确认资产组减值损失。即:

资产组减值损失=420—400=20(万元)

资产组在处置时如要求购买者承担一项负债(如环境恢复负债等),该负债金额已经确认并计入相关资产账面价值,而且企业只能取得包括上述资产和负债在内的单一公允价值减去处置费用后的净额的,为了比较资产组的账面价值和可收回金额,在确定资产组的账面价值及其预计未来现金流量的现值时,应当将已确认的负债金额从中扣除。

【学中做 2—25】 乙公司经营一座有色金属矿山。根据有关规定,在矿山完成开采后应当将该地区恢复原貌。因此,公司针对预计发生的弃置费用(山体原貌复原费用)确认 1 000万元的预计负债,并计入矿山成本。

2014 年 12 月 31 日,随着开采的进展,发现矿山中的有色金属储量远低于预期,有色金属矿山有可能发生了减值,因此,对该矿山进行了减值测试。考虑到矿山的现金流量状况,整座矿山被认定为一个资产组。该资产组在 2014 年年末的账面价值为 2 200 万元(包括确认的恢复山体原貌的预计负债)。

公司如果在 2014 年 12 月 31 日对外出售矿山(资产组),买方愿意出价 1 650 万元(包括恢复山体原貌成本,即已经扣减这一成本因素),预计处置费用为 50 万元;公司估计矿山的未来现金流量现值为 2 430 万元,不包括弃置费用。

资产组的公允价值减去处置后的净额=1 650—50=1 600(万元)

资产组预计未来现金流量现值=2 430—1 000=1 430(万元)

资产组的可收回金额应当按照该资产组的公允价值减去处置费用后的净额与其预计未

来现金流量的现值两者之间较高者确定。即：

资产组可收回金额＝1 600(万元)

资产组账面价值＝2 200－1 000＝1 200(万元)

由于资产组的可收回金额大于其账面价值，所以资产组未发生减值，不应当确认资产组减值损失。

【拓展思考】 如何理解“买方出价 1 650 万元已扣除预计负债金额”？

二、核算资产组减值损失

进行减值测试时，资产组的账面价值，既包括其自身的价值，还可能包括分摊至资产组的商誉等的账面价值。如果资产组的可收回金额低于其账面价值的，应当确认相应的减值损失。

资产组减值损失金额应当按照下列顺序进行分摊：

(1)首先抵减分摊至资产组中商誉的账面价值。因为商誉是最具不确定性的资产，所以减值损失首先应冲减商誉。

(2)然后根据资产组中除商誉之外的其他各项资产的账面价值所占比重，按比例抵减其他各项资产的账面价值。

【学中做 2－26】 甲公司一项资产组账面价值为 100 万元，其中含商誉 20 万元。资产组可收回金额为 70 万元。

资产组应计提减值 30 万元。对于 30 万元的减值损失，应该先抵减商誉 20 万元，再将剩余的 10 万元在资产组其他各项资产中按照各项资产的账面价值比例进行分摊。

抵减后的各单项资产的账面价值不得低于以下三者之中最高者：

①该资产的公允价值减去处置费用后的净额(如可确定的)；

②该资产预计未来现金流量的现值(如可确定的)；

③零。

(3)未能分摊的减值损失金额，应当按照相关资产组中其他各项资产的账面价值所占比重进行分摊。

【学中做 2－27】 甲公司拥有一条生产线生产某精密仪器，该生产线由 A、B、C 三部机器构成，成本分别为 80 万元、120 万元和 200 万元。使用年限均为 10 年，预计净残值为零，采用年限平均法计提折旧。

2014 年，该生产线生产的精密仪器有替代产品上市，导致公司精密仪器的销售锐减 40％，该生产线可能发生了减值，因此，甲公司在 2014 年 12 月 31 日对该生产线进行减值测试。

假定至 2014 年 12 月 31 日，甲公司整条生产线已经使用 5 年，预计尚可使用 5 年，以前年度未计提固定资产减值准备，因此，A、B、C 三部机器在 2014 年 12 月 31 日的账面价值分别为 40 万元、60 万元和 100 万元。

甲公司在综合分析后认为，A、B、C 三部机器均无法单独产生现金流量，但整条生产线构成完整的产销单元，属于一个资产组。甲公司估计A机器的公允价值减去处置费用后的净额为30万元，B机器和C机器都无法合理估计其公允价值减去处置费用后的净额以及未来现金流量的现值。

甲公司估计整条生产线未来5年的现金流量及其恰当的折现率后，得到该生产线预计未来现金流量现值为120万元。由于无法合理估计整条生产线的公允价值减去处置费用后的净额，甲公司以该生产线预计未来现金流量现值为其可收回金额。

①判断并计算资产组减值损失：

资产组账面价值＝40＋60＋100＝200（万元）

由于资产组无法合理估计其公允价值减去处置费用后的净额，则其可收回金额为未来现金流量现值。

资产组可收回金额＝120（万元）

由于资产组可收回金额小于其账面价值，所以资产组发生减值损失。

资产组减值损失＝200－120＝80（万元）

②计算单项资产减值损失：

具体计算分摊过程如表2－6所示。

表2－6　资产组减值损失计算分摊表　单位：万元

项　目	机器A	机器B	机器C	整条生产线（资产组）
账面价值	40	60	100	200
可收回金额				120
减值损失				80
减值损失分摊比例	20%	30%	50%	
分摊减值损失	10*	24	40	74
分摊后账面价值	30	36	60	
尚未分摊的减值损失				6
二次分摊比例		37.50%	62.50%	
二次分摊减值损失		2.25	3.75	6
二次分摊后应确认减值损失总额		26.25	43.75	
二次分摊后账面价值		33.75	56.25	

* 按照分摊比例，A机器应当分摊减值损失16万元（80×20%），但由于A机器的公允价值减去处置费用后的净额为30万元，因此A机器最多只能确认减值损失10万元（40－30），未能分摊的减值损失6万元（16－10）应当在B机器和C机器之间进行再分摊。

根据上述计算和分摊结果，构成生产线的 A 机器、B 机器和 C 机器应当分别确认减值损失 10 万元、26.25 万元和 43.75 万元，编制的会计分录如下：

借：资产减值损失——A 机器　　100 000
　　　　　　　　——B 机器　　262 500
　　　　　　　　——C 机器　　437 500
　贷：固定资产减值准备——A 机器　　100 000
　　　　　　　　　　　——B 机器　　262 500
　　　　　　　　　　　——C 机器　　437 500

【拓展思考】【学中做 2—27】中的 37.50%和 62.50%如何计算？

【学中做 2—28】 企业对于资产组的减值损失，应先抵减分摊至资产组中商誉的账面价值，再根据资产组中除商誉之外的其他各项资产的账面价值所占比重，按比例抵减其他各项资产的账面价值，但抵减后的各资产的账面价值不得低于以下(　　)中的最高者。

A. 该资产的公允价值

B. 该资产的公允价值减去处置费用后的净额

C. 该资产预计未来现金流量的现值

D. 零

正确答案：BCD

答案解析：抵减后的各单项资产的账面价值不得低于以下三者之中最高者：该资产的公允价值减去处置费用后的净额(如可确定的)；该资产预计未来现金流量的现值(如可确定的)；零。

【学中做 2—29】 企业在对资产组减值损失总额进行分摊时，先冲减该资产组中商誉的账面价值，然后根据资产组中除商誉之外的其他各项资产的公允价值所占总的可辨认资产公允价值之和的比例抵减其他各项资产的账面价值。

正确答案：×

答案解析：应是按照除商誉之外的其他各项资产的账面价值的比例来进行分配，而非公允价值的比例。

知识链接

总部资产的减值测试及核算

企业总部资产包括企业集团或其事业部的办公楼、电子数据处理设备、研发中心等资产。

总部资产的显著特征是难以脱离其他资产或者资产组来产生独立的现金流入，而且其账面价值难以完全归属于某一资产组。因此，总部资产通常难以单独进行减值测试，需要结合其他相关资产组或者资产组组合进行。

资产组组合，是指由若干个资产组组成的最小资产组组合，包括资产组或者资产组组合，以及按合理方法分摊的总部资产部分。

续

有迹象表明某项总部资产可能发生减值的，企业应当计算确定该总部资产所归属的资产组或者资产组组合的可收回金额，然后将其与相应的账面价值相比较，据以判断是否需要确认减值损失。

企业对某一资产组进行减值测试，应当先认定所有与该资产组相关的总部资产，再根据相关总部资产能否按照合理和一致的基础分摊至该资产组分别下列情况处理：

(1)对于相关总部资产能够按照合理和一致的基础分摊至该资产组的部分，应当将该部分总部资产的账面价值分摊至该资产组，再据以比较该资产组的账面价值(包括已分摊的总部资产的账面价值部分)和可收回金额，并按照有关资产减值测试的顺序和方法处理。

(2)对于相关总部资产中有部分资产难以按照合理和一致的基础分摊至该资产组的，应当按照下列步骤处理：

首先，在不考虑相关总部资产的情况下，估计和比较资产组的账面价值和可收回金额，并按照有关资产组减值测试的顺序和方法处理。

其次，认定由若干个资产组组成的最小的资产组组合，该资产组组合应当包括所测试的资产组与可以按照合理和一致的基础将该部分总部资产的账面价值分摊其上的部分。

最后，比较所认定的资产组组合的账面价值(包括已分摊的总部资产的账面价值部分)和可收回金额，并按照有关资产组减值测试的顺序和方法处理。

【任务小结】

本学习任务主要包括：界定资产减值，计算资产可收回金额及核算减值损失，计算资产组可收回金额及核算减值损失。

- 资产减值的会计处理
  - 界定资产减值
    - 资产减值的含义
    - 资产减值迹象的判断
    - 资产组的认定
  - 计算资产可收回金额及核算减值损失
    - 计算资产可收回金额
    - 核算资产减值损失
  - 计算资产组可收回金额及核算减值损失
    - 计算资产组可收回金额
    - 核算资产组减值损失

【做中学——职业技能·职业资格考试训练】

一、单项选择题

1. 下列说法中不正确的是(　　)。

A. 资产组的账面价值通常不应当包括已确认负债的账面价值，但如不考虑该负债金额就无法确定资产组可收回金额的除外

B. 资产产生的现金流量是外币的，应当以该资产所产生的未来现金流量的结算货币为基础预计其未来现金流量，并按照该货币适用的折现率计算现金流量的现值，再按计算未来现金流量现值当日的即期汇率进行折算，从而得出记账本位币表示的资产未来现金流量现值

C. 只要是某企业的资产，则其中任意两项或两项以上都可以组成企业的资产组

D. 企业难以对单项资产的可收回金额进行估计的，应当以该资产所属的资产组为基础确定资产组的可收回金额

2. 2014 年 12 月 31 日，甲公司对一条存在减值迹象的生产线进行减值测试，该生产线的资料如下：该生产线由 A、B、C 三台设备组成，被认定为一个资产组。A、B、C 三台设备的账面价值分别为 80 万元、100 万元、70 万元，三台设备的使用寿命相等。减值测试表明，A 设备的公允价值减去处置费用后的净额为 50 万元，B 设备和 C 设备均无法合理估计其公允价值减去处置费用后的净额以及未来现金流量的现值；该生产线的可收回金额为 200 万元。不考虑其他因素，A 设备应确认的减值损失为(　　)万元。

A. 16　　B. 40　　C. 14　　D. 30

3. 下列关于可收回金额的表述中，正确的是(　　)。

A. 可收回金额应当根据资产的公允价值与资产预计未来现金流量的现值两者之间较高者确定

B. 可收回金额应当根据资产的公允价值减去处置费用后的净额与资产预计未来现金流量两者之间较高者确定

C. 可收回金额应当根据资产的公允价值减去处置费用后的净额与资产预计未来现金流量的现值两者之间较高者确定

D. 可收回金额应当根据资产的账面价值减去处置费用后的净额与资产预计未来现金流量的现值两者之间较高者确定

4. A 公司拥有 B 公司 30% 的股份，采用权益法核算。2014 年期初该长期股权投资账面余额为 1 600 万元，未计提减值准备，2014 年 B 公司发生亏损 800 万元，A 公司对长期股权投资进行减值测试，其公允价值为 1 200 万元，处置费用为 20 万元，预计未来现金流量现值为 1 100 万元，不考虑其他因素，则 2014 年年末该公司应对长期股权投资计提减值准备(　　)万元。

A. 260　　B. 420　　C. 180　　D. 160

5. 2010 年 12 月 15 日，甲公司购入一台不需安装即可投入使用的设备，其原价为 1 888 万元。该设备预计使用年限为 10 年，预计净残值为 88 万元，采用年限平均法计提折旧。2014 年 12 月 31 日，经过检查，该设备的可收回金额为 1 160 万元，预计尚可使用年限为 5 年，预计净残值为 20 万元，折旧方法不变。则 2015 年该设备应计提的折旧额为(　　)万元。

A. 180　　B. 228　　C. 232　　D. 214.4

6. 认定为资产组最关键的因素是(　　)。

A. 该企业的各项资产是否可以独立产生现金流入

B. 该资产组是否可以独立产生现金流入和现金流出

C. 该资产组的各个组成资产是否都可以独立产生现金流入

D. 该资产组能否独立产生现金流入

7. 对资产进行减值测试时,下列关于折现率的说法中不正确的是(　　)。

A. 用于估计折现率的基础应该为税前的

B. 用于估计折现率的基础应该为税后的

C. 折现率为企业在购置或者投资资产时所要求的必要报酬率

D. 企业通常应当采用单一的折现率

8. 甲公司采用期望现金流量法估计未来现金流量,2014 年 A 设备在不同经营情况下产生的现金流量分别为:该公司经营好的可能性是 70%,产生的现金流量为 60 万元;经营一般的可能性是 20%,产生的现金流量是 50 万元;经营差的可能性是 10%,产生的现金流量是 40 万元。则该公司预计 A 设备 2014 年产生的现金流量是(　　)万元。

A. 60　　B. 56　　C. 150　　D. 42

9. 下列各类资产中,不适用《企业会计准则第 8 号——资产减值》的是(　　)。

A. 生产性生物资产

B. 采用成本模式进行后续计量的投资性房地产

C. 存货

D. 商誉

10. 下列资产项目中,每年年末必须进行减值测试的有(　　)。

A. 固定资产　　B. 长期股权投资

C. 使用寿命有限的无形资产　　D. 使用寿命不确定的无形资产

二、多项选择题

1. 对于开发过程中的无形资产,下列项目中属于预计资产未来现金流量应当包括的内容有(　　)。

A. 为使该项无形资产达到预定用途而发生的支出

B. 持续使用该项无形资产产生的现金流入

C. 使用过程中为维护该项无形资产而发生的现金支出

D. 处置该项无形资产发生的现金流入

2. 下列有关资产减值的说法中,正确的有(　　)。

A. 资产组的账面价值通常应当包括已确认负债的账面价值

B. 资产的可收回金额低于其账面价值,表明资产发生了减值损失,应当予以确认

C. 资产组的可收回金额低于其账面价值的,应当确认相应的减值损失,并将减值损失

按照一定的顺序进行分摊

D. 在估计资产可收回金额时，只能以单项资产为基础加以确定

3. 下列各类资产发生减值后，相关资产减值准备允许转回的有（　　）。

A. 存货

B. 采用成本模式进行后续计量的投资性房地产

C. 无形资产

D. 应收账款

4. 下列项目中，属于确定资产公允价值减去处置费用后的净额中的处置费用的有（　　）。

A. 与资产处置有关的法律费用　　B. 与资产处置有关的相关税费

C. 与资产处置有关的搬运费　　D. 与资产处置有关的所得税费用

5. 企业在预计资产未来现金流量时，不应该考虑的有（　　）。

A. 预计将发生的与资产维护有关的现金流量

B. 预计将发生的与资产改良有关的现金流量

C. 预计将发生的与为维持资产正常状态而必要的现金流量

D. 与将来可能会发生的、尚未作出承诺的重组事项有关的现金流量

三、判断题

1. 企业对总部资产一般不能单独进行减值测试，只能结合其他相关资产组或者资产组组合进行。（　　）

2. 资产减值准则中所涉及的资产是指企业所有的资产。（　　）

3. 如果某项资产无法可靠估计资产的公允价值减去处置费用后的金额，则企业不能以单项资产为基础估计其可收回金额。（　　）

4. 资产减值准则所规定的各项资产所发生的资产减值损失一经确认，在以后持有期间不可以转回，但是当企业相关资产处置或者用于债务重组偿债、非货币性资产交换等交易，同时符合资产终止确认条件的，应当将其减值准备予以转销。（　　）

5. 如果资产的公允价值减去处置费用后的净额与资产预计未来现金流量现值中，有一项超过了资产的账面价值，就表明资产没有发生减值，不需要再估计另一项金额。（　　）

6. 资产组的认定，主要以资产组是否能产生现金流入为依据。（　　）

四、计算分录题

1. 甲公司一条生产线，由A、B、C三台机器构成，生产M产品，这三台机器均无法产生独立的现金流量，但组成生产线后构成完整的产销单位，属于一个资产组。

A、B、C三台机器均系甲公司于2009年12月购入，成本分别为400万元、600万元和1 000万元，预计使用年限均为10年，预计净残值均为0，均采用直线法计提折旧。购入当月该生产线达到预定可使用状态。

2014 年，市场上出现了 M 产品的替代产品，M 产品市场大幅萎缩，出现减值迹象。

2014 年 12 月 31 日，甲公司对该生产线进行减值测试。

2014 年 12 月 31 日，A 机器的公允价值为 175 万元，如将其处置，预计将发生相关费用 15 万元；B、C 机器的公允价值减去处置费用后的净额均无法合理估计。该生产线预计未来现金流量的现值为 600 万元。

要求：

(1)确定该资产组的减值损失。

(2)将该资产组的资产减值损失分摊至各个资产，作出相关的账务处理。

2. 2014 年 12 月 31 日，甲公司发现某项固定资产出现减值迹象，对其进行减值测试：

(1)该项固定资产系甲公司于 2011 年 12 月购入，当月达到预定用途，入账价值为 1 500 万元，采用直线法计提折旧，使用年限为 10 年，预计净残值为 0。2014 年以前未计提减值准备。

(2)该项固定资产公允价值减去处置费用后的净额为 950 万元。

(3)如果继续使用，该生产线在未来 4 年的现金流量净额分别为 100 万元、150 万元、200 万元、300 万元，2014 年使用过程中及处置时形成的现金流量净额合计为 400 万元，假定有关现金流量均发生于年末。

(4)该项固定资产适用的折现率为 5%。已知部分时间价值系数如下：$(P/S,5\%,1)=0.952\ 4$，$(P/S,5\%,2)=0.907\ 0$，$(P/S,5\%,3)=0.863\ 8$，$(P/S,5\%,4)=0.822\ 7$，$(P/S,5\%,5)=0.783\ 5$。

要求：

(1)计算预计未来现金流量现值。

(2)计算该资产的可收回金额。

(3)计算该资产计提的减值准备并编制相关会计分录。

学习任务三

债务重组的会计处理

【职业能力目标】

能够界定和判断不同方式的债务重组，并从债务人、债权人两个角度针对不同方式的债务重组进行会计核算。

【典型学习任务】

界定债务重组，核算债务重组。

学习子任务一　界定债务重组

一、债务重组的含义

在市场经济条件下，有时由于内部、外部各种因素的影响，企业可能出现一些暂时性或严重的财务困难，致使资金周转不灵，难以按期偿还债务。在此种情况下，作为债权人，一种方式是通过法律程序，要求债务人破产，以清偿债务；另一种方式是通过互相协商，以债务重组的方式，债权人作出某些让步，使债务人减轻负担，渡过难关。

债务重组，是指在债务人发生财务困难的情况下，债权人按照其与债务人达成的协议或者法院的裁定作出让步的事项。

(一)债务重组的前提

债务重组的前提是"债务人发生财务困难"。

债务人发生财务困难是指因债务人出现资金周转困难或经营陷入困境，导致其无法或者没有能力按原定条件偿还债务。

(二)债务重组的特征

债务重组的特征是"债权人作出让步"。

债权人作出让步是指债权人同意发生财务困难的债务人现在或者将来以低于重组债务

账面价值的金额或者价值偿还债务。也就是说，在债务重组过程中，债权人一定会发生债务重组损失，而债务人一定会得到债务重组收益。

“债权人作出让步”的情形主要包括：债权人减免债务人部分债务本金或者利息、降低债务人应付债务的利率等。

知识链接　　债务账面价值、债权账面价值

债务账面余额等于债权账面余额，即为债务方和债权方应付、应收的债务债权金额。

对于债务方而言，债务账面价值等于债务账面余额。

对于债权方而言，债权账面价值等于债权账面余额减去坏账准备。

【学中做3－1】 只要债务重组时确定的债务偿还条件不同于原协议，不论债权人是否作出让步，均属于企业会计准则定义的债务重组。

正确答案：×

答案解析：债务重组的一个关键点就是债权人要作出让步，债权人没有作出让步的事项不属于债务重组。

(三)债务重组的途径

债务重组的途径是“债权人与债务人达成协议或者法院裁定”。

债务重组行为不是债权人或债务人的单方行为表述，而是双方共同意志的达成，或者是法院的裁定。

二、债务重组的方式

(一)以资产清偿债务

以资产清偿债务是指债务人转让其资产给债权人以清偿债务的债务重组方式。债务人通常用于偿债的资产主要有现金、存货、金融资产、固定资产、无形资产等。这里所指的现金，包括库存现金、银行存款和其他货币资金。

在债务重组的情况下，以现金清偿债务，通常是指以低于债务账面价值的现金清偿债务，如果以等量的现金偿还所欠债务，则不属于债务重组。

【拓展思考】 在债务人发生财务困难时，债权人同意债务人用等值库存商品抵偿到期债务，是否属于债务重组？

(二)将债务转为资本

债务转为资本是指债务人将债务转为资本，同时债权人将债权转为股权的债务重组方式。但债务人根据转换协议，将应付可转换公司债券转为资本的，则属于正常情况下的债务转为资本，不能作为债务重组处理。

债务转为资本时，对于股份有限公司而言为债务转为股本，对于其他企业而言为债务转为实收资本。债务转为资本的结果是，债务人因此增加股本(或实收资本)，债权人因此增加股权。

(三)修改其他债务条件

修改其他债务条件是指修改不包括上述第一种、第二种情形在内的债务条件进行债务重组的方式，如减少债务本金、降低利率、减少或免去应付未付的利息等。

【学中做3—2】 下列各项中，属于债务重组修改其他债务条件方式的有(　　)。

A. 债务转为资本　　　　B. 降低利率

C. 减少债务本金　　　　D. 免去应付未付的利息

正确答案：BCD

答案解析：选项A不属于修改其他债务条件方式的债务重组。

(四)以上三种方式的组合

以上三种方式的组合是指采用以上三种方式共同清偿债务的债务重组方式。例如，以转让资产清偿某项债务一部分，另一部分债务通过修改其他债务条件进行债务重组。主要包括以下可能的方式：

(1)债务的一部分以资产清偿，另一部分则转为资本；

(2)债务的一部分以资产清偿，另一部分则修改其他债务条件；

(3)债务的一部分转为资本，另一部分则修改其他债务条件；

(4)债务的一部分以资产清偿、一部分转为资本，另一部分则修改其他债务条件。

【学中做3—3】 下列事项中，属于债务重组的有(　　)。

A. 以低于债务的账面价值的货币资金清偿债务

B. 修改债务条件，如减少债务本金并降低利率

C. 债务人借新债还旧债

D. 债务人改组

正确答案：AB

答案解析：选项C和选项D中债权人均未作出让步。

知识链接　　**债务重组日**

债务重组可能发生在债务到期前、到期日或到期后。债务重组日是指债务重组完成日，即债务人履行协议或法院裁定，相关资产转让给债权人、将债务转为资本或修改后的偿债条件开始执行的日期。

例如，甲股份有限公司欠乙股份有限公司货款1 000万元，到期日为2014年8月1日。甲股份有限公司由于发生财务困难，无法按期偿还债务。经与乙股份有限公司协商，乙股份有限公司同意甲股份有限公司以价值900万元的商品抵偿债务。2014年8月20日，甲股份有限公司将商品运抵乙股份有限公司，并办理有关债务解除手续。

在此项债务重组交易中，2014年8月20日为债务重组日。

学习子任务二　核算债务重组

一、核算资产清偿债务方式的债务重组

在债务重组中，企业以资产清偿债务通常包括以现金清偿债务和以非现金资产清偿债务等方式。

(一)以现金清偿债务

1. 债务人会计核算

债务人应当将重组债务的账面价值与实际支付现金之间的差额确认为债务重组利得，计入当期损益(营业外收入——债务重组利得)，其中，相关重组债务应当在满足金融负债终止确认条件时予以终止确认。

2. 债权人会计核算

债权人应当将重组债权的账面余额与收到的现金之间的差额确认为债务重组损失，计入当期损益(营业外支出——债务重组损失)，其中，相关重组债权应当在满足金融资产终止确认条件时予以终止确认。债权人已对债权计提减值准备的，应当先将上述差额冲减已计提的减值准备，冲减后仍有损失的，计入营业外支出；冲减后减值准备仍有余额的，应予转回并抵减当期资产减值损失。

【拓展思考】 重组债务的账面价值与重组债权的账面余额是否相等？两者有什么联系？

【学中做3—4】 2014年10月10日，甲公司从乙公司购买一批商品，收到的增值税专用发票上注明的商品价款为200 000元，增值税进项税额为34 000元，商品已验收入库，款项尚未支付。2014年12月31日，甲公司资金周转发生困难，无法按合同规定偿还债务，经过双方协商，乙公司同意减免甲公司18 000元债务，余额用银行存款立即偿还。乙公司已为该应收债权计提了8 000元的坏账准备。

甲公司债务重组编制的会计分录如下：

借：应付账款——乙公司　　234 000
　贷：银行存款　　216 000
　　营业外收入——债务重组利得　　18 000

乙公司债务重组编制的会计分录如下：

借：银行存款　　216 000
　营业外支出——债务重组损失　　10 000
　坏账准备　　8 000
　贷：应收账款——甲公司　　234 000

【学中做3—5】 若【学中做3—4】中，乙公司对应收债权计提18 000元坏账准备，其他条件不变。

甲公司债务重组编制的会计分录同【学中做3—4】。

乙公司债务重组编制的会计分录如下：

借：银行存款　　216 000

　　坏账准备　　18 000

　　贷：应收账款——甲公司　　234 000

【拓展思考】 若乙公司对应收债权计提20 000元坏账准备，则乙公司应如何编制会计分录？

（二）以非现金资产清偿债务

1. 债务人会计核算

债务人应当将重组债务的账面价值与转让的非现金资产公允价值之间的差额确认为债务重组利得，计入当期损益（营业外收入——债务重组利得），其中，相关重组债务应当在满足金融负债终止确认条件时予以终止确认。转让的非现金资产公允价值与其账面价值之间的差额作为转让资产损益，计入当期损益。

【拓展思考】 非现金资产公允价值与其账面价值有什么区别？

债务人在转让非现金资产过程中发生的一些税费，如资产评估费、运杂费等，直接计入转让资产损益。对于增值税应税项目，如债权人不向债务人另行支付增值税，则债务重组利得应为转让非现金资产公允价值和该非现金资产的增值税销项税额与重组债务账面价值的差额；如债权人向债务人另行支付增值税，则债务重组利得应为转让非现金资产公允价值与重组债务账面价值的差额。

知识链接　以非现金资产清偿债务，债务人编制会计分录的基本要点

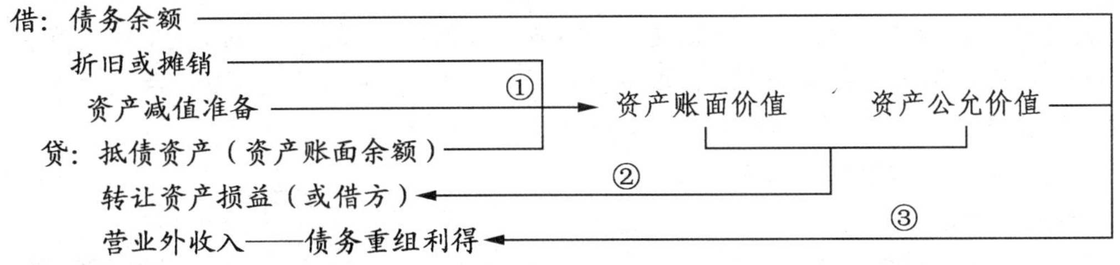

①将抵债资产账面余额调整为账面价值

②将抵债资产账面价值调整为公允价值

③将抵债资产公允价值与债务余额比较计入“营业外收入”

2. 债权人会计核算

债权人应当对受让的非现金资产按其公允价值入账，重组债权的账面余额与受让的非现金资产的公允价值之间的差额，确认为债务重组损失，计入当期损益，其中，相关重组债权应当在满足金融资产终止确认条件时予以终止确认。

重组债权已计提减值准备的，应当先将上述差额冲减已计提的减值准备，冲减后仍有损失的，计入营业外支出；冲减后减值准备仍有余额的，应予转回并抵减当期资产减值损失。

对于增值税应税项目，如债权人不向债务人另行支付增值税，增值税进项税额可作为冲减重组债权的账面余额处理；债权人向债务人另行支付增值税，增值税进项税额不能作为冲减重组债权的账面余额处理。

债权人收到非现金资产时发生的有关运杂费等，应当计入相关资产的价值。

知识链接 以非现金资产清偿债务，债权人编制会计分录的基本要点

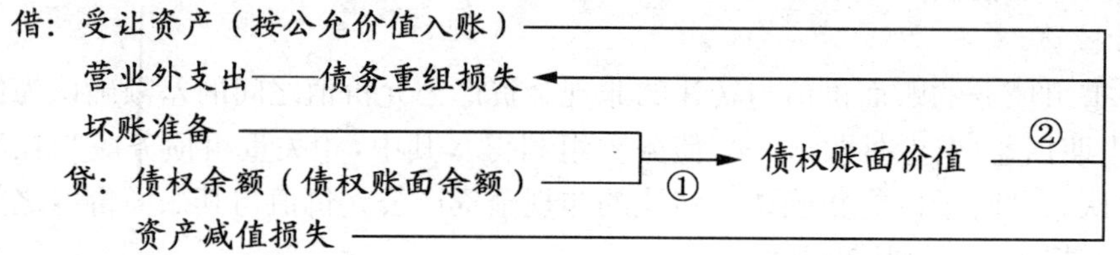

①将债权账面余额调整为账面价值

②将债权账面价值与受让资产公允价值比较计入"营业外支出"（借方）或"资产减值损失"（贷方）

(1)以库存材料、商品产品抵偿债务。债务人以库存材料、商品产品抵偿债务，应视同销售进行核算。企业可将该项业务分为两部分：一是将库存材料、商品产品出售给债权人，取得货款。出售库存材料、商品产品业务与企业正常销售业务处理相同，其发生的损益计入当期损益。二是以取得货币清偿债务(但在这项业务中并没有发生相应的货币流入与流出)。

【学中做 3－6】 甲公司应收乙公司购货款 350 000 元。由于乙公司财务发生困难，不能支付 2014 年 4 月 5 日到期的该项货款。经双方协商进行债务重组，同意乙公司以其生产的产品偿还债务。该产品的账面余额为 120 400 元，已提跌价准备 400 元，公允价值为 200 000元，适用的增值税税率为 17%(增值税不另行支付)。甲公司于 2014 年 8 月 2 日收到抵债的商品，并作为库存商品入库。假定不考虑其他因素。

乙公司债务重组编制的会计分录如下：

借：应付账款——甲公司	350 000	
贷：主营业务收入		200 000
应交税费——应交增值税(销项税额)		34 000
营业外收入——债务重组利得		116 000
借：主营业务成本	120 000	
存货跌价准备	400	
贷：库存商品		120 400

【拓展思考】 如以原材料抵偿债务，则债务方相关资产转让的收入及其成本结转应通过什么账户核算？

甲公司债务重组编制的会计分录如下：

借：库存商品　　200 000
　应交税费——应交增值税（进项税额）　　34 000
　营业外支出——债务重组损失　　116 000
　贷：应收账款——乙公司　　350 000

（2）以固定资产抵偿债务。债务人以固定资产抵偿债务，应将固定资产的公允价值与该项固定资产账面价值和清理费用的差额作为转让固定资产的损益处理，同时，将固定资产的公允价值与重组债务的账面价值的差额，作为债务重组利得，计入营业外收入。债权人收到的固定资产按公允价值计量。

【学中做3—7】 2014年5月29日，乙公司因遭受自然灾害，短期内无法偿还所欠甲公司货款400 000元。经与甲公司协商，达成债务重组协议，乙公司以一台机器设备偿还甲公司货款。该固定资产的账面原价为360 000元，已计提累计折旧50 000元，已计提减值准备10 000元，公允价值为360 000元（假定企业转让该项设备不需要缴纳增值税）。

乙公司债务重组编制的会计分录如下：

第一，将固定资产净值转入固定资产清理：

借：固定资产清理　　300 000
　累计折旧　　50 000
　固定资产减值准备　　10 000
　贷：固定资产　　360 000

第二，结转债务重组利得、转让固定资产的利得：

借：应付账款——甲公司　　400 000
　贷：固定资产清理　　300 000
　　营业外收入——处置固定资产利得　　60 000
　　　——债务重组利得　　40 000

甲公司债务重组编制的会计分录如下：

借：固定资产　　360 000
　营业外支出——债务重组损失　　40 000
　贷：应收账款——乙公司　　400 000

【拓展思考】 【学中做3—7】中，甲公司计提30 000元坏账准备，甲公司如何编制会计分录？

（3）以股票、债券等金融资产抵偿债务。债务人以股票、债券等金融资产抵偿债务，应按相关金融资产的公允价值与其账面价值的差额，作为转让金融资产的利得或损失处理；相关金融资产的公允价值与重组债务的账面价值的差额，作为债务重组利得。债权人收到的相关金融资产按公允价值计量。

【学中做3—8】 2014年3月31日，甲公司因资金周转困难，无法按期偿还所欠乙公司货款450 000元。经与乙公司协商，达成债务重组协议，以其所拥有并作为以公允价值计量且变动计入当期损益的某公司股票抵偿债务。该股票的账面余额为400 000元（假定该资产账面公允价值变动额为零)，公允价值为380 000元。假设不考虑相关税费。乙公司对该应收账款计提40 000元坏账准备。用于抵债的股票当日办理相关转让手续，乙公司将取得的股票作为以公允价值计量且变动计入当期损益的金融资产处理。

甲公司债务重组编制的会计分录如下：

借：应付账款——乙公司　　450 000
　　投资收益　　20 000
　　贷：交易性金融资产——成本　　400 000
　　　　营业外收入——债务重组利得　　70 000

乙公司债务重组编制的会计分录如下：

借：交易性金融资产——成本　　380 000
　　营业外支出——债务重组损失　　30 000
　　坏账准备　　40 000
　　贷：应收账款——甲公司　　450 000

【拓展思考】 以股票、债券等金融资产抵偿债务，债务人资产转让损益通过什么账户核算？

(4)以无形资产抵偿债务。债务人以无形资产抵偿债务，应将无形资产的公允价值与该无形资产账面价值的差额作为转让无形资产的损益处理；将无形资产的公允价值与重组债务的账面价值的差额，作为债务重组利得。债权人收到的无形资产按公允价值计量。

【学中做3—9】 2014年5月3日，乙公司因遭受自然灾害，短期内无法偿还所欠甲公司货款280 000元。经与甲公司协商，达成债务重组协议，乙公司决定以无形资产偿还所欠甲公司货款。该无形资产的账面原价为260 000元，累计摊销54 000元，已计提减值准备16 000元，公允价值为200 000元。不考虑相关税费。假设甲公司对该应收账款计提100 000元坏账准备。

乙公司债务重组编制的会计分录如下：

借：应付账款——甲公司　　280 000
　　累计摊销　　54 000
　　无形资产减值准备　　16 000
　　贷：无形资产　　260 000
　　　　营业外收入——债务重组利得　　80 000
　　　　　　　　　——无形资产处置利得　　10 000

甲公司债务重组编制的会计分录如下：

借：无形资产　　200 000
　　坏账准备　　100 000
　　贷：应收账款——乙公司　　280 000
　　　　资产减值损失　　20 000

【拓展思考】 若乙公司的无形资产累计摊销额为64 000元，则乙公司应如何进行账务处理？

二、核算债务转为资本方式的债务重组

(一)债务人会计核算

债务人为股份有限公司时,债务人应将债权人因放弃债权而享有股份的面值总额确认为股本;股份的公允价值总额与股本之间的差额确认为资本公积。重组债务的账面价值与股份的公允价值总额之间的差额确认为债务重组利得,计入当期损益。

债务人为其他企业时,债务人应将债权人因放弃债权而享有的股权份额确认为实收资本;股权的公允价值与实收资本之间的差额确认为资本公积。重组债务的账面价值与股权的公允价值之间的差额作为债务重组利得,计入当期损益。

(二)债权人会计核算

债务人将债务转为资本,即债权人将债权转为股权。在这种方式下,债权人应将重组债权的账面余额与因放弃债权而享有的股权的公允价值之间的差额,先冲减已提取的减值准备,减值准备不足冲减的部分,或未提取减值准备的,将该差额确认为债务重组损失。同时,债权人应将因放弃债权而享有的股权按公允价值计量。发生的相关税费,分别按照长期股权投资或者金融工具确认和计量的规定进行处理。

【学中做 3-10】 2014 年 1 月 1 日,乙股份有限公司从甲股份有限公司购买了一批库存商品,收到的增值税专用发票上注明的商品价款和增值税进项税额合计为 4 450 000 元。8 月 2 日,乙股份有限公司由于资金周转暂时困难,无法偿还债务。经与甲公司协商,甲股份有限公司同意乙股份有限公司以其普通股股票 400 000 股抵偿债务,每股面值为 1 元,每股市价为 10 元。假定甲股份有限公司换入的股份作为长期股权投资核算,不考虑整个过程发生的相关税费。甲股份有限公司对该应收账款计提 50 000 元坏账准备。

乙公司债务重组编制的会计分录如下:

借:应付账款——甲公司	4 450 000	
贷:股本		400 000
资本公积——股本溢价		3 600 000
营业外收入——债务重组利得		450 000

甲公司债务重组编制的会计分录如下:

借:长期股权投资	4 000 000	
营业外支出——债务重组损失	400 000	
坏账准备	50 000	
贷:应收账款——乙公司		4 450 000

【拓展思考】 在债务转为资本的债务重组方式下,股份有限公司与其他企业的账务处理有何不同?

三、核算修改其他债务条件方式的债务重组

以修改其他债务条件进行债务重组的,债务人和债权人应分别根据不附或有条件和附

或有条件两种情况进行处理。

(一)不附或有条件的债务重组

不附或有条件的债务重组，是指在债务重组中不存在或有应付(或应收)金额，该或有条件需要根据未来某种事项出现而发生的应付(或应收)金额，并且该未来事项的出现具有不确定性。

或有应付金额，是指需要根据未来某种事项出现而发生的应付金额，且该未来事项的出现具有不确定性。

或有应收金额，是指需要根据未来某种事项出现而发生的应收金额，且该未来事项的出现具有不确定性。

1. 债务人会计核算

债务人应将修改其他债务条件后债务的公允价值作为重组后债务的入账价值。重组债务的账面价值与重组后债务的入账价值之间的差额计入损益。

2. 债权人会计核算

债权人应当将修改其他债务条件后的债权的公允价值作为重组后债权的账面价值，重组债权的账面余额与重组后债权的账面价值之间的差额确认为债务重组损失，计入当期损益。如果债权人已对该项债权计提了减值准备，应当首先冲减已计提的减值准备，减值准备不足以冲减的部分，作为债务重组损失，计入营业外支出。

【学中做3—11】 甲公司2013年12月31日应收乙公司票据的账面余额为64 800元，其中4 800元为累计未付的利息，票面年利率为4%。由于乙公司连年亏损，资金周转困难，不能偿付应于2013年12月31日前支付的应付票据。经双方协商，于2014年1月1日进行债务重组。甲公司同意将债务本金减至50 000元，免去债务人所欠的全部利息，将利率从4%降低到2%(等于实际利率)，并将债务到期日延至2014年12月31日，利息同本金到期一起支付。该项债务重组协议从协议签订日起开始实施。甲、乙公司已将应收、应付票据转入应收、应付账款。甲公司已为该项应收款项计提5 000元坏账准备。

乙公司编制的会计分录如下：

2014年1月1日债务重组：

借：应付账款——甲公司	64 800	
贷：应付账款——甲公司(债务重组)		50 000
营业外收入——债务重组利得		14 800

2014年12月31日偿还本金和利息：

借：应付账款——甲公司(债务重组)	50 000	
财务费用	1 000	
贷：银行存款		51 000

甲公司编制的会计分录如下：

2014年1月1日债务重组：

借：应收账款——乙公司(债务重组)	50 000	

营业外支出——债务重组损失　　9 800

坏账准备　　5 000

贷:应收账款——乙公司　　64 800

2014 年 12 月 31 日收到本金和利息:

借:银行存款　　51 000

贷:财务费用　　1 000

应收账款——乙公司(债务重组)　　50 000

【拓展思考】 什么是或有应付金额、或有应收金额?

(二)附或有条件的债务重组

附或有条件的债务重组,是指在债务重组协议中附或有应付条件的重组。例如,债务重组协议规定,"将××公司债务 1 000 000 元免除 200 000 元,剩余债务展期两年,并按 2%的年利率计收利息。如该公司一年后盈利,则自第二年起将按 4%的利率计收利息"。根据此项债务重组协议,债务人依未来是否盈利而发生的 16 000 元(800 000×2%)支出,即为或有应付金额。但债务人是否盈利,在债务重组时不能确定,即具有不确定性。

1. 债务人会计核算

对于债务人而言,修改后的债务条款如果涉及或有应付金额,且该或有应付金额符合或有事项中有关预计负债确认条件的,债务人应当将该或有应付金额确认预计负债。重组债务的账面价值与重组后债务入账价值和预计负债之和的差额,作为债务重组利得,计入营业外收入。或有应付金额没有发生的,企业应当冲销已确认的预计负债,同时确认营业外收入。

2. 债权人会计核算

对于债权人而言,修改后的债务条款如果涉及或有应收金额,不应当确认或有应收金额,不得将其计入重组后债权的账面价值。或有应收金额属于或有资产,或有资产不予确认。只有在或有应收金额实际发生时,才计入当期损益。

【学中做 3-12】 2008 年 6 月 30 日,甲公司向银行借款 100 万元,期限 3 年,年利率为 10%。2010 年 12 月 31 日,甲公司因财务困难,与银行协商,签订债务重组协议,银行同意延长到期日至 2014 年 12 月 31 日,利率降至 7%,免除积欠利息 25 万元,本金减至 80 万元,利息按年支付,但附有一条件:债务重组后,如甲公司第二年起有盈利,则利率恢复至 10%;若无盈利,利率仍维持 7%。贷款银行已对该项贷款计提了 3 万元的贷款损失准备。假定实际利率等于名义利率。

甲公司债务重组编制的会计分录如下:

长期借款的账面余额=100+100×10%×2.5=125(万元)

甲公司或有应付金额=80×(10%-7%)×3=7.2(万元)

债务重组利得=125-80-7.2=37.8(万元)

2010 年 12 月 31 日债务重组时:

借:长期借款　　1 250 000

贷:长期借款——债务重组　　800 000

预计负债　72 000

营业外收入——债务重组利得　378 000

2011 年 12 月 31 日支付利息：

借：财务费用　56 000

贷：应付利息　56 000

借：应付利息　56 000

贷：银行存款　56 000

假设甲公司自债务重组后的第二年起盈利，2012 年 12 月 31 日和 2013 年 12 月 31 日支付利息时，甲公司应按 10%的利率支付利息，则每年需支付利息 8 万元（80×10%），其中含有或有应付金额 2.4 万元[80×(10%－7%)]：

借：财务费用　56 000

预计负债　24 000

贷：银行存款　80 000

2014 年 12 月 31 日支付最后一期利息 8 万元和本金 80 万元：

借：长期借款——债务重组　800 000

财务费用　56 000

预计负债　24 000

贷：银行存款　880 000

假设甲公司自债务重组后的第二年起仍没有盈利，2012 年 12 月 31 日和 2013 年 12 月 31 日支付利息时：

借：财务费用　56 000

贷：应付利息　56 000

借：应付利息　56 000

贷：银行存款　56 000

借：预计负债　24 000

贷：营业外收入　24 000

2014 年 12 月 31 日支付最后一期利息 5.6 万元和本金 80 万元：

借：长期借款——债务重组　800 000

财务费用　56 000

贷：银行存款　856 000

借：预计负债　24 000

贷：营业外收入　24 000

【拓展思考】 贷款银行如何进行债务重组的账务处理？

【学中做 3－13】 下列关于债务重组会计处理的表述中，正确的有（　　）。

A. 债权人将很可能发生的或有应收金额确认为应收债权

B. 债权人收到的原未确认的或有应收金额计入当期损益

C. 债务人将很可能发生的或有应付金额确认为预计负债

D. 债务人确认的或有应付金额在随后不需支付时转入当期损益

正确答案:BCD

答案解析:债务重组中,对债权人而言,若债务重组过程中涉及或有应收金额,不应当确认或有应收金额,应于实际发生时计入当期损益;对债务人而言,如债务重组过程中涉及或有应付金额,且该或有应付金额符合或有事项中有关预计负债的确认条件的,债务人应将该或有应付金额确认为预计负债,日后没有发生时,转入当期损益(营业外收入)。

四、核算以上三种方式组合的债务重组

以上三种方式的组合方式进行债务重组,主要有以下几种情况:

(一)以现金、非现金资产两种方式的组合清偿债务

债务人应将重组债务的账面价值与支付的现金、转让非现金资产的公允价值之间的差额作为债务重组利得。非现金资产的公允价值与其账面价值的差额作为转让资产损益。

债权人应将重组债权的账面价值与收到的现金、受让的非现金资产的公允价值,以及已计提的坏账准备之间的差额作为债务重组损失。

【学中做3—14】 2014年9月11日,甲公司从乙公司购买一台设备,总价款为351 000元(包括增值税进项税额),设备已验收并投入使用,款项尚未支付。2014年12月2日,甲公司资金周转发生困难,无法按合同规定偿还债务,经过双方协商,乙同意甲公司支付现金60 000元,余额用一批原材料立即偿还。该批原材料的成本为156 000元,公允价值为180 000元,适用的增值税税率为17%。乙公司受让的原材料列作库存商品核算,未计提坏账准备。假设债务重组交易过程没有发生其他相关税费(增值税不另行支付)。

甲公司债务重组编制的会计分录如下:

借:应付账款——乙公司　351 000

　贷:其他业务收入　180 000

　　应交税费——应交增值税(销项税额)　30 600

　　银行存款　60 000

　　营业外收入——债务重组利得　80 400

借:其他业务成本　156 000

　贷:原材料　156 000

乙公司债务重组编制的会计分录如下:

借:银行存款　60 000

　库存商品　180 000

　应交税费——应交增值税(进项税额)　30 600

　营业外支出——债务重组损失　80 400

　贷:应收账款——甲公司　351 000

(二)以现金、将债务转为资本方式的组合清偿债务

债务人应将重组债务的账面价值与支付的现金、债权人因放弃债权而享有的股权的公允价值之间的差额作为债务重组利得。股权的公允价值与股本(或实收资本)差额作为资本公积(股本溢价或资本溢价)。

债权人应将重组债权的账面价值与收到的现金、因放弃债权而享有的股权的公允价值,以及已计提的坏账准备之间的差额作为债务重组损失。

【学中做 3—15】 2014 年 9 月 6 日,甲公司从乙公司购买一批库存商品,收到的增值税专用发票上注明的商品价款为 700 000 元,增值税进项税额为 119 000 元,商品已验收入库,款项尚未支付。2014 年 10 月 12 日,甲公司因财务困难,无法按合同规定偿还债务,与乙公司协商进行债务重组。双方达成的债务重组协议内容如下:甲公司支付现金 12 000 元,以一辆轿车偿还余额的一部分,另一部分转为资本;轿车的账面原价为 420 000 元,累计折旧为 144 000 元,公允价值为 280 000 元;乙公司获得甲公司 10% 的股权,股权的面值为 480 000元,公允价值为 504 000 元。债务重组交易过程没有发生其他相关税费(甲、乙公司均为非股份有限公司)。

甲公司债务重组编制的会计分录如下:

借:固定资产清理	276 000	
累计折旧	144 000	
贷:固定资产		420 000
借:应付账款——乙公司	819 000	
贷:固定资产清理		276 000
实收资本		480 000
资本公积——资本溢价		24 000
营业外收入——债务重组利得		23 000
——处置固定资产利得		4 000
银行存款		12 000

乙公司债务重组编制的会计分录如下:

借:银行存款	12 000	
固定资产	280 000	
长期股权投资	504 000	
营业外支出——债务重组损失	23 000	
贷:应收账款——甲公司		819 000

(三)以非现金资产、将债务转为资本方式的组合清偿债务

债务人应将重组债务的账面价值与转让非现金资产的公允价值、债权人因放弃债权而享有的股权的公允价值之间的差额作为债务重组利得。非现金资产的公允价值与其账面价值的差额作为转让资产损益,股权的公允价值与股本(或实收资本)的差额作为资本公积。

债权人应将重组债权的账面价值与受让的非现金资产的公允价值、因放弃债权而享有的股权的公允价值，以及已计提的坏账准备之间的差额作为债务重组损失。

（四）以现金、非现金资产、将债务转为资本方式的组合清偿债务

债务人应将重组债务的账面价值与支付的现金、转让非现金资产的公允价值、债权人因放弃债权而享有的股权的公允价值之间的差额作为债务重组利得。非现金资产的公允价值与其账面价值的差额作为转让资产损益，股权的公允价值与股本（或实收资本）的差额作为资本公积。

债权人应将重组债权的账面价值与收到的现金、受让的非现金资产的公允价值、因放弃债权而享有的股权的公允价值，以及已计提的坏账准备之间的差额作为债务重组损失。

（五）以资产、将债务转为资本等方式清偿债务的一部分，并对该项债务的另一部分以修改其他债务条件进行债务重组

债务人应先以支付的现金、转让非现金资产的公允价值、债权人因放弃债权而享有的股权的公允价值，冲减重组债务的账面价值，余额与重组后债务公允价值进行比较，据此计算债务重组利得。非现金资产的公允价值与其账面价值的差额作为转让资产损益，股权的公允价值与股本（或实收资本）的差额作为资本公积。

债权人应先以收到的现金、受让的非现金资产的公允价值、因放弃债权而享有的股权的公允价值，冲减重组债权的账面价值，差额与重组后债务公允价值进行比较，据此计算债务重组损失。

【学中做3－16】 2014年1月12日，甲公司应付乙公司货款585 000元。2014年3月6日，甲公司财务困难，无法按合同规定偿还债务，经过双方协商债务重组，达成协议如下：甲公司支付现金132 000元，债务中的120 000元延至2014年12月31日偿还，其他部分以一批库存商品和债务转为资本偿还。库存商品的成本为168 000元，公允价值为192 000元，适用的增值税税率为17%。乙公司获得的股权的面值为70 000元，公允价值为78 000元。债务重组交易过程没有发生其他任何相关税费（增值税不需要另行支付）。

甲公司债务重组编制的会计分录如下：

借：应付账款——乙公司	585 000	
贷：主营业务收入		192 000
应交税费——应交增值税（销项税额）		32 640
银行存款		132 000
应付账款——乙公司（债务重组）		120 000
实收资本		70 000
资本公积——资本溢价		8 000
营业外收入——债务重组利得		30 360
借：主营业务成本	168 000	
贷：库存商品		168 000

乙公司债务重组编制的会计分录如下：

借：银行存款　　132 000
　　库存商品　　192 000
　　应交税费——应交增值税（进项税额）　　32 640
　　长期股权投资　　78 000
　　应收账款——甲公司（债务重组）　　120 000
　　营业外支出　　30 360
　　贷：应收账款——甲公司　　585 000

知识链接　　在附注中披露与债务重组有关的信息

1.债务人在附注中披露与债务重组有关的信息

(1)债务重组方式；

(2)确认的债务重组利得总额；

(3)将债务转为资本所导致的股本(或者实收资本)增加额；

(4)或有应付金额；

(5)债务重组中转让的非现金资产的公允价值、由债务转成的股份的公允价值和修改其他债务条件后债务的公允价值的确定方法及依据。

2.债权人在附注中披露与债务重组有关的信息

(1)债务重组方式；

(2)确认的债务重组损失总额；

(3)债权转为股份所导致的投资增加额及该投资占债务人股份总额的比例；

(4)或有应收金额；

(5)债务重组中受让的非现金资产的公允价值、由债权转成的股份的公允价值和修改其他债务条件后债权的公允价值的确定方法及依据。

【任务小结】

本学习任务主要包括：界定债务重组，核算债务重组。

债务重组的会计处理
- 界定债务重组
  - 债务重组的含义
  - 债务重组的方式
- 核算债务重组
  - 核算资产清偿债务方式的债务重组
  - 核算债务转为资本方式的债务重组
  - 核算修改其他债务条件方式的债务重组
  - 核算以上三种方式组合的债务重组

【做中学——职业技能·职业资格考试训练】

一、单项选择题

1. 甲企业2014年4月1日欠乙企业货款1 000万元，到期日为2014年5月1日。甲企业发生财务困难，经协商，2014年5月20日签订债务重组协议，乙企业同意甲企业将所欠债务转为资本，甲企业于2014年5月25日办妥增资批准手续并向乙企业出具出资证明，在此项债务重组交易中，债务重组日为（　　）。

A. 2014年5月25日　　B. 2014年5月1日

C. 2014年5月20日　　D. 2014年4月1日

2. 债务人以低于债务账面价值的现金清偿债务的，债务人应将重组债务的账面价值与支付的现金之间的差额，确认为（　　）。

A. 营业外收入　　B. 其他业务收入

C. 资本公积　　D. 利润分配

3. 债务重组交易中，债权人对于受让的非现金资产所发生的运杂费、保险费等费用，应计入（　　）。

A. 管理费用　　B. 其他业务成本

C. 资本公积　　D. 接受资产的价值

4. 一般情况下，债务人以现金清偿某项债务的，则债权人应将重组债权的账面余额与收到现金之间的差额，计入（　　）。

A. 营业外收入　　B. 管理费用

C. 资本公积　　D. 营业外支出

5. 2014年1月1日，甲公司销售一批材料给乙公司，货款为1 000 000元(含税价)。2014年7月1日，乙公司发生财务困难，无法按合同规定偿还债务，经双方协议，甲公司同意乙公司用产品偿还。该产品市价为800 000元，增值税税率为17%，产品成本为500 000元，增值税发票已开，甲公司已将该产品作为原材料入库。假定甲公司对该应收账款未计提坏账准备，则甲公司该项债务重组损失为（　　）元。

A. 200 000　　B. 300 000　　C. 164 000　　D. 64 000

二、多项选择题

1. 债务重组的方式主要包括（　　）。

A. 以资产清偿债务　　B. 将债务转为资本

C. 修改其他债务条件　　D. 以上三种方式的组合

2. 债务人以现金清偿债务的情况下，债权人进行账务处理时，可能涉及的科目有（　　）。

A.“坏账准备” B.“营业外支出”

C.“营业外收入” D.“资产减值损失”

3. 在以现金资产和非现金资产清偿某项债务的情况下，债务人扣除现金后的重组债务的账面价值与转让的非现金资产公允价值的差额不应计入（　　）。

A. 营业外收入 B. 资本公积 C. 营业外支出 D. 投资收益

4. 以下债务转资本关于债务人会计处理的表述中，正确的有（　　）。

A. 债权人放弃债权而享有股份的面值总额为股本

B. 债权人放弃债权而享有股份公允价值的总额为股本

C. 股份的公允价值总额与股本之间的差额为资本公积（股本溢价）

D. 重组债务的账面价值与股份公允价值总额之间的差额计入债务重组收益

5. 甲公司应收乙公司账款的账面余额为 6 万元，由于乙公司发生财务困难，无法偿还应付账款，2014 年 12 月 31 日双方进行债务重组，将甲公司应收乙公司的账款转为乙公司股本，假定所转换乙公司普通股的面值为每股面值 1 元，股数为 2 万股，每股市价为 2.5 元，甲公司对该项应收账款计提了 2 000 元的坏账准备。则下列说法中正确有（　　）。

A. 乙公司计入资本公积的金额为 3 万元

B. 乙公司确认债务重组利得 4 万元

C. 甲公司计入营业外支出的金额为 0.8 万元

D. 甲公司计入营业外支出的金额为 1 万元

三、判断题

1. 债务重组是指在债务人发生财务困难的情况下，债权人按照其与债务人达成的协议或者法院的裁定作出让步的事项。（　　）

2. 以低于债务账面价值的现金清偿债务的，债权人应将重组债权的账面价值与收到的现金之间的差额，确认为当期损失，计入管理费用。（　　）

3. 以债务转为资本清偿某项债务的，债务人应将重组债务的账面价值与债权人因放弃债权而享有股权的账面价值之间的差额，确认为营业外收入。（　　）

4. 以非现金资产清偿债务，债权人应以该项非现金资产的原账面价值入账。（　　）

5. 债权人确认债务重组损失，不应考虑已计提的坏账准备。（　　）

6. 以现金、非现金资产方式的组合清偿某项债务的，债务人应先以支付的现金冲减重组债务的账面价值，冲减后的重组债务的账面价值与转让的非现金资产账面价值和相关税费之和的差额，确认为资本公积或当期损失。（　　）

7. 债务人以存货进行债务重组的，视同处置存货，确认收入同时结转成本，影响当期的营业利润。（　　）

8. 以债务转增资本方式进行的债务重组，债权人将重组债权的账面余额与股份公允价值之间的差额，先冲减债权人已计提的减值准备，冲减后仍有余额的，作为债务重组损失，计入营业外支出。（　　）

9. 债务重组的方式仅仅表现为以资产清偿债务。 （　　）

10. 以修改其他债务条件进行债务重组的，修改后的债务条款涉及或有应付金额，且该或有应付金额符合或有事项确认预计负债规定的，债务人不需要对该或有应付金额进行处理。 （　　）

四、计算分录题

1. 2014 年 1 月 1 日，甲公司将一批货物销售给乙公司，取得含税收入 300 万元。由于乙公司发生财务困难，经协商于 2014 年 7 月 1 日签订债务重组协议：乙公司用现金归还 250 万元，甲公司即解除债务。7 月 1 日乙公司按约定支付货款。甲公司对该应收账款计提 30 万元坏账准备。

要求：编制甲公司和乙公司有关债务重组的会计分录。

2. 甲公司应收乙公司货款 1 000 万元，由于乙公司发生财务困难，无法偿还货款，经双方协商进行债务重组：乙公司向甲公司发行 300 万元股票，每股面值 1 元；该股票的公允价值总额为 600 万元。甲公司对该应收账款已提取坏账准备 500 万元。假设不考虑重组中的相关税费。

要求：编制甲公司和乙公司有关债务重组的会计分录。

3. 甲公司为增值税一般纳税人，适用的增值税税率为 17%。甲公司与乙公司就其所欠乙公司货款 450 万元进行债务重组。根据协议，甲公司以其产品抵偿债务，交付产品后即结清债权债务。甲公司已将用于抵债的产品发出，并开出增值税专用发票。甲公司用于抵债产品的账面余额为 300 万元，已计提的存货跌价准备为 30 万元，公允价值（计税价格）为 350 万元。

要求：编制甲公司和乙公司有关债务重组的会计分录。

4. 2014 年甲公司应收乙公司销货款 616 600 元（含增值税），因乙公司无力偿还，经协商乙公司以一台设备、一辆汽车和一批原材料抵债。根据对方开具的发票，原材料的不含增值税的公允价值为 80 000 元，增值税税率为 17%，成本为 70 000 元。设备和汽车的公允价值分别为 350 000 元和 172 000 元，该设备和汽车的账面价值分别为 250 000 元和 140 000 元。甲公司已经对该项应收账款计提坏账准备 3 000 元，不考虑其他相关税费，并且假定不考虑固定资产的增值税因素。甲公司收到的原材料作为原材料核算，收到的设备和汽车作为固定资产核算。

要求：编制甲公司和乙公司有关债务重组的会计分录。

5. 甲公司销售给乙公司一批商品，价款为 100 万元，增值税税额为 17 万元，款未收。因乙公司发生财务困难，无力偿还货款，经协商，20 万元延期收回，剩余款项乙公司分别用一批材料和长期股权投资予以抵偿。原材料的账面余额为 25 万元，已提跌价准备 1 万元，公允价值为 30 万元，增值税税率为 17%；长期股权投资账面余额为 42.5 万元，已提减值准备 2.5 万元，公允价值为 45 万元。

要求：编制甲公司和乙公司有关债务重组的会计分录。

6. 甲公司从乙公司购入原材料50万元(含税),由于财务困难无法归还,2012年12月31日进行债务重组。经协商,甲公司在两年后支付本金40万元,利息按5%计算,按年计算和支付;同时规定,如果2013年甲公司有盈利,则2014年按8%计息。根据2012年年末债务重组时甲公司的生产经营情况判断,2013年甲公司很可能实现盈利;2013年年末甲公司编制的利润表表明已经实现盈利。乙公司已计提坏账准备5万元。假设实际利率等于名义利率。

要求:分别做出甲公司与乙公司的账务处理。

学习任务四

非货币性资产交换的会计处理

【职业能力目标】

能够根据认定标准界定非货币性资产交换业务，并能够准确采用公允价值模式、账面价值模式对涉及补价、不涉及补价的非货币性资产交换进行会计处理。

【典型学习任务】

界定非货币性资产交换，核算非货币性资产交换。

学习子任务一　界定非货币性资产交换

一、非货币性资产交换的含义

非货币性资产交换是一种非经常性的特殊交易行为，是交易双方主要以存货、固定资产、无形资产和长期股权投资等非货币性资产进行的交换。非货币性资产交换不涉及或只涉及少量的货币性资产（即补价）。

在实务工作中，交易双方通过非货币性资产交换一方面可以满足各自生产经营的需要，同时可在一定程度上减少货币性资产的流出。例如，某企业需要一项另一企业拥有的设备，另一企业需要上述企业生产的产品作为原材料，双方就可能会出现非货币性资产交换的交易行为，同时也在一定程度上减少了货币性资产的流出。

（一）非货币性资产的含义

理解非货币性资产交换的含义，首先要明确非货币性资产的性质和特点。

非货币性资产是相对于货币性资产而言的。货币性资产和非货币性资产的特点及内容如表 4—1 所示。

表 4—1　　货币性资产和非货币性资产的特点及内容

项　目	特　点	内　容
货币性资产	企业持有的货币资金和将以固定或可确定的金额收取的资产	库存现金、银行存款、应收账款、应收票据以及准备持有至到期的债券投资等
非货币性资产	货币性资产以外的资产，为企业带来的货币金额是不固定或不可确定的	存货（原材料、包装物、低值易耗品、库存商品、委托加工物资等）、长期股权投资、投资性房地产、固定资产、在建工程、工程物资、无形资产以及不准备持有至到期的债券投资等

【拓展思考】 货币性资产与现金等价物是否为同一概念？

区别货币性资产和非货币性资产的主要依据是资产为企业带来经济利益的金额是否是固定的或可确定的。如果资产为企业带来经济利益的金额是固定的或可确定的，那么该项资产就是货币性资产；反之，如果资产为企业带来经济利益的金额是不固定的或不可确定的，那么该项资产就是非货币性资产。

【拓展思考】 资产按照流动性如何进行分类？

（二）非货币性资产交换与货币性资产交换的区别

理解非货币性资产交换的含义，还要明确其与货币性资产交换的区别。

（1）货币性资产交换会引起确定金额的现金的流入或流出，或在预定期间内引起确定金额的现金的流入或流出；非货币性资产交换不会引起现金的流入或流出，或只会涉及少量现金（即补价）的流入或流出。

（2）货币性资产交换对于换入资产的成本的计量，是以换出的货币性资产的金额为基础；换出非货币性资产的收益或损失的计量，是以换入的货币性资产的金额为基础。例如，企业购入一批原材料，支付价款 360 万元，则这批原材料的实际成本就是所支付的价款（货币性资产）的金额 360 万元。又如，企业出售商品，售价 300 万元，商品销售成本为 240 万元，那么出售该商品所获得的毛利为 60 万元。

而非货币性资产交换对于换入资产成本的计量和换出资产损益的计量，则是根据交换是否具有商业实质、资产公允价值能否可靠计量为原则进行相应处理。

二、非货币性资产交换的认定

非货币性资产交换一般不涉及货币性资产，或只涉及少量的货币性资产（即补价）。

在通常情况下，资产交换不涉及货币性资产的，只要双方以非货币性资产进行交换，即为非货币性资产交换。

但当资产交换涉及少量货币性资产（即补价）时，此时认定涉及少量货币性资产的交换为非货币性资产交换，通常以补价占整个资产交换金额的比例是否低于 25% 作为参考比例。即：

$$\frac{\text{补价}}{\text{整个资产交换金额}}\times 100\% < 25\%$$

对于支付补价方而言：

$$\frac{\text{补价}}{\text{换入资产公允价值}}\times 100\%=\frac{\text{补价}}{\text{换出资产公允价值}+\text{补价}}\times 100\%<25\%$$

对于收到补价方而言：

$$\frac{\text{补价}}{\text{换出资产公允价值}}\times 100\%=\frac{\text{补价}}{\text{换入资产公允价值}}+\text{补价}\times 100\%<25\%$$

如果这一比例高于25%（含25%），则视为货币性资产交换，适用《企业会计准则第14号——收入》等相关准则的规定。

【学中做4—1】 甲公司以专利技术换乙公司的商标权。专利技术和商标权的相关资料如表4—2所示。

表4—2　　甲、乙公司资产交换的相关资料

甲公司：专利技术	乙公司：商标权
账面价值:20万元	账面价值:21万元
公允价值:13万元	公允价值:16万元
甲公司支付乙公司补价3万元	

$$\frac{\text{补价}}{\text{整个资产交换金额}}\times 100\%=\frac{3}{16}\times 100\%=18.75\%<25\%$$

对于甲公司而言：

$$\frac{\text{补价}}{\text{换入资产公允价值}}\times 100\%=\frac{\text{补价}}{\text{换出资产公允价值}+\text{补价}}\times 100\%$$

$$=\frac{3}{16}\times 100\%=\frac{3}{13+3}\times 100\%=18.75\%<25\%$$

对于乙公司而言：

$$\frac{\text{补价}}{\text{换出资产公允价值}}\times 100\%=\frac{\text{补价}}{\text{换入资产公允价值}+\text{补价}}\times 100\%$$

$$=\frac{3}{16}\times 100\%=\frac{3}{13+3}\times 100\%=18.75\%<25\%$$

通过上述三种计算方法，得出的结果表明该项经济业务为非货币性交换。

【拓展思考】 什么是公允价值？

【学中做4—2】 下列交易中，属于非货币性资产交换的是(　　)。

A. 以100万元的应收债权换生产用的设备

B. 以准备持有至到期的公司债券换一项长期股权投资

C. 以存货换公允价值为100万元的设备并支付50万元的补价

D. 以公允价值为200万元的房产换一台运输设备并收取24万元的补价

正确答案:D

答案解析:应收债权和持有至到期投资均属于货币性资产，选项A和选项B不属于非货币性资产交换。选项 C，补价比例 $=\frac{50}{100}\times100\%=50\%>25\%$，不属于非货币性资产交换。选项 D，补价比例 $=\frac{24}{200}\times100\%=12\%<25\%$，属于非货币性资产交换。

三、非货币性资产交换的计量模式

在非货币性资产交换的情况下，不论是一项资产换入一项资产、一项资产换入多项资产、多项资产换入一项资产，还是多项资产换入多项资产，换入资产成本都有两种计量模式。

(一)公允价值计量模式

非货币性资产交换同时满足下列两个条件的，应当以公允价值和应支付的相关税费作为换入资产的成本，公允价值与换出资产账面价值的差额计入当期损益：

1. 该项交换具有商业实质

企业发生的非货币性资产交换，符合表 4－3 所列条件之一的，视为具有商业实质。

表 4－3　　商业实质的判断

<table>
<tr><th colspan="2">条　件</th><th>举例说明</th></tr>
<tr><td rowspan="3">换入资产的未来现金流量在风险、时间和金额方面与换出资产显著不同</td><td>未来现金流量的风险、金额相同，时间不同</td><td>企业以存货换入设备，因存货流动性强，能够在较短时间内产生现金流量，设备作为固定资产在较长的时间内为企业带来现金流量，两者产生现金流量的时间相差较大，则存货与固定资产的未来现金流量显著不同，因而两项资产的交换具有商业实质</td></tr>
<tr><td>未来现金流量的时间、金额相同，风险不同</td><td>A 企业以其用于经营出租的一幢公寓楼与 B 企业同样用于经营出租的一幢公寓楼进行交换，两幢公寓楼的租期、每期租金总额均相同，但是 A 企业是租给一家财务及信用状况良好的企业，B 企业的客户则是单个租户。相比较而言，A 企业取得租金的风险较小，B 企业由于租给散户，租金的取得依赖于各单个租户的财务和信用状况。因此，两者现金流量流入的风险或不确定性程度存在明显差异，则两幢公寓楼的未来现金流量显著不同，因而两项资产的交换具有商业实质</td></tr>
<tr><td>未来现金流量的风险、时间相同，金额不同</td><td>企业以商标权换入另一企业的专利技术，换入的专利技术是新开发的，预计开始阶段产生的未来现金流量明显少于后期，而该企业拥有的商标每年产生的现金流量比较均衡，两者产生的现金流量金额差异明显，则商标权与专利技术的未来现金流量显著不同，因而两项资产的交换具有商业实质</td></tr>
<tr><td colspan="2">换入资产与换出资产的预计未来现金流量现值不同，且其差额与换入资产和换出资产的公允价值相比是重大的</td><td>甲公司将无形资产(土地使用权)换入长期股权投资(对乙公司的投资)，交换日的公允价值均为 1 000 万元
甲公司换出的土地使用权地处郊区，增值慢，未来现金流量现值为1 100万元；换入的对乙公司的投资因为拥有控制权带来了很大的经济利益，未来现金流量现值为 2 000 万元。则换入资产与换出资产的预计未来现金流量现值的差额 900 万元(2 000－1 100)，相比换入资产和换出资产的公允价值 1 000 万元是重大的，占 90%$\left(\frac{900}{1\,000}\times100\%\right)$，因而两项资产的交换具有商业实质</td></tr>
</table>

另外，需要说明的是，在确定非货币性资产交换是否具有商业实质时，应当关注交易各方之间是否存在关联方关系。关联方关系的存在可能导致发生的非货币性资产交换不具有商业实质。

【学中做4－3】 下列各项中，能够据以判断非货币资产交换具有商业实质的有（　　）。

A. 换入资产与换出资产未来现金流量的风险、金额相同，时间不同

B. 换入资产与换出资产未来现金流量的时间、金额相同，风险不同

C. 换入资产与换出资产未来现金流量的风险、时间相同，金额不同

D. 换入资产与换出资产预计未来现金流量现值不同，且其差额与换入资产和换出资产公允价值相比具有重要性

正确答案：ABCD

2. 换入资产或换出资产的公允价值能够可靠地计量

资产存在活跃市场，是资产公允价值能够可靠计量的明显证据，但不是唯一要求。符合下列三种情形之一的，公允价值视为能够可靠地计量：

(1)换入资产或换出资产存在活跃市场。

(2)换入资产或换出资产不存在活跃市场，但同类或类似资产存在活跃市场。

(3)换入资产或换出资产不存在同类或类似资产的可比市场交易，应当采用估值技术确定的其公允价值。

【学中做4－4】 在非货币性资产交换中，如果换入资产的未来现金流量在风险、金额、时间方面与换出资产显著不同，即使换入或换出资产的公允价值不能可靠地计量，也应将该交易认定为具有商业实质。

正确答案：√

(二)账面价值计量模式

不具有商业实质，或者虽然具有商业实质但换入资产和换出资产的公允价值均不能可靠计量的非货币性资产交换，应当以换出资产的账面价值和应支付的相关税费作为确定换入资产成本的基础，无论是否支付补价，均不确认损益；收到或支付的补价作为确定换入资产成本的调整因素。

【拓展思考】 公允价值模式和账面价值模式核算非货币性资产交换有什么区别？

学习子任务二　核算非货币性资产交换

一、核算以公允价值模式计量的非货币性资产交换

非货币性资产交换同时满足"该项交换具有商业实质、换入资产或换出资产的公允价值能够可靠地计量"两个条件时，应采用公允价值模式核算非货币性资产交换，即：以公允价值和应支付的相关税费作为确定换入资产成本的基础，公允价值与换出资产账面价值的差额

计入当期损益。

换入资产和换出资产公允价值均能够可靠计量的，应当以换出资产的公允价值作为确定换入资产成本的基础，但有确凿证据表明换入资产的公允价值更加可靠的除外。

【拓展思考】 账面价值与账面余额有什么区别？

非货币性资产交换的会计处理，应当视换出资产的类别不同而有所区别：

(1)换出资产为存货的，应当视同销售处理，按照公允价值确认为销售收入，同时结转销售成本。

(2)换出资产为固定资产、无形资产的，换出资产公允价值和换出资产账面的差额，计入营业外收入或营业外支出。

(3)换出资产为长期股权投资的，换出资产公允价值和换出资产账面的差额，计入投资收益。

(4)换出资产为投资性房地产的，以其公允价值确认其他业务收入，同时结转其他业务成本。

以公允价值模式计量的非货币性资产交换主要包括不涉及补价和涉及补价两种情况。

(一)不涉及补价情况

不涉及补价的，应当以换出资产的公允价值和应支付的相关税费作为换入资产的成本，公允价值和换出资产账面价值的差额计入当期损益。其计算公式为：

换入资产成本＝换出资产公允价值＋应支付的相关税费

非货币性资产交换损益＝换出(或换入)资产公允价值－换出资产账面价值

【学中做 4—5】 为提高产品质量，甲公司以其持有的对丙公司的长期股权投资(为丙公司的联营企业)交换乙公司拥有的一项专利技术。乙公司换入对丙公司的长期股权投资后，成为丙公司的联营企业。假定不考虑相关税费。长期股权投资和无形资产两项资产预计产生的未来现金流量在时间、风险、金额方面都有所不同，该交换具有商业实质。

对丙公司的长期股权投资和专利技术的相关资料如表 4—4 所示。

表 4—4　　甲、乙公司资产交换的相关资料

甲公司：对丙公司的长期股权投资	乙公司：专利技术
账面余额：2 200 000 元	账面余额：1 900 000 元 累计摊销：100 000 元
公允价值：1 600 000 元	公允价值：1 600 000 元

分析：该项资产交换没有涉及收付货币性资产，因此属于非货币性资产交换。同时，两项资产的公允价值都能够可靠地计量，符合以公允价值计量的条件。

甲公司编制的会计分录如下：

借：无形资产——专利技术　　1 600 000

　　投资收益　　600 000

　贷：长期股权投资——成本(丙公司)　　2 200 000

乙公司编制的会计分录如下：

借：长期股权投资——成本（丙公司）　　1 600 000

营业外支出　　200 000

累计摊销　　100 000

贷：无形资产——专利技术　　1 900 000

若换出资产或换入资产涉及增值税，则其计算公式为：

$$\text{换入资产成本}=\text{换出资产含增值税公允价值}-\text{可抵扣的增值税进项税额}+\text{应支付的相关税费}$$

【学中做 4—6】 甲公司以闲置的一块土地交换急需用的一批原材料。甲公司换入的原材料作原材料入库。甲、乙公司均为增值税一般纳税人，适用的增值税税率为17%。土地使用权和原材料两项资产预计产生的未来现金流量在时间、风险、金额方面都有所不同，该交换具有商业实质。

土地使用权和原材料的相关资料如表 4—5 所示。

表 4—5　　甲、乙公司资产交换的相关资料

甲公司：土地使用权	乙公司：原材料
账面余额：2 000 000 元 累计摊销：200 000 元	账面余额：1 500 000 元 存货跌价准备：200 000 元
公允价值：2 199 600 元	公允价值（计税价格）：1 880 000 元 增值税销项税额：319 600 元

分析：该项资产交换没有涉及收付货币性资产，因此属于非货币性资产交换。同时，两项资产的公允价值都能够可靠地计量，符合以公允价值计量的条件。

甲公司编制的会计分录如下：

借：原材料　　1 880 000

应交税费——应交增值税（进项税额）　　319 600

累计摊销　　200 000

贷：无形资产——土地使用权　　2 000 000

营业外收入　　399 600

乙公司编制的会计分录如下：

借：无形资产——土地使用权　　2 199 600

贷：其他业务收入　　1 880 000

应交税费——应交增值税（销项税额）　　319 600

借：其他业务成本　　1 300 000

存货跌价准备　　200 000

贷：原材料　　1 500 000

【学中做 4—7】 甲公司以库存商品(电脑桌)换入乙公司的库存商品(复印机)。甲、乙公司均为增值税一般纳税人,适用的增值税税率为 17%。甲、乙公司均未对存货计提跌价准备;整个交易过程中没有发生除增值税以外的其他相关税费。甲公司换入的复印机作为库存商品进行管理;乙公司换入的电脑桌作为库存商品进行管理。假定该交换具有商业实质。

库存商品(电脑桌)和库存商品(复印机)的相关资料如表 4—6 所示。

表 4—6　　甲、乙公司资产交换的相关资料

甲公司:库存商品(电脑桌)	乙公司:库存商品(复印机)
账面余额:120 000 元	账面余额:135 000 元
公允价值(计税价格):140 000 元	公允价值(计税价格):140 000 元

分析:该项资产交换没有涉及收付货币性资产,因此属于非货币性资产交换。同时,两项资产的公允价值都能够可靠地计量,符合以公允价值计量的条件。

甲公司:

第一,计算换出电脑桌增值税销项税额和换入复印机增值税进项税额。

根据增值税的有关规定,企业以存货与存货进行交换,视同销售、购买行为发生,应计算增值税销项税额、进项税额。

换出电脑桌增值税销项税额=140 000×17%=23 800(元)

换入复印机增值税进项税额=140 000×17%=23 800(元)

第二,会计分录编制如下:

借:库存商品——复印机　　140 000
　　应交税费——应交增值税(进项税额)　　23 800
　　贷:主营业务收入　　140 000
　　　　应交税费——应交增值税(销项税额)　　23 800
借:主营业务成本　　120 000
　　贷:库存商品——电脑桌　　120 000

乙公司:

第一,计算换出复印机增值税销项税额和换入电脑桌增值税进项税额。

换出复印机增值税销项税额=140 000×17%=23 800(元)

换入电脑桌增值税进项税额=140 000×17%=23 800(元)

第二,会计分录编制如下:

借:库存商品——电脑桌　　140 000
　　应交税费——应交增值税(进项税额)　　23 800
　　贷:主营业务收入　　140 000
　　　　应交税费——应交增值税(销项税额)　　23 800

借：主营业务成本　　135 000

　贷：库存商品——复印机　　135 000

(二)涉及补价情况

非货币性资产交换中如果发生补价，应区别不同情况处理。

1. 支付补价

在非货币性资产交换中，支付补价的，基本原则是以换出资产的公允价值，加上补价和应支付的相关税费，作为换入资产的成本。其计算公式为：

换入资产成本＝换出资产公允价值＋补价＋应支付的相关税费

2. 收到补价

在非货币性资产交换中，收到补价的，基本原则是以换出资产的公允价值，减去补价再加上应支付的相关税费，作为换入资产的成本。其计算公式为：

换入资产成本＝换出资产公允价值－补价＋应支付的相关税费

若换出资产或换入资产涉及增值税，则其计算公式为：

换入资产成本＝换出资产含税公允价值＋支付的含税补价(－收到的含税补价)－可抵扣的增值税进项税额＋应支付的相关税费

【学中做4—8】 甲公司与乙公司经协商，甲公司以其拥有的用于经营出租目的的一幢公寓楼与乙公司持有的交易目的的股票投资交换。甲公司的公寓楼符合投资性房地产定义，公司采用成本模式计量，乙公司对该股票投资采用公允价值模式计量。乙公司换入公寓楼后仍继续用于经营出租目的，并拟采用公允价值计量模式；甲公司换入股票投资后仍用于交易目的。甲公司转让公寓楼需要缴纳5%的营业税。假定除营业税外，该项交易过程中不涉及其他相关税费。

公寓楼和交易目的的股票投资的相关资料如表4—7所示。

表4—7　　甲、乙公司资产交换的相关资料

甲公司：公寓楼	乙公司：交易目的的股票投资
账面余额：9 000 000元	账面余额：6 000 000元
累计折旧：1 500 000元	
公允价值：8 000 000元	公允价值：7 500 000元
乙公司支付甲公司补价500 000元	

分析：该项资产交换涉及收付货币性资产，即补价500 000元。

$\frac{500\ 000}{8\ 000\ 000}\times 100\%=6.25\%<25\%$，属于非货币性资产交换。

甲公司编制的会计分录如下：

借：其他业务成本　　7 500 000

　　投资性房地产累计折旧　　1 500 000

　贷：投资性房地产　　9 000 000

借：营业税金及附加(8 000 000×5%)　　400 000

　贷：应交税费——应交营业税　　400 000

借：交易性金融资产　　7 500 000

　银行存款　　500 000

　贷：其他业务收入　　8 000 000

乙公司编制的会计分录如下：

借：投资性房地产　　8 000 000

　贷：交易性金融资产　　6 000 000

　　投资收益　　1 500 000

　　银行存款　　500 000

【拓展思考】 **具有商业实质且换入资产和换出资产公允价值能够可靠计量的非货币性资产交换，涉及补价，如何计量换入资产的成本？**

【学中做4—9】 甲公司用一台生产设备与乙公司交换一批库存商品。甲公司换入的商品作为原材料核算，乙公司换入的设备作为固定资产核算。甲、乙公司均为增值税一般纳税人，适用的增值税税率为17%。假设此项交易具有商业实质。

生产设备和库存商品的相关资料如表4—8所示。

表4—8　　甲、乙公司资产交换相关资料

甲公司：生产设备	乙公司：库存商品
账面余额：200 000元 累计折旧：40 000元 固定资产减值准备：20 000元	账面余额：110 000元
公允价值：120 000元 增值税销项税额：20 400元	公允价值：130 000元 增值税销项税额：22 100元
甲公司支付乙公司11 700元(补价10 000元，增值税差额1 700元)	

分析：该项资产交换涉及收付货币性资产，即补价10 000元。

$\frac{10\ 000}{130\ 000}\times 100\%=0.77\%<25\%$，属于非货币性资产交换。

甲公司编制的会计分录如下：

借：固定资产清理　　140 000

　累计折旧　　40 000

　固定资产减值准备　　20 000

　贷：固定资产　　200 000

借：原材料　　130 000

　应交税费——应交增值税(进项税额)　　22 100

　营业外支出　　20 000

贷:固定资产清理		140 000
应交税费——应交增值税(销项税额)		20 400
银行存款		11 700

乙公司编制的会计分录如下:

借:固定资产	120 000	
应交税费——应交增值税(进项税额)	20 400	
银行存款	11 700	
贷:主营业务收入		130 000
应交税费——应交增值税(销项税额)		22 100
借:主营业务成本	110 000	
贷:库存商品		110 000

知识链接 公允价值模式下,涉及多项资产的非货币性资产交换核算

1. 资产交换具有商业实质,且各项换出资产和各项换入资产的公允价值均能够可靠地计量

在这种情况下,换入资产的总成本应当按照换出资产的公允价值总额为基础确定,除非有确凿证据证明换入资产的公允价值总额更可靠。各项换入资产的成本,应当按照各项换入资产的公允价值占换入资产公允价值总额的比例,对换入资产总成本进行分配,确定各项换入资产的成本。

2. 资产交换具有商业实质,且换入资产的公允价值能够可靠地计量、换出资产的公允价值不能够可靠地计量

在这种情况下,换入资产的总成本应当按照换入资产的公允价值总额为基础确定,各项换入资产的成本,应当按照各项换入资产的公允价值占换入资产公允价值总额的比例,对换入资产总成本进行分配,确定各项换入资产的成本。

3. 资产交换具有商业实质、换出资产的公允价值能够可靠计量,但换入资产的公允价值不能可靠地计量

在这种情况下,换入资产的总成本应当按照换出资产的公允价值总额为基础确定,各项换入资产的成本,应当按照各项换入资产的原账面价值占换入资产原账面价值总额的比例,对按照换出资产公允价值总额确定的换入资产总成本进行分配,确定各项换入资产的成本。

实际上,上述三种情况,换入资产总成本都是按照公允价值计量的,但各单项换入资产成本的确定,视各单项换入资产的公允价值能否可靠地计量而分别情况处理。

【学中做 4—10】 为适应业务发展的需要,经协商,甲公司决定以生产经营过程中使用的厂房、设备以及库存商品换入乙公司生产经营过程中使用的办公楼、小汽车、客运汽车。甲公司和乙公司均为增值税一般纳税人,适用的增值税税率均为17%。

甲、乙公司资产交换的相关资料如表4—9、表4—10所示。

表4—9　　甲公司资产交换的相关资料

甲公司		
厂房 账面余额:150万元 累计折旧:30万元	设备 账面余额:60万元 累计折旧:48万元	库存商品 账面余额:30万元
公允价值:100万元	公允价值:10万元 增值税销项税额:1.7万元	公允价值:35万元 增值税销项税额:5.95万元
公允价值总计:145万元;含税公允价值总计:152.65万元		

表4—10　　乙公司资产交换相关资料

乙公司		
办公楼 账面余额:200万元 累计折旧:100万元	小汽车 账面余额:30万元 累计折旧:19万元	客运汽车 账面余额:30万元 累计折旧:18万元
公允价值:110万元	公允价值:15.95万元 增值税销项税额:2.711 5万元	公允价值:15万元 增值税销项税额:2.55万元
公允价值总计:140.95万元;含税公允价值总计:146.211 5万元		

乙公司向甲公司支付6.438 5万元(152.65—146.211 5),其中补价4.05万元(145—140.95),增值税差额为2.388 5万元(1.7+5.95—2.711 5—2.55)。

假定甲公司和乙公司都没有为换出资产计提减值准备;整个交易过程中没有发生除增值税以外的其他相关税费;甲公司换入的办公楼、小汽车、客运汽车均作为固定资产使用和管理;乙公司换入的厂房、设备作为固定资产使用和管理,换入的库存商品作为原材料使用和管理。

分析:该项资产交换涉及收付货币性资产,即补价4.05万元。

$\frac{4.05}{145}\times100\%=2.79\%<25\%$,属于非货币性资产交换。

甲公司编制的会计分录如下:

(1)根据增值税的有关规定:

换出设备的增值税销项税额=10×17%=1.7(万元)

换出库存商品的增值税销项税额=35×17%=5.95(万元)

换入小汽车的增值税进项税额=15.95×17%=2.711 5(万元)

换入客运汽车的增值税进项税额=15×17%=2.55(万元)

换出厂房的营业税=100×5%=5(万元)

(2)计算换入资产、换出资产公允价值总额:

换出资产公允价值总额＝100＋10＋35＝145(万元)

换入资产公允价值总额＝110＋15.95＋15＝140.95(万元)

(3)计算换入资产总成本：

换入资产总成本＝换出资产公允价值－补价＝145－4.05＝140.95(万元)

(4)计算确定换入各项资产的公允价值占换入资产公允价值总额的比例：

办公楼公允价值占换入资产公允价值总额的比例＝$\frac{110}{140.95}\times 100\%=78\%$

小汽车公允价值占换入资产公允价值总额的比例＝$\frac{15.95}{140.95}\times 100\%=11.4\%$

客运汽车公允价值占换入资产公允价值总额的比例＝$\frac{15}{140.95}\times 100\%=10.6\%$

(5)计算确定换入各项资产的成本：

办公楼的成本＝140.95×78%＝109.941(万元)

小汽车的成本＝140.95×11.4%＝16.068 3(万元)

客运汽车的成本＝140.95×10.6%＝14.940 7(万元)

(6)会计分录：

借：固定资产清理	1 320 000	
累计折旧	780 000	
贷：固定资产——厂房		1 500 000
——设备		600 000
借：固定资产清理	50 000	
贷：应交税费——应交营业税		50 000
借：固定资产——办公楼	1 099 410	
——小汽车	160 683	
——客运汽车	149 407	
应交税费——应交增值税(进项税额)	52 615	
银行存款	64 385	
营业外支出	270 000	
贷：固定资产清理		1 370 000
主营业务收入		350 000
应交税费——应交增值税(销项税额)		76 500
借：主营业务成本	300 000	
贷：库存商品		300 000

乙公司的账务处理如下：

(1)根据增值税的有关规定：

换入设备的增值税进项税额＝10×17%＝1.7(万元)

换入原材料的增值税进项税额＝35×17%＝5.95(万元)

换出小汽车的增值税销项税额＝15.95×17%＝2.711 5(万元)

换出客运汽车的增值税销项税额＝15×17%＝2.55(万元)

换出办公楼的营业税＝110×5%＝5.5(万元)

(2)计算换入资产、换出资产公允价值总额：

换入资产公允价值总额＝100＋10＋35＝145(万元)

换出资产公允价值总额＝110＋15.95＋15＝140.95(万元)

(3)确定换入资产总成本：

换入资产总成本＝140.95＋4.05＝145(万元)

(4)计算确定换入各项资产的公允价值占换入资产公允价值总额的比例：

厂房公允价值占换入资产公允价值总额的比例＝$\frac{100}{145}\times 100\%=69\%$

设备公允价值占换入资产公允价值总额的比例＝$\frac{10}{145}\times 100\%=6.9\%$

原材料公允价值占换入资产公允价值总额的比例＝$\frac{35}{145}\times 100\%=24.1\%$

(5)计算确定换入各项资产的成本：

厂房的成本＝145×69%＝100.05(万元)

设备的成本＝145×6.9%＝10.005(万元)

原材料的成本＝145×24.1%＝34.945(万元)

(6)会计分录：

借:固定资产清理	1 230 000	
累计折旧	1 370 000	
贷:固定资产——办公楼		2 000 000
——小汽车		300 000
——客运汽车		300 000
借:固定资产清理	55 000	
贷:应交税费——应交营业税		55 000
借:固定资产——厂房	1 000 500	
——设备	100 050	
原材料	349 450	
应交税费——应交增值税(进项税额)	76 500	
贷:固定资产清理		1 285 000
银行存款		64 385
营业外收入		124 500
应交税费——应交增值税(销项税额)		52 615

二、核算以账面价值模式计量的非货币性资产交换

不具有商业实质，或者虽然具有商业实质但换入资产和换出资产的公允价值均不能可靠计量的非货币性资产交换，应当以换出资产的账面价值和应支付的相关税费作为确定换入资产成本的基础，无论是否支付补价，均不确认损益。

以账面价值模式计量的非货币性资产交换也包括不涉及补价和涉及补价两种情况。

(一)不涉及补价情况

企业发生非货币性资产交换时，应以换出资产的账面价值，加上应支付的相关税费，作为换入资产的成本，不确认损益。其计算公式为：

换入资产成本值＝换出资产账面价值＋应支付的相关税费

【学中做4—11】 甲公司因产品结构的调整，原生产产品的专利技术已不再符合生产新产品的需要，经与乙公司协商，将专利技术与乙公司对M公司的长期股权投资进行交换。

专利技术和对M公司的长期股权投资相关资料如表4—11所示。

表4—11　　甲、乙公司资产交换的相关资料

甲公司：专利技术	乙公司：对M公司的长期股权投资
账面余额：2 000 000元 累计摊销：1 200 000元	账面余额：1 300 000元 资产减值准备：200 000元

由于专利技术市场上已不多见，其公允价值不能可靠地计量。对M公司的长期股权投资在活跃市场没有报价，其公允价值也不能可靠地计量。假定交易中没有涉及其他相关税费。

分析：该项资产交换没有涉及收付货币性资产，因此属于非货币性资产交换。同时，两项资产的公允价值均不能可靠地计量，符合以账面价值计量的条件。

甲公司编制的会计分录如下：

借：长期股权投资——M公司	800 000	
累计摊销	1 200 000	
贷：无形资产——专利技术		2 000 000

乙公司编制的会计分录如下：

借：无形资产	1 100 000	
长期股权投资减值准备	200 000	
贷：长期股权投资——M公司		1 300 000

(二)涉及补价情况

非货币性资产交换中如果发生补价，应区别不同情况处理。

1. 支付补价

在非货币性资产交换中，支付补价的，基本原则是以换出资产的账面价值，加上补价和

应支付的相关税费，作为换入资产成本，不确认损益。其计算公式为：

换入资产成本＝换出资产账面价值＋补价＋应支付的相关税费

2. 收到补价

在非货币性资产交换中，收到补价的，基本原则是以换出资产的账面价值，减去补价和加上应支付的相关税费，作为换入资产成本，不确认损益。其计算公式为：

换入资产成本＝换出资产账面价值－补价＋应支付的相关税费

【学中做 4—12】 经与乙公司协商，甲公司以一个离生产基地较远的仓库交换乙公司持有 M 公司的长期股权投资。

专利技术和对 M 公司的长期股权投资相关资料如表 4—12 所示。

表 4—12　　甲、乙公司资产交换相关资料

甲公司：仓库	乙公司：对 M 公司的长期股权投资
账面余额：3 500 000 元 累计折旧：2 350 000 元	账面余额：1 050 000 元
乙公司支付甲公司补价 100 000 元（以两项资产账面价值为基础）	

由于仓库离市区较远，公允价值不能可靠地计量；乙公司持有的对 M 公司的长期股权投资在活跃市场中没有报价，其公允价值也不能可靠地计量。税务机关核定甲公司需要为交换仓库缴纳营业税 57 500 元。假定除营业税外，交易中没有涉及其他相关税费。

分析：该项资产交换涉及收付货币性资产，即补价 100 000 元。对甲公司而言，收到的补价 100 000 元÷换出资产账面价值 1 150 000 元×100％＝8.7％＜25％。因此，该项交换属于非货币性资产交换。

甲公司编制的会计分录如下：

借：固定资产清理	1 150 000	
累计折旧	2 350 000	
贷：固定资产——仓库		3 500 000
借：固定资产清理	57 500	
贷：应交税费——应交营业税		57 500
借：长期股权投资——M 公司	1 050 000	
银行存款	100 000	
营业外支出	57 500	
贷：固定资产清理		1 207 500

乙公司编制的会计分录如下：

借：固定资产——仓库	1 150 000	
贷：长期股权投资——M 公司		1 050 000
银行存款		100 000

> **知识链接　账面价值模式下,涉及多项资产的非货币性资产交换核算**
>
> 资产交换不具有商业实质,或换入资产和换出资产的公允价值均不能可靠地计量。在这种情况下,换入资产的总成本应当按照换出资产的账面价值总额为基础确定,各项换入资产的成本,应当按照各项换入资产的原账面价值占换入资产的账面价值总额的比例,对按照换出资产账面价值总额为基础确定的换入资产总成本进行分配,确定各项换入资产的成本。
>
> 这种情况属于不符合公允价值计量的条件,换入资产总成本按照换出资产账面价值总额确定,各单项换入资产成本的确定,按照各单项换入资产的原账面价值占换入资产账面价值总额的比例确定。

【学中做4—13】 甲公司与乙公司经协商用一项交易性金融资产交换乙公司的固定资产和无形资产。甲公司换入的固定资产和无形资产仍作为固定资产和无形资产核算,乙公司换入的交易性金融资产作为可供出售金融资产核算。乙公司转让的无形资产缴纳营业税为5万元。假定该项交易不具有商业实质,不考虑与固定资产有关的增值税。

甲、乙公司资产交换的相关资料如表4—13所示。

表4—13　　　　甲、乙公司资产交换的相关资料

甲公司	乙公司	
交易性金融资产	固定资产	无形资产
账面余额:1 500万元 其中:成本1 300万元 公允价值变动(借方)200万元	账面余额:800万元 累计折旧:200万元 资产减值准备:100万元	账面余额:2 000万元 累计折旧:1 000万元 资产减值准备:100万元
账面价值:1 500万元	账面价值:500万元	账面价值:900万元

分析:该项资产交换没有涉及收付货币性资产,因此属于非货币性资产交换。同时,该项资产交换不具有商业实质,且换入资产和换出资产的公允价值均不能可靠地计量,符合以账面价值计量的条件。

甲公司的账务处理如下:

(1)计算换出资产账面价值总额:

换出资产账面价值=换入资产总成本=1 300+200=1 500(万元)

(2)计算确定换入各项资产的账面价值占换入资产账面价值总额的比例:

固定资产账面价值占换入资产账面价值总额的比例$=\frac{500}{1\ 400}\times100\%=35.71\%$

无形资产账面价值占换入资产账面价值总额的比例$=\frac{900}{1\ 400}\times100\%=64.29\%$

(3)计算确定换入各项资产的成本:

固定资产的成本＝1 500×35.71%＝535.65(万元)

无形资产的成本＝1 500×64.29%＝964.35(万元)

(4)会计分录：

借：固定资产	5 356 500	
无形资产	9 643 500	
贷：交易性金融资产——成本		13 000 000
——公允价值变动		2 000 000
借：公允价值变动损益	20 000 00	
贷：投资收益		2 000 000

乙公司的账务处理如下：

借：固定资产清理	5 000 000	
累计折旧	2 000 000	
固定资产减值准备	1 000 000	
贷：固定资产		8 000 000
借：可供出售金融资产	14 000 000	
累计摊销	10 000 000	
无形资产减值准备	1 000 000	
营业外支出	50 000	
贷：固定资产清理		5 000 000
无形资产		20 000 000
应交税费——应交营业税		50 000

知识链接　非货币性资产交换的披露

企业应当在附注中披露与非货币性资产交换有关的下列信息：

(1)换入资产、换出资产的类别；

(2)换入资产成本的确定方式；

(3)换入资产、换出资产的公允价值以及换出资产的账面价值；

(4)非货币性资产交换确认的损益。

【任务小结】

本学习任务主要包括：界定非货币性资产交换，核算非货币性资产交换。

非货币性资产交换的会计处理
- 界定非货币性资产交换
  - 非货币性资产交换的含义
  - 非货币性资产交换的认定
  - 非货币性资产交换的计量模式
- 核算非货币性资产交换
  - 核算以公允价值模式计量的非货币性资产交换
  - 核算以账面价值模式计量的非货币性资产交换

【做中学——职业技能·职业资格考试训练】

一、单项选择题

1. 下列资产中，不属于货币性资产的是(　　)。

A. 应收账款　　B. 应收票据

C. 准备持有至到期的债券投资　　D. 准备在一个月内转让的股票投资

2. 下列项目中，属于货币性资产的是(　　)。

A. 作为交易性金融资产的股票投资　　B. 准备持有至到期的债券投资

C. 可转换公司债券　　D. 作为可供出售金融资产的权益工具

3. 以下交易形式中，属于非货币资产交换的有(　　)。

A. 以准备持有至到期的债券投资与固定资产交换

B. 以固定资产与无形资产交换

C. 以准备持有至到期的债券投资与股权投资交换

D. 以无形资产与准备持有至到期的债券投资交换

4. 企业进行具有商业实质且公允价值能够可靠计量的非货币性资产交换，同一事项可能同时影响双方换入资产入账价值的因素是(　　)。

A. 企业支付的补价或收到的补价　　B. 企业为换出资产支付的运杂费

C. 企业换出资产计提的资产减值准备　　D. 企业换出资产的账面价值

5. 某企业用一批库存商品换入一台设备，并收到对方支付的银行存款 30 万元。该批库存商品的账面价值为 120 万元，不含增值税的公允价值为 150 万元，计税价格为 140 万元，适用的增值税税率为 17%；换入设备的原账面价值为 160 万元，公允价值为 143.8 万元。假设该交换具有商业实质，假设不考虑与设备相关的增值税，则该企业因此项交换影响损益的金额为(　　)万元。

A. 30　　B. 31.2　　C. 150　　D. 140

6. 在非货币性资产交换中，如果同时换入多项资产，非货币性资产交换具有商业实质，且换入资产、换出资产的公允价值能够可靠计量的，除非有确凿证据证明换入资产的公允价值总额更可靠，应按照(　　)的比例，对换入资产的成本总额进行分配，以确定各项换入资产的入账价值。

A. 换入各项资产的公允价值与换入资产公允价值总额

B. 换出各项资产的公允价值与换出资产公允价值总额

C. 换入各项资产的账面价值与换入资产账面价值总额

D. 换出各项资产的账面价值与换出资产账面价值总额

7. 下列项目中，不属于非货币性资产交换的有(　　)。

A. 以公允价值100万元的无形资产换取一项专利权

B. 以公允价值500万元的长期股权投资换取一台设备

C. 以公允价值200万元的A车床换取B车床，同时收到40万元的补价

D. 以公允价值70万元的电子设备换取一辆小汽车，同时支付30万元的补价

8. 甲公司以一项专利权换入乙公司的一台设备。甲公司换出专利权的摊余价值为105万元，已提减值准备为15万元，公允价值为100万元，营业税为5万元。乙公司换出设备的账面价值为90万元，公允价值为100万元。假设该交换不具有商业实质，不考虑与设备有关的税费，则甲公司换入设备的入账价值为(　　)万元。

A. 100　　B. 90　　C. 110　　D. 95

9. 甲公司和乙公司均为增值税一般纳税人，适用的增值税税率均为17%。甲公司以一台设备与乙公司厂房进行交换，甲公司换出的设备原价为200万元，已提折旧80万元，未计提减值准备。乙公司换出的厂房账面原价为150万元，已提折旧30万元，支付营业税5万元。假设该项交换不具有商业实质，不考虑与设备相关的增值税，则甲公司换入厂房的入账价值为(　　)万元。

A. 125　　B. 115　　C. 120　　D. 150

10. 甲公司以生产经营用的客车和货车交换乙公司生产经营用的C设备和D设备。甲公司换出：客车原值45万元，已计提折旧3万元；货车原值37.50万元，已计提折旧10.50万元。乙公司换出：C设备原值22.50万元，已计提折旧9万元；D设备原值63万元，已计提折旧7.50万元。假定该项交换不具有商业实质(不考虑增值税问题)，则甲公司取得的C设备和D设备的入账价值分别为(　　)万元。

A. 37.5和45　　B. 27和42　　C. 22.5和63　　D. 13.5和55.5

二、多项选择题

1. 下列资产中，属于非货币性资产的有(　　)。

A. 存货　　B. 固定资产

C. 股权投资　　D. 准备持有至到期的债券投资

2. 下列资产中，属于货币性资产的有(　　)。

A. 库存现金　　B. 银行存款

C. 应付账款　　D. 准备持有至到期的债券投资

3. 在非货币性资产交换中，根据换出资产的不同，换入资产的成本与换出资产的账面价值、支付的补价和支付的相关税费之和的差额，可能记入的科目有(　　)。

A. “营业外收入”　　B. “营业外支出”

C.“投资收益” D.“资本公积”

4. 非货币性资产交换中，在满足下列(　　)条件中的任何一个时，应以账面价值和应支付的相关税费作为换入资产的成本。

A. 该项交换不具有商业实质

B. 换入资产或换出资产的公允价值不能够可靠地计量

C. 该项交换具有商业实质

D. 换入资产或换出资产的公允价值能够可靠地计量

5. 甲公司与乙公司(均为一般纳税企业)进行非货币性资产交换，具有商业实质且其换入或换出资产的公允价值能够可靠地计量，以下影响甲公司换入资产入账价值的项目有(　　)。

A. 乙公司支付的补价 B. 甲公司为换入资产支付的相关税费

C. 甲公司换出资产的公允价值 D. 甲公司换出资产支付的营业税

6. 非货币性资产交换具有商业实质的条件是(　　)。

A. 未来现金流量的风险、金额相同，时间不同

B. 未来现金流量的时间、金额相同，风险不同

C. 未来现金流量的风险、时间相同，金额不同

D. 只要换入资产与换出资产的预计未来现金流量现值不同即可

7. 在收到补价的具有商业实质并且公允价值能够可靠计量的非货币性资产交换业务中，如果换入单项固定资产，则影响固定资产入账价值的因素可能有(　　)。

A. 收到的补价 B. 换入资产的公允价值

C. 换出资产的公允价值 D. 换出资产的账面价值

8. 下列关于非货币性资产交换的表述中，正确的有(　　)。

A. 货币性资产是指企业持有的货币资金和将以固定或可确定的金额收取的资产，如应收账款、预付账款等

B. 非货币性资产交换不具有商业实质的情况下，可以确认损益

C. 如果换入与换出资产的预计未来现金流量的现值不同，且其差额与换入资产和换出资产公允价值相比是重大的，则说明该项交换具有商业实质

D. 非货币性交换可以涉及少量的货币性资产，即货币性资产占整个资产交换金额的比例低于10%

9. 非货币性资产交换同时换入多项资产的，在确定各项换入资产的成本时，下列说法中不正确的有(　　)。

A. 非货币性资产交换不具有商业实质，或者虽具有商业实质但换入资产的公允价值不能可靠计量的，应当按照换入各项资产的原账面价值占换入资产原账面价值总额的比例，对换入资产的成本总额进行分配，确定各项换入资产的成本

B. 均按各项换入资产的账面价值确定

C. 均按各项换入资产的公允价值确定

D. 非货币性资产交换不具有商业实质，或者虽具有商业实质但换入资产的公允价值不能可靠计量的，应当按照换入各项资产的公允价值占换入资产公允价值总额的比例，对换入资产的成本总额进行分配，确定各项换入资产的成本

10. 公司以库存原材料交换一座库房，该原材料的账面成本为 90 万元，不含税售价为 100 万元，增值税税率为 17%，已计提的存货跌价准备为 5 万元。该库房在原企业的账面价值为 75 万元，公允价值为 100 万元，该公司收到银行存款 17 万元。假设该交换具有商业实质，该公司以下会计处理中正确的有（　　）。

A. 固定资产（库房）入账价值为 80 万元　B. 固定资产（库房）入账价值为 75 万元
C. 固定资产（库房）入账价值为 100 万元　D. 存货账面余额减少 90 万元

三、判断题

1. 在非货币性资产交换中，补价占整个资产交换金额的比例应低于 25%。（　　）

2. 在非货币性资产交换中，收到补价方，收到的补价占换入资产的公允价值（或者是换出资产的公允价值加上支付的补价）的比例应低于 25%。（　　）

3. 当非货币性资产交换具有商业实质和换入资产或换出资产的公允价值能够可靠地计量两个条件均满足时，才能以公允价值计量该项非货币性资产交换。（　　）

4. 非货币性资产交换中换出投资性房地产时，需要计算缴纳增值税销项税额。（　　）

5. 非货币性资产交换中换出无形资产的营业税应计入营业外收入或营业外支出。（　　）

6. 以账面价值计量的非货币性资产交换，应以换入资产的原账面价值为基础计算换入资产的入账价值。（　　）

7. 非货币性资产交换以公允价值计量时，换出资产为存货的，应将公允价值与账面价值之间的差额计入营业外收入。（　　）

8. 非货币性资产交换以账面价值计量时，无论是否有补价，均不确认损益。（　　）

9. 非货币性资产交换具有商业实质，且换入资产的公允价值能够可靠计量的，应当按照各项换入资产的公允价值占换入资产公允价值总额的比例，对换入资产的成本总额进行分配，确定各项换入资产的成本。（　　）

10. 非货币性资产交换不具有商业实质时，应以账面价值计量该项非货币性资产交换。（　　）

四、计算分录题

1. 甲公司 2014 年发生下列业务：

(1)甲公司以其生产的产品换入丙公司的设备，该产品的账面余额为 43 万元，已提存货跌价准备 1 万元，且其计税价值和公允价值均为 50 万元，增值税税率为 17%。交换过程中甲公司还以现金支付给丙公司 2 万元作为补价，同时支付相关费用 1.5 万元。设备的原价为 80 万元，已提折旧 22 万元，已提减值准备 2 万元，公允价值为 60 万元。

(2)甲公司以设备换入丁公司的非专利技术，设备的原价为60万元，已提折旧22万元，已提减值准备4万元，设备的公允价值为40万元。非专利技术的账面原价为50万元，累计摊销为15万元，公允价值为38万元。甲公司收到丁公司支付的现金2万元作为补价。

假定设备不考虑增值税。上述非货币性资产交换均具有商业实质且公允价值能够可靠地计量。

要求：根据上述资料，编制甲公司有关会计分录。

2. 甲公司属于增值税一般纳税人，适用的增值税税率为17%。2014年1月1日，甲公司为了生产产品的转型，以生产A产品的机器设备和B产品与乙公司的厂房和商标权进行交换。生产A产品的机器设备的账面原价为800万元，已计提折旧300万元，已计提减值准备100万元，公允价值为500万元。B产品的账面成本为500万元，已计提存货跌价准备50万元，公允价值为450万元。乙公司厂房的账面原价为600万元，已计提折旧100万元，未计提减值准备，公允价值为550万元。商标权的账面原价为200万元，已计提摊销50万元，未计提减值准备，公允价值为400万元。乙公司另支付银行存款161.5万元给甲公司。其他相关资料如下：(1)该项交换具有商业实质；(2)甲公司与乙公司之前不存在任何关联方关系；(3)甲公司与乙公司对换入资产均不改变使用意图；(4)假设不考虑与设备相关的增值税。

要求：

(1)计算甲公司换出生产A产品的机器设备和B产品对损益的影响金额，以及换入厂房和商标权的入账价值，并做出相应的会计处理。

(2)计算乙公司换出厂房和商标权对损益的影响金额，以及换入机器设备和B产品的入账价值，并做出相应的会计处理。

学习任务五

借款费用的会计处理

【职业能力目标】

能够界定借款费用的内容，并根据确认的原则对借款利息、借款辅助费用和外币借款汇兑差额等借款费用进行相应的会计核算。

【典型学习任务】

界定借款费用，核算借款费用。

学习子任务一　界定借款费用

一、借款费用的含义

借款费用，是指企业因借款而发生的利息及其他相关成本，包括借款利息费用（包括借款折价或溢价的摊销和相关辅助费用）以及因外币借款而发生的汇兑差额等。

（一）借款费用的内容

1. 因借款而发生的利息

因借款而发生的利息，包括企业向银行或者其他金融机构等借入资金发生的利息、发行公司债券发生的利息以及为购建或生产符合资本化条件的资产而发生的带息债务所承担的利息。

2. 因借款而发生的折价或溢价的摊销

因借款而发生的折价或者溢价的摊销主要是指发行债券所发生的折价或者溢价，发行债券中的折价或者溢价，其实质是对债券票面利率的调整（即将债券票面利率调整为实际利率），属于借款费用的范畴。

3. 因外币借款而发生的汇兑差额

因外币借款而发生的汇兑差额，是指由于汇率变动导致市场利率与账面利率出现差异，从而对外币借款本金及其利息的记账本位币金额所产生的影响金额。由于汇率的变化往往和利率的变化相联动，它是企业外币借款所需承担的风险，因此，因外币借款相关汇率变化所导致的汇兑差额属于借款费用的组成部分。

4. 因借款而发生的辅助费用

因借款而发生的辅助费用，是指企业在借款过程中发生的诸如手续费、佣金、印刷费等费用。由于这些费用是因安排借款而发生的，也属于借入资金所付出的代价，是借款费用的构成部分。

【学中做 5—1】 下列项目中，属于借款费用的有（　　）。

A. 应付公司债券的利息　　B. 发行公司债券的手续费

C. 发行股票的发行费用　　D. 外币借款本金发生的汇兑差额

正确答案：ABD

答案解析：发行股票属于公司权益性融资性质，借款费用不包括权益性融资费用，因此，选项 C 不正确。

（二）借款费用应予以资本化的借款范围

借款包括专门借款和一般借款。

1. 专门借款

专门借款是指为购建或者生产符合资本化条件的资产而专门借入的款项。专门借款通常应当有明确的用途，即为购建或生产某项符合资本化条件的资产而专门借入的，并通常应当具有标明该用途的借款合同。

【学中做 5—2】 借款费用准则中的专门借款是指（　　）。

A. 为购建或者生产符合资本化条件的资产而专门借入的款项

B. 发行债券收款

C. 长期借款

D. 技术改造借款

正确答案：A

答案解析：专门借款是指为购建或者生产符合资本化条件的资产而专门借入的款项。

2. 一般借款

一般借款是指除专门借款之外的借款，相对于专门借款而言，一般借款在借入时，其用途通常没有特指用于符合资本化条件的资产的购建或者生产。

【拓展思考】 借款费用予以资本化的借款范围既包括长期借款，又包括短期借款，此说法正确吗？

（三）借款费用应予以资本化的资产范围

符合资本化条件的资产，是指需要经过相当长时间的购建或者生产活动才能达到预定可使用或者可销售状态的固定资产、投资性房地产和存货等资产。

建造合同成本、确认为无形资产的开发支出等在符合条件的情况下，也可以认定为符合资本化条件的资产。

需要说明的是，符合资本化条件的存货，是指房地产开发企业开发的用于对外出售的房地产开发产品、企业制造的用于对外出售的大型机器设备等，这类存货通常需要经过相当长时间的建造或者生产过程，才能达到预定可销售状态。其中，“相当长时间”是指为资产的购建或者生产所必要的时间，通常为一年以上(包括一年)。

【学中做5—3】 下列选项中，符合资本化条件的资产包括(　　)。

A. 需要经过相当长时间的购建才能达到预定可使用状态的固定资产

B. 需要经过相当长时间的购建才能达到预定可使用状态的投资性房地产

C. 需要经过相当长时间的生产活动才能达到预定可销售状态的存货

D. 需要经过半年的生产活动才能达到预定可销售状态的存货

正确答案：ABC

答案解析：符合资本化条件的资产，是指需要经过相当长时间的购建或者生产活动才能达到预定可使用或者可销售状态的固定资产、投资性房地产和存货等资产。

【拓展思考】 借款费用应予以资本化的资产包括哪些?

二、借款费用的确认

借款费用的确认主要解决的是将每期发生的借款费用资本化、计入相关资产成本，还是将有关借款费用费用化、计入当期损益的问题。

借款费用确认的原则是：企业发生的借款费用，可直接归属于符合资本化条件的资产的购建或者生产的，应当予以资本化，计入相关资产成本；其他借款费用，应当在发生时根据其发生额确认为费用，计入当期损益。

需要说明的是，资本化期间的确定是借款费用确认和计量的重要前提，只有发生在资本化期间内的有关借款费用，才允许资本化。

借款费用资本化期间，是指从借款费用开始资本化时点到停止资本化时点的期间，但不包括借款费用暂停资本化的期间。

【拓展思考】 借款费用资本化期间的确定主要涉及哪些时点?

(一)确定借款费用开始资本化时点

借款费用允许开始资本化必须同时满足三个条件，即资产支出已经发生、借款费用已经发生、为使资产达到预定可使用或者可销售状态所必要的购建或者生产活动已经开始。

1. 资产支出已经发生

“资产支出已经发生”，是指企业已经发生了支付现金、转移非现金资产或承担带息债务形式所发生的支出。

(1)支付现金，是指用货币资金支付符合资本化条件的资产的购建或者生产支出。

(2)转移非现金资产，是指企业将自有的非现金资产直接用于符合资本化条件的资产的购建或生产。

【学中做5—4】 企业因建设长期工程的需要，于2014年12月1日将自产的产品，包括水泥、钢材等，用于工程的建造。

对于该事项，企业将自产的产品用于工程建造，自 12 月 1 日开始即表明资产支出已经发生。

(3)承担带息债务，是指企业为了购建或者生产符合资本化条件的资产所需用物资等而承担的带息应付款项(如带息应付票据)。

【学中做 5—5】 企业因建设长期工程的需要，于 2014 年 9 月 1 日购入一批工程物资，开具一张 20 万元的带息银行承兑汇票，期限为 6 个月，票面利率为 6%。

对于该事项，企业尽管没有为工程建设的目的直接支付现金，但承担了带息债务，所以应将 20 万元的购买工程物资款作为资产支出，自 9 月 1 日开出承兑汇票开始即表明资产支出已经发生。

2. 借款费用已经发生

“借款费用已经发生”，是指企业已经发生了因购建或者生产符合资本化条件的资产而专门借入款项的借款费用或者所占用的一般借款的借款费用。

3. 为使资产达到预定可使用或者可销售状态所必要的购建或者生产活动已经开始

“为使资产达到预定可使用或者可销售状态所必要的购建或者生产活动已经开始”，是指符合资本化条件的资产的实体建造或者生产工作已经开始。它不包括仅仅持有资产，但没有发生为改变资产形态而进行的实质上的建造或者生产活动。

【拓展思考】 2014 年 1 月 1 日，企业为建造办公楼，向银行借入期限为 4 年的长期借款。款项已经划入公司，并于当日开始计息。办公楼已经开始建造，但为建造办公楼尚未动用银行的借款。你认为该借款费用能计入办公楼的成本吗？请说明理由。

【学中做 5—6】 下列各项中，不属于资产支出已经发生的有(　　)。

A. 计提的在建工程人员的工资及福利费

B. 企业赊购工程建设所用物资而承担的带息债务

C. 企业为建设工程项目而转移的非现金资产

D. 支付的工程人员工资

正确答案：A

答案解析：计提在建工程人员工资既没有发生现金的支出，也没有转移非现金资产或承担带息债务，因此，资产支出没有发生。

(二)确定借款费用暂停资本化时点

符合资本化条件的资产在购建或者生产过程中发生非正常中断，且中断时间连续超过 3 个月的，应当暂停借款费用的资本化。

中断时间连续超过 3 个月，是指企业购建或生产活动发生的非正常中断，从中断开始到恢复购建或生产活动为止的时间，连续超过 3 个月(含 3 个月)。

如果企业发生的非正常中断的过程时断时续，即使累计中断时间超过 3 个月，如果其中每一次中断时间都没有连续超过 3 个月，此时，企业也不能暂停借款费用的资本化。

【学中做 5—7】 生产经营期间，如果某项固定资产的购建发生非正常中断，并且中断时间超过 3 个月(含 3 个月)，则应当将中断期间所发生的借款费用，记入(　　)科目。

A.“长期待摊费用”

B.“在建工程”

C.“营业外支出”

D.“财务费用”

正确答案:D

答案解析:如果某项固定资产的购建发生非正常中断,并且中断时间超过3个月(含3个月),应当将中断期间所发生的借款费用计入财务费用。

【学中做5—8】 下列情况中,属于非正常中断的有(　　)。

A. 由于劳务纠纷而造成连续超过3个月的固定资产的建造中断

B. 由于资金周转困难而造成连续超过3个月的固定资产的建造中断

C. 由于发生安全事故而造成连续超过3个月的固定资产的建造中断

D. 由于可预见的冰冻季节而造成连续超过3个月的固定资产的建造中断

正确答案:ABC

答案解析:由于可预见的冰冻季节而造成连续超过3个月的固定资产的建造中断属于正常中断,因此,选项D不正确。

正常中断与非正常中断显著不同,两者的区别如表5—1所示。

表5—1　　正常中断与非正常中断的区别

项　目	概　念	示　例
正常中断	因购建或者生产符合资本化条件的资产达到预定可使用或者可销售状态所必要的程序,或者事先可预见的不可抗力因素导致的中断	(1)正常测试、调试停工 (2)因冬季无法施工停工等
非正常中断	因企业管理决策上的原因或者其他不可预见因素等导致的中断	(1)企业因与施工方发生质量纠纷 (2)工程、生产用料没有及时供应 (3)施工、生产发生安全事故 (4)发生劳动纠纷等

【学中做5—9】 企业2014年1月1日利用专门借款开工兴建办公楼,支出已经发生,因此借款费用从当日起开始资本化。工程预计2015年8月完工。2014年5月15日,由于工程施工发生安全事故,导致工程中断,直到9月10日才复工。

该中断属于非正常中断,因此,上述专门借款在5月15日至9月10日间发生的借款费用不应资本化,而应作为财务费用计入当期损益。

【拓展思考】 企业在建造工程期间遇上冰冻季节(通常为6个月),工程施工中断,待冰冻季节过后方能继续施工。在该中断期间发生的借款费用是否可以继续资本化?为什么?

(三)确定借款费用停止资本化时点

购建或者生产符合资本化条件的资产达到预定可使用或者可销售状态时,借款费用应当停止资本化。在符合资本化条件的资产达到预定可使用或者可销售状态之后所发生的借款费用,应当在发生时根据其发生额确认为费用,计入当期损益。

购建或者生产符合资本化条件的资产达到预定可使用或者可销售状态，可从下列几个方面进行判断：

(1)符合资本化条件的资产的实体建造(包括安装)或者生产工作已经全部完成或者实质上已经完成。

(2)所购建或者生产的符合资本化条件的资产与设计要求、合同规定或者生产要求相符或者基本相符，即使有极个别与设计、合同或生产要求不相符的地方，也不影响其正常使用或者销售。

(3)继续发生在所购建或生产的符合资本化条件的资产上的支出金额很少或者几乎不再发生。

知识链接　购建或者生产的资产分别建造、分别完工，借款费用停止资本化时点的确定

(1)所购建或者生产的符合资本化条件的资产的各部分分别完工，且每部分在其他部分继续建造或者生产过程中可供使用或者可对外销售，且为使该部分资产达到预定可使用或可销售状态所必要的购建或者生产活动实质上已经完成的，应当停止与该部分资产相关的借款费用的资本化。

(2)所购建或者生产的资产的各部分分别完工，但必须等到整体完工后才可使用或者对外销售的，应当在该资产整体完工时停止借款费用的资本化。在这种情况下，即使各部分资产已经分别完工，也不能认为该部分资产已经达到了预定可使用或者可销售状态，企业只能在所购建或者生产的资产整体完工时，才能认为资产已经达到了预定可使用或者可销售状态，借款费用才可停止资本化。

【学中做5－10】 企业为购建固定资产专门借入的款项所发生的借款费用，停止资本化的时点有(　　)。

A. 所购建固定资产与设计要求或合同要求相符或基本相符

B. 固定资产的实体建造工作已经全部完成或实质上已经完成时

C. 继续发生在所购建固定资产上的支出金额很少或者几乎不再发生时

D. 所购建或者生产的资产的各部分分别完工，需整体完工后才可使用，该资产整体完工时

正确答案：ABCD

学习子任务二　核算借款费用

一、核算借款利息资本化

借款利息资本化金额的确定主要包括专门借款利息资本化和一般借款利息资本化两部

分内容。

(一)专门借款利息资本化

为购建或者生产符合资本化条件的资产而借入专门借款的,应当以专门借款当期实际发生的利息费用,减去将尚未动用的借款资金存入银行取得的利息收入或进行暂时性投资取得的投资收益后的金额确定。计算公式如下:

专门借款利息费用资本化金额＝资本化期间内专门借款利息总额－资本化期间内闲置借款资金的利息收入(或投资收益)

【拓展思考】 如何理解尚未动用专门借款资金(即闲置借款资金)?

【学中做 5—11】 甲公司于 2013 年 1 月 1 日正式动工兴建一幢厂房,工期预计为 1 年零 6 个月。工程采用出包方式,2013 年 1 月 1 日、2013 年 7 月 1 日和 2014 年 1 月 1 日的资产支出分别为 150 万元、350 万元和 350 万元。

甲公司为建造厂房于 2013 年 1 月 1 日专门借款 300 万元,借款期限为 3 年,年利率为 5%。另外,在 2013 年 7 月 1 日又专门借款 600 万元,借款期限为 5 年,年利率为 6%。借款利息按年支付。(如无特别说明,本章例题中名义利率与实际利率相同)。

甲公司将闲置借款资金用于固定收益债券短期投资,该短期投资月收益率为 0.5%。厂房于 2014 年 6 月 30 日完工,达到预定可使用状态。

甲公司的借款利息资本化计算如图 5—1 所示。

2013.1.1 开工	2013.7.1	2014.1.1	2014.6.30 完工
支出:150 万元	350 万元	350 万元	
累计支出:150 万元	500 万元	850 万元	
借款:300 万元	600 万元		
累计借款:300 万元	900 万元	900 万元	
闲置借款:150 万元	400 万元	50 万元	

图 5—1 甲公司的借款利息资本化计算示意图

结合图 5—1,甲公司的借款利息资本化金额计算过程如下:

(1)确定借款费用资本化期间为 2013 年 1 月 1 日至 2014 年 6 月 30 日。

(2)计算 2013 年借款利息资本化金额:

专门借款发生的利息金额＝300×5%＋600×6%×6/12＝33(万元)

短期投资收益＝150×0.5%×6＋400×0.5%×6＝16.5(万元)

资本化利息金额＝33－16.5＝16.5(万元)

借:在建工程——厂房　　165 000

　　应收利息(或银行存款)　　165 000

　　贷:应付利息　　330 000

(3)计算 2014 年 1 月 1 日至 6 月 30 日借款利息资本化金额:

专门借款发生的利息金额＝300×5%×6/12＋600×6%×6/12＝25.5(万元)

短期投资收益＝50×0.5%×6＝1.5(万元)

资本化利息金额＝25.5－1.5＝24(万元)

借：在建工程——厂房　　240 000

　　应收利息(或银行存款)　　15 000

　　贷：应付利息　　255 000

【拓展思考】 若【学中做 5—11】中，甲公司在 2014 年 4 月 1 日又发生资产支出 30 万元，如何计算 2014 年 1 月 1 日至 6 月 30 日的资本化利息？

(二)一般借款利息资本化

为购建或者生产符合资本化条件的资产而占用了一般借款的，企业应当根据累计资产支出超过专门借款部分的资产支出加权平均数乘以所占用一般借款的资本化率，计算确定一般借款应予资本化的利息金额。资本化率应当根据一般借款加权平均利率计算确定。计算公式如下：

$$\text{一般借款利息费用资本化金额}=\text{累计资产支出超过专门借款部分的资产支出加权平均数}\times\text{所占用一般借款的资本化率}$$

$$\text{累计资产支出加权平均数}=\sum\left(\text{每笔资产支出金额}\times\frac{\text{每笔资产支出在当期所占用的天数}}{\text{当期天数}}\right)$$

$$\text{所占用一般借款的资本化率}=\text{所占用一般借款的加权平均利率}=\frac{\text{所占用一般借款当期实际发生的利息之和}}{\text{所占用一般借款的本金加权平均数}}$$

【学中做 5—12】 承【学中做 5—11】，假定甲公司建造厂房没有专门借款，占用的都是一般借款。

甲公司为建造厂房占用的一般借款有两笔，具体如下：

(1)向 A 银行长期贷款 200 万元，期限为 2012 年 12 月 1 日至 2015 年 12 月 1 日，年利率为 6%，借款利息按年支付。

(2)发行公司债券 1 000 万元，于 2012 年 1 月 1 日发行，期限为 5 年，年利率为 8%，借款利息按年支付。

假定这两笔一般借款除了用于厂房建设外，没有用于其他符合资本化条件的资产的购建或者生产活动。假定全年按 360 天计算，其他资料不变。

甲公司的借款利息资本化计算如图 5—2 所示。

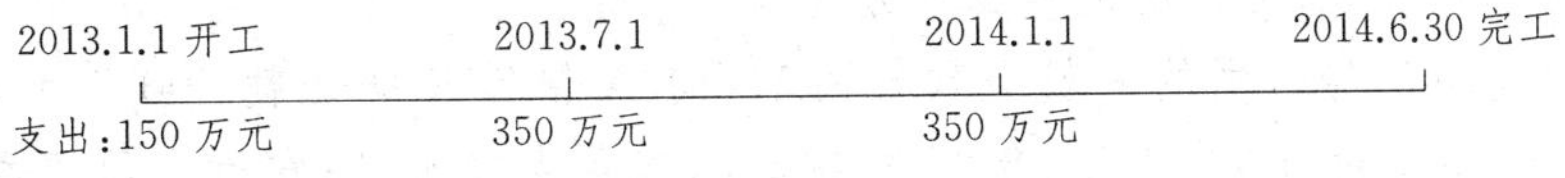

图 5—2　甲公司的借款利息资本化计算示意图

结合图 5—2，甲公司的借款利息资本化金额计算过程如下：

(1)计算所占用一般借款资本化率：

$$\text{一般借款资本化率(年)}=\frac{200\times6\%+1\ 000\times8\%}{200+1\ 000}\times100\%=7.67\%$$

(2)计算 2013 年借款利息资本化金额：

实际发生的一般借款利息费用＝200×6%＋1 000×8%＝92(万元)

累计资产支出加权平均数＝150×360/360＋350×180/360＝325(万元)

资本化利息金额＝325×7.67%＝24.927 5(万元)

借:在建工程——厂房　　249 275

财务费用　　670 725

贷:应付利息　　920 000

(3)计算2014年1月1日至6月30日借款利息资本化金额:

实际发生的一般借款利息费用＝200×6%×180/360＋1 000×8%×180/360＝46(万元)

累计资产支出加权平均数＝850×180/360＝425(万元)

资本化利息金额＝425×7.67%＝32.597 5(万元)

借:在建工程——厂房　　325 975

财务费用　　134 025

贷:应付利息　　460 000

【拓展思考】 若【学中做5—12】中,甲公司在2014年4月1日又发生资产支出30万元,如何计算2014年1月1日至6月30日的资本化利息?

需要说明的是,在资本化期间,每一会计期间的利息资本化金额,不应当超过当期相关借款实际发生的利息金额。

【学中做5—13】 下列借款费用在满足资本化条件进行资本化时,应当考虑累计资产支出加权平均数的是(　　)。

A. 专门借款的借款利息

B. 专门借款的辅助费用

C. 外币借款汇兑差额

D. 一般借款的借款利息

正确答案:D

【学中做5—14】 甲公司于2013年1月1日正式动工兴建一幢厂房,工期预计为1年零6个月。工程采用出包方式,2013年1月1日、2013年7月1日和2014年1月1日的资产支出分别为150万元、350万元和350万元。

甲公司为建造厂房占用的一般借款有两笔:向A银行长期贷款200万元,期限为2012年12月1日至2015年12月1日,年利率为6%,按年支付利息;发行公司债券1 000万元,于2012年1月1日发行,期限为5年,年利率为8%,借款利息按年支付。

甲公司为建造厂房占用的专门借款有一笔:2013年1月1日专门借款300万元,借款期限为3年,年利率为5%,借款利息按年支付。

甲公司将闲置借款资金用于固定收益债券短期投资,该短期投资月收益率为0.5%。厂房于2014年6月30日完工,达到预定可使用状态。假定全年按360天计算。

甲公司的借款利息资本化计算如图5—3所示。

	2013.1.1 开工	2013.7.1	2014.1.1	2014.6.30 完工
支出:	150 万元	350 万元	350 万元	
累计支出:	150 万元	500 万元	850 万元	
专门借款:	300 万元			
累计专门借款:	300 万元	300 万元	300 万元	
闲置借款:	150 万元			
超过专门借款支出:		200 万元	550 万元	

图 5—3 甲公司的借款利息资本化计算示意图

结合图 5—3,【学中做 5—14】借款利息资本化金额计算过程如下:

(1)计算 2013 年借款利息资本化金额:

专门借款利息资本化金额=300×5%—150×0.5%×6=10.5(万元)

占用一般借款的资产支出加权平均数=200×180/360=100(万元)

$$一般借款资本化率(年)=\frac{200\times6\%+1\ 000\times8\%}{200+1\ 000}\times100\%=7.67\%$$

应予资本化的一般借款利息金额=100×7.67%=7.67(万元)

资本化利息金额=10.5+7.67=18.17(万元)

借:在建工程——厂房　　181 700
　　财务费用　　843 300
　　应收利息(或银行存款)　　45 000
　　贷:应付利息　　1 070 000

注:2013 年实际发生的借款利息=300×5%+200×6%+1000×8%=107(万元)

(2)计算 2014 年 1 月 1 日至 6 月 30 日借款利息资本化金额:

专门借款利息资本化金额=300×5%×180/360=7.5(万元)

占用一般借款的资产支出加权平均数=(200+350)×180/360=275(万元)

应予资本化的一般借款利息金额=275×7.67%=21.092 5(万元)

资本化利息金额=7.5+21.092 5=28.592 5(万元)

借:在建工程——厂房　　285 925
　　财务费用　　249 075
　　贷:应付利息　　535 000

注:2014 年 1 月 1 日至 6 月 30 日的实际发生的借款利息=107/2=53.5(元)

【学中做 5—15】 甲公司在厂区内建造一幢厂房,有关资料如下:

(1)2013 年 1 月 1 日向银行专门借款 600 万元,期限为 3 年,年利率为 6%,每年 1 月 1 日付息。

(2)除专门借款外,公司只有一笔其他借款,为 2012 年 12 月 1 日借入的长期借款 720 万元,期限为 5 年,年利率为 8%,每年 12 月 1 日付息,假设甲企业在 2013 年和 2014 年年底均未支付当年利息。

(3)由于审批、办手续等原因，厂房于2013年4月1日才开始动工兴建。2013年4月1日、6月1日、7月1日分别支付工程款240万元、120万元、360万元，2014年1月1日、4月1日、7月1日分别支付工程款120万元、60万元、60万元。

工程于2014年9月30日完工，达到预定可使用状态。其中，由于施工质量问题，工程于2013年9月1日至12月31日停工4个月。

(4)专门借款中未支出部分全部存入银行，假定月利率为0.25%。假定全年按照360天算，每月按照30天算。

甲公司的借款利息资本化计算如图5—4所示。

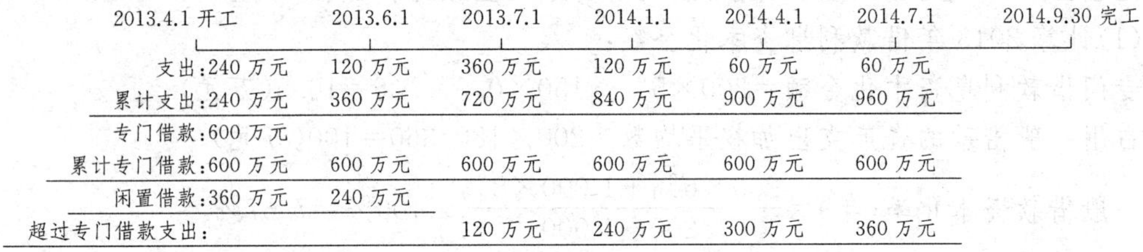

图5—4　甲公司的借款利息资本化计算示意图

结合图5—4，【学中做5—15】借款利息资本化金额计算过程如下：

(1)计算2013年借款利息资本化金额：

①计算2013年专门借款应予资本化的利息金额

2013年专门借款发生的利息金额＝600×6%＝36(万元)

2013年1～3月和9～12月专门借款发生的利息费用＝600×6%×210/360＝21(万元)

2013年专门借款转存入银行取得的利息收入＝600×0.25%×3＋360×0.25%×2＋240×0.25%×1＝6.9(万元)

其中：

专门借款在资本化期间内取得的利息收入＝360×0.25%×2＋240×0.25%×1＝2.4(万元)

2013年应予资本化的专门借款利息金额＝36－21－2.4＝12.6(万元)

2013年应计入当期损益(财务费用)的专门借款利息金额(减利息收入)＝36－12.6－6.9＝16.5(万元)

借:在建工程——厂房	126 000	
财务费用	165 000	
应收到利息或银行存款	69 000	
贷:应付利息		360 000

②计算2013年一般借款应予资本化的利息金额

2013年一般借款发生的利息金额＝720×8%＝57.6(万元)

2013年占用一般借款资金的资产支出加权平均数 =(240+120+360−600)×60/360=20(万元)

2013年一般借款应予资本化的利息金额=20×8%=1.6(万元)

2013年应当计入当期损益的一般借款利息金额=57.6−1.6=56(万元)

借:在建工程——厂房	16 000	
财务费用	560 000	
贷:应付利息		576 000

(2)计算2014年借款利息资本化金额:

①计算2014年专门借款应予资本化的利息金额

2014年专门借款发生的利息金额=600×6%=36(万元)

2014年应予资本化的专门借款利息金额=600×6%×270/360=27(万元)

2014年应当计入当期损益的专门借款利息金额=36−27=9(万元)

借:在建工程——厂房	270 000	
财务费用	90 000	
贷:应付利息		360 000

②计算2014年一般借款应予资本化的利息金额

2014年一般借款发生的利息金额=720×8%=57.6(万元)

2014年占用了一般借款资金的资产支出加权平均数 =240×270/360+60×180/360+60×90/360 =225(万元)

2014年一般借款应予资本化的利息金额=225×8%=18(万元)

2014年应当计入当期损益的一般借款利息金额=57.6−18=39.6(万元)

借:在建工程——厂房	180 000	
财务费用	396 000	
贷:应付利息		576 000

二、核算借款辅助费用资本化

专门借款发生的辅助费用,在所购建或者生产的符合资本化条件的资产达到预定可使用或者可销售状态之前发生的,应当在发生时根据其发生额予以资本化,计入符合资本化条件的资产的成本;在所购建或者生产的符合资本化条件的资产达到预定可使用或者可销售状态之后发生的,应当在发生时根据其发生额确认为费用,计入当期损益。

一般借款发生的辅助费用,也应当按照上述原则确定其发生额并进行处理。

【学中做5−16】 对于一般借款发生的辅助费用,应在发生时计入当期损益。

正确答案:×

答案解析:一般借款发生的辅助费用,在所购建或者生产的符合资本化条件的资产达到预定可使用或者可销售状态之前发生的,应在发生时根据其发生额予以资本化;在所购建或者生产的符合资本化条件的资产达到预定可使用或者可销售状态之后发生的，应在发生时根据其发生额确认为费用。

三、核算外币专门借款汇兑差额资本化

在资本化期间内，外币专门借款本金及利息的汇兑差额，应予以资本化，计入符合资本化条件的资产的成本。除外币专门借款之外的其他外币借款本金及利息所产生的汇兑差额应当作为财务费用，计入当期损益。

【学中做 5－17】 甲公司拟在美国建造生产工厂。2013 年 1 月 1 日，为该工程项目专门向当地银行借入 200 万美元，年利率为 8%，期限为 3 年，假定不考虑与借款有关的辅助费用。合同约定，甲公司于每年 1 月 1 日支付借款利息，到期偿还借款本金。

工程于 2013 年 1 月 1 日开始实体建造，2014 年 6 月 30 日完工，达到预定可使用状态，期间发生的资产支出如下：

2013 年 1 月 1 日，支出 40 万美元；

2013 年 7 月 1 日，支出 100 万美元；

2014 年 1 月 1 日，支出 60 万美元。

公司的记账本位币为人民币，外币业务采用外币业务发生时当日即期汇率即市场汇率折算。相关汇率如下：

2013 年 1 月 1 日，市场汇率为 1 美元＝6.70 元人民币；

2013 年 12 月 31 日，市场汇率为 1 美元＝6.75 元人民币；

2014 年 1 月 1 日，市场汇率为 1 美元＝6.77 元人民币；

2014 年 6 月 30 日，市场汇率为 1 美元＝6.80 元人民币。

本例中，甲公司计算该外币借款汇兑差额资本化金额如下（不考虑闲置资金）：

(1)计算 2013 年汇兑差额资本化金额：

①应付利息＝200×8%×6.75＝108(万元)

借：在建工程——××工程　　1 080 000

　贷：应付利息　　1 080 000

② 外币借款本金及利息汇兑差额 ＝200×(6.75－6.70)＋8×(6.75－6.75)＝10(万元)

借：在建工程——××工程　　100 000

　贷：长期借款——××银行——汇兑差额　　100 000

(2)2014 年 1 月 1 日实际支付利息时，应当支付 16 万美元，折算成人民币为 108.32 万元(16×6.77)。该金额与原账面金额之间的差额 0.32 万元应当予以资本化，计入在建工程成本。

借：应付利息　　1 080 000

　在建工程——××工程　　3 200

　贷：银行存款　　1 083 200

(3)计算2014年6月30日的汇兑差额资本化金额：

①应付利息＝200×8%×1/2×6.80＝54.4(万元)

借：在建工程——××工程　　544 000

　　贷：应付利息　　544 000

②外币借款本金及利息汇兑差额＝200×(6.80－6.75)＋8×(6.80－6.80)＝10(万元)

借：在建工程——××工程　　100 000

　　贷：长期借款——××银行——汇兑差额　　100 000

【拓展思考】【学中做5－16】中三笔资产支出所对应的利息是否予以资本化，计入在建工程成本？

知识链接　　**在附注中披露与借款费用有关的信息**

企业应当在财务报表附注中披露与借款费用有关的下列信息：

(1)当期资本化的借款费用金额。

(2)当期用于计算确定借款费用资本化金额的资本化率。

【任务小结】

本学习任务主要包括：界定借款费用，核算借款费用。

借款费用的会计处理
- 界定借款费用
  - 借款费用的含义
  - 借款费用的确认
- 核算借款费用
  - 核算借款利息资本化
  - 核算借款辅助费用资本化
  - 核算外币专门借款汇兑差额资本化

【做中学——职业技能·职业资格考试训练】

一、单项选择题

1. 专门借款是指(　　)。

A. 为购建或者生产符合资本化条件的资产而专门借入的款项

B. 发行债券筹集资金

C. 长期借款

D. 技术改造借款

2. 生产经营期间，如果某项固定资产的购建发生非正常中断，并且中断时间超过3个月(含 3 个月),则应当将中断期间所发生的借款费用,记入(   )科目。

A.“长期待摊费用”　　B.“在建工程”

C.“营业外支出”　　D.“财务费用”

3. 企业 2013 年 7 月 1 日为建造厂房,从银行取得 3 年期借款 300 万元,年利率为 6%,按单利计算,到期一次归还本息。借入款项存入银行,工程于 2014 年年底达到预定可使用状态。2013 年 10 月 1 日用银行存款支付工程价款 150 万元并开始厂房的建造,2014 年 4 月 1 日用银行存款支付工程价款 150 万元。该项专门借款第 3 季度的利息收入为 3 万元,第 4 季度的利息收入为 1.5 万元。则 2013 年借款费用的资本化金额为(   )万元。

A. 2.25　　B. 4.5　　C. 1.5　　D. 3

4. 企业借入两笔一般借款:第一笔为 2013 年 1 月 1 日借入的 800 万元,借款年利率为 8%,期限为 2 年;第二笔为 2013 年 7 月 1 日借入的 500 万元,借款年利率为 6%,期限为 3 年;该企业 2013 年为购建固定资产而占用了一般借款所使用的资本化率为(   )。

A. 7.00%　　B. 6.80%　　C. 7.52%　　D. 6.89%

5. 下列情形造成工程中断时间连续超过 3 个月,其借款费用仍应继续资本化的是(   )。

A. 台风季节　　B. 与施工方发生质量纠纷

C. 资金周转发生困难　　D. 发生了施工安全事故

6. 下列项目中,不属于借款费用的是(   )。

A. 外币借款发生的汇兑损失　　B. 借款过程中发生的承诺费

C. 发行公司债券发生的折价　　D. 发行公司债券溢价的摊销

7. 2013 年 2 月 1 日,甲公司采用自营方式扩建厂房借入两年期专门借款 500 万元。2013 年 11 月 12 日,厂房扩建工程达到预定可使用状态;2013 年 11 月 28 日,厂房扩建工程验收合格;2013 年 12 月 1 日,办理工程竣工结算;2013 年 12 月 12 日,扩建后的厂房投入使用。假定不考虑其他因素,甲公司借入专门借款利息费用停止资本化的时点是(   )。

A. 2013 年 11 月 12 日　　B. 2013 年 11 月 28 日

C. 2013 年 12 月 1 日　　D. 2013 年 12 月 12 日

8. 当所购建的固定资产(   )时,应当停止其借款费用的资本化;以后发生的借款费用应当于发生当期确认为费用。

A. 竣工决算　　B. 交付使用

C. 达到预定可使用状态　　D. 交付使用并办理竣工决算手续

二、多项选择题

1. 下列选项中,符合资本化条件的资产包括(   )。

A. 需要经过相当长时间的购建才能达到预定可使用状态的固定资产

B. 需要经过相当长时间的购建才能达到预定可使用状态的投资性房地产

C. 需要经过相当长时间的生产活动才能达到预定可销售状态的存货

D. 需要经过半年的生产活动才能达到预定可销售状态的存货

2. 甲公司于 2013 年 1 月 1 日动工兴建一幢写字楼自用，在该写字楼建造过程中发生的下列支出或者费用中，属于资产支出的有(　　)。

A. 用银行存款购买工程物资

B. 用银行存款支付建设工人工资

C. 将企业自己生产的电梯用于装备写字楼

D. 计提建设工人职工福利费

3. 下列符合资本化条件的资产所发生的借款费用在予以资本化时，不与资产支出相挂钩的有(　　)。

A. 专门借款利息　　B. 专门借款的溢价摊销

C. 一般借款利息　　D. 外币专门借款汇兑差额

4. 符合资本化条件的资产，是指需要经过相当长时间的购建或者生产活动才能达到预定可使用或者可销售状态的资产，具体包括(　　)。

A. 固定资产

B. 投资性房地产

C. 房地产开发企业开发的用于出售的房地产开发产品

D. 商品制造企业刚投入生产的以备半年后出售的产品

5. 下列关于借款利息资本化金额的表述中，正确的有(　　)。

A. 借款存在折价或者溢价的，应当按照实际利率法确定每一会计期间应摊销的折价或者溢价金额，调整每期利息金额

B. 在资本化期间，每一会计期间的利息资本化金额，不应当超过当期相关借款实际发生的利息金额

C. 为购建或者生产符合资本化条件的资产而占用了一般借款的，企业应当根据累计资产支出加权平均数乘以所占用一般借款的资本化率，计算确定一般借款应予资本化的利息金额

D. 为购建或者生产符合资本化条件的资产而占用一般借款的，计算确定一般借款应予资本化的利息金额时，不需要考虑一般借款闲置资金的利息收入或投资收益

6. 以下属于非正常原因停工的情况有(　　)。

A. 因可预见的不可抗力因素而停工　　B. 因与工程建设有关的劳动纠纷而停工

C. 资金周转困难而停工　　D. 与施工方发生质量纠纷而停工

7. 在符合资本化条件的资产的购建活动中，下列各项中属于资产支出已经发生的有(　　)。

A. 以自产产品发放给在建工程人员作为福利

B. 以生产用原材料换入在建工程所需工程物资

C. 以银行存款购入工程物资

D. 以开出不带息银行承兑汇票方式购入工程物资

8. 在计算所占用一般借款的资本化率时，应考虑的因素有(　　)。

A. 借款的时间　　B. 溢折价的摊销

C. 资产支出　　D. 借款的利率

9. 借款费用同时满足有关条件时才能开始资本化，其条件包括(　　)。

A. 资产支出已经发生

B. 借款费用已经发生

C. 为使资产达到预定可使用或者可销售状态所必要的购建或者生产活动已经开始

D. 为使资产达到预定可使用或者可销售状态所必要的购建或者生产活动已经完成

10. 借款费用包括(　　)。

A. 因借款而发生的利息　　B. 因借款而发生的折价或溢价的摊销

C. 因外币借款而发生的汇兑差额　　D. 因借款而发生的债券溢价

三、判断题

1. 符合资本化条件的资产，是指需要经过半年以上的购建或者生产活动才能达到预定可使用或者可销售状态的固定资产、投资性房地产和存货等资产。(　　)

2. 如果有两笔以上专门借款，仍需要计算专门借款的加权平均资本化率。(　　)

3. 在借款费用资本化期间内，建造资产的累计支出金额未超过专门借款金额的，发生的专门借款利息，应当全部计入所建造资产成本。(　　)

4. 资本化期间，是指从借款费用开始资本化时点到停止资本化时点的期间，借款费用暂停资本化的期间也包括在内。(　　)

5. 专门借款发生的利息费用，在资本化期间内，应当全部计入符合资本化条件的资产成本，但仍需要计算借款资本化率。(　　)

6. 符合资本化条件的资产在购建或者生产过程中发生非正常中断，且中断时间连续超过 3 个月的利息费用可以资本化。(　　)

7. 购建或者生产的资产的各部分分别完工，但必须等到整体完工后才可使用或者可对外销售的，应当在该资产整体完工时停止借款费用的资本化。(　　)

8. 符合资本化条件的资产，只是指需要经过相当长时间的购建才能达到预定可使用状态的固定资产。(　　)

9. 企业发生的借款费用，可直接归属于符合资本化条件的资产的购建或者生产的，应当予以资本化，计入相关资产成本；其他借款费用，应当在发生时根据其发生额大小确认是否会计入当期损益。(　　)

10. 为购建或者生产符合资本化条件的资产而借入专门借款的，企业应当根据累计资产支出超过专门借款部分的资产支出加权平均数乘以所占用专门借款的资本化率，计算确定专门借款应予资本化的利息金额。(　　)

四、计算分录题

1. 甲公司拟建造一栋厂房，预计工期为2年，有关资料如下：

(1)甲公司于2013年1月1日为该项工程专门借款3 000万元，借款期限为3年，年利率6%，利息按年支付。

(2)工程建设期间占用了两笔一般借款，具体如下：

①2012年12月1日向某银行借入长期借款4 000万元，期限为3年，年利率为9%，利息按年于每年年初支付。

②2013年7月1日按面值发行5年期公司债券3 000万元，票面年利率为8%，利息按年于每年年初支付，款项已全部收存银行。

(3)工程于2013年1月1日开始动工兴建，工程采用出包方式建造，当日支付工程款1 500万元。工程建设期间的支出情况如下：

2013年7月1日，3 000万元；

2014年1月1日，2 000万元；

2014年7月1日，3 000万元。

截至2014年年末，工程尚未完工。

其中，由于施工质量问题工程于2013年8月1日至11月30日停工4个月。

(4)专门借款中未支出部分全部存入银行，假定月利率为0.5%。假定全年按照360天计算，每月按照30天计算。

要求：

(1)计算2013年利息资本化和费用化的金额并编制会计分录。

(2)计算2014年利息资本化和费用化的金额并编制会计分录。

2. 甲公司于2013年1月1日动工兴建一办公楼，工程于2014年9月30日完工，达到预定可使用状态。甲公司建造工程资产支出如下：

(1)2013年4月1日，支出3 000万元；

(2)2013年6月1日，支出1 000万元；

(3)2013年7月1日，支出3 000万元；

(4)2014年1月1日，支出3 000万元；

(5)2014年4月1日，支出2 000万元；

(6)2014年7月1日，支出1 000万元。

甲公司为建造办公楼于2013年1月1日专门借款5 000万元，借款期限为3年，年利率为6%，按年支付利息。除此之外，无其他专门借款。办公楼的建造还占用两笔一般借款：

(1)从A银行取得长期借款4 000万元，期限为2012年12月1日至2015年12月1日，年利率为6%，按年支付利息。

(2)发行公司债券2亿元，发行日为2012年1月1日，期限为5年，年利率为8%，按年支付利息。

闲置专门借款资金用于固定收益债券暂时性投资，假定暂时性投资月收益率为0.25%，并收到款项存入银行。假定全年按360天计。

因原料供应不及时，工程项目于2013年8月1日至11月30日发生中断。

要求：

(1)计算2013年和2014年专门借款利息资本化金额及应计入当期损益的金额。

(2)计算2013年和2014年一般借款利息资本化金额及计入当期损益的金额。

(3)计算2013年和2014年利息资本化金额及应计入当期损益的金额。

(4)编制2013年和2014年与利息资本化金额有关的会计分录。

学习任务六

会计政策、会计估计变更和差错更正的会计处理

【职业能力目标】

能够界定判断会计政策变更、会计估计变更以及前期差错，并准确核算会计政策变更、会计估计变更以及更正前期差错。

【典型学习任务】

核算会计政策变更，核算会计估计变更，更正前期差错。

学习子任务一　核算会计政策变更

一、会计政策及其变更的含义

（一）会计政策的含义

会计政策，是指企业在会计确认、计量和报告中所采用的原则、基础和会计处理方法。

关于会计政策的选择、运用具有以下特点和要求：

1. 会计政策涉及会计原则、会计基础和具体的会计处理方法

（1）对会计原则的理解。

会计原则，是指企业按照企业会计准则规定的、适合企业会计核算的具体会计原则。也就是说，会计政策所指的会计原则不是笼统地指所有的会计原则。例如，真实性、相关性、实质重于形式等属于会计信息质量要求，是为了满足会计信息质量要求而制定的原则，是统一的、不可选择的，不属于具体原则；借款费用是费用化还是资本化等，即属于具体、特定的会计原则。

（2）对会计基础的理解。

会计基础，是指为将会计原则应用于交易或者事项而采取的会计基础，包括会计确认基础和会计计量基础。

会计确认基础包括权责发生制和收付实现制；会计计量基础包括历史成本、重置成本、可变现净值、现值和公允价值等。我国企业会计准则规定，企业应当以权责发生制为基础进行会计确认、计量和报告，因此，会计确认基础不具备选择性。换言之，会计政策所指的会计基础，主要是会计计量基础（即计量属性）。

（3）对会计处理方法的理解。

会计处理方法，是指企业在会计核算中按照法律、行政法规或者国家统一的会计制度等规定采用或者选择的、适合本企业的具体会计处理方法。

例如，允许企业选择先进先出法、加权平均法和个别计价法对发出存货的实际成本进行计价，就是具体的会计处理方法。

综上所述，会计原则、会计基础和会计处理方法三者之间是一个具有逻辑性的、密不可分的整体，通过这个整体，会计政策才得以选择和运用。

【学中做6－1】 会计政策是指（ ）。

A. 企业在会计确认、计量和报告中所采用的原则、基础和会计处理方法

B. 企业在会计确认中所采用的原则、基础和会计处理方法

C. 企业在会计计量中所采用的原则、基础和会计处理方法

D. 企业在会计报告中所采用的原则、基础和会计处理方法

正确答案：A

答案解析：会计政策，是指企业在会计确认、计量和报告中所采用的原则、基础和会计处理方法。

2. 企业应在法律、行政法规或者国家统一的会计制度等规定的会计政策范围内选择适用的会计政策

会计政策所包括的具体会计原则、计量基础和具体会计处理方法由会计准则或会计制度规定，具有一定的强制性。企业在发生某项经济业务时，必须从允许的会计原则、计量基础和会计处理方法中选择出适合本企业特点的会计政策。

3. 企业采用的会计政策，在每一会计期间和前后各期应当保持一致，不得随意变更

会计信息使用者需要比较一个以上期间的会计信息，以判断企业的财务状况、经营成果和现金流量的趋势。因此，企业选用的会计政策不得随意变更，以保证会计信息的可比性。但只要证据合理、条件符合，企业也可以变更会计政策。

企业应当披露重要的会计政策，不具有重要性的会计政策可以不予披露。判断会计政策是否重要，应当考虑与会计政策相关的项目的性质和金额。企业应当披露的重要会计政策主要包括以下内容：

（1）发出存货成本的计量，是指企业确定发出存货成本采用的会计处理。例如，企业发出存货成本的计量是采用先进先出法，还是采用其他计量方法。

（2）长期股权投资的后续计量，是指取得长期股权投资后的会计处理。例如，企业对被投资单位的长期股权投资是采用成本法核算，还是采用权益法核算。

（3）投资性房地产的后续计量，是指企业在资产负债表日对投资性房地产进行后续计量

所采用的会计处理。例如，企业对投资性房地产的后续计量是采用成本模式，还是公允价值模式。

(4)固定资产的初始计量，是指对取得的固定资产初始成本的计量。例如，企业取得的固定资产初始成本是以购买价款，还是以购买价款的现值为基础进行计量。

(5)无形资产的确认，是指对无形资产项目的支出是否确认为无形资产。例如，企业内部研究开发项目开发阶段的支出是确认为无形资产，还是计入当期损益。

(6)收入的确认，是指收入确认所采用的会计原则。例如，企业确认收入时要同时满足已将商品所有权上的主要风险和报酬转移给购货方、收入的金额能够可靠计量、相关经济利益很可能流入企业等条件。

(7)合同收入与费用的确认，是指确认建造合同的收入和费用所采用的会计处理方法。例如，企业确认建造合同的合同收入和合同费用采用完工百分比法。

(8)借款费用的处理，是指借款费用的会计处理，即是采用资本化，还是费用化。

(9)非货币性资产交换的计量，是指非货币性资产交换事项中对换入资产成本的计量。例如，非货币性资产交换是以换出资产的公允价值作为确认换入资产成本的基础，还是以换出资产的账面价值作为确认换入资产成本的基础。

(10)其他重要的会计政策。

【拓展思考】 会计政策即为会计核算的一般原则。你认为该说法对吗?

(二)会计政策变更的含义

会计政策变更，是指企业对相同的交易或者事项由原来采用的会计政策改用另一会计政策的行为。

一般情况下，企业采用的会计政策，在每一个会计期间和前后各期应当保持一致，不得随意变更。但是，在下述两种情形下，企业可以变更会计政策：

1. 法律、行政法规或者国家统一的会计制度等要求变更

这种情况是指按照法律、行政法规以及国家统一的会计制度的规定，要求企业采用新的会计政策，则企业应当按照法律、行政法规以及国家统一的会计制度的规定改变原会计政策，按照新的会计政策执行。

2. 会计政策变更能够提供更可靠、更相关的会计信息

这种情况是指由于经济环境、客观情况的改变，使企业原来采用的会计政策所提供的会计信息，已不能恰当地反映企业的财务状况、经营成果和现金流量等情况。在这种情况下，应改变原有会计政策，按新的会计政策进行核算，以对外提供更可靠、更相关的会计信息。

【学中做6－2】 下列事项中，符合企业会计准则规定的会计政策变更的有(　　)。

A. 因规避亏损而推迟终止借款费用资本化

B. 因原有会计政策不能可靠地反映企业的真实情况而改变会计政策

C. 因更换了董事长而改变会计政策

D. 投资企业因被投资企业发生亏损而改变股权投资的核算方法

正确答案：B

答案解析：企业可以变更会计政策的两种情况：法律或会计准则等行政法规、规章要求变更；变更会计政策以后，能够使所提供的企业财务状况、经营成果和现金流量信息更为可靠、更为相关，故选项B正确。

对会计政策变更的认定，直接影响会计处理方法的选择。因此，在会计实务中，企业应当正确认定属于会计政策变更的情形。下列两种情况不属于会计政策变更：

1. 本期发生的交易或者事项与以前相比具有本质差别而采用新的会计政策

会计政策是针对特定类型的交易或事项，如果发生的交易或事项与其他交易或事项有本质区别，那么，企业实际上是为新的交易或事项选择适当的会计政策，并没有改变原有的会计政策。

【学中做6－3】 甲公司以往租入的设备均为临时需要而租入的，按经营租赁会计处理方法进行核算，本年度起租赁的设备均改为融资租赁。

该公司原租入的设备为经营性租赁，现租入的设备改为融资租赁，由于经营租赁与融资租赁有着本质的差别，因而改变会计政策不属于会计政策的变更。

2. 对初次发生的或不重要的交易或者事项采用新的会计政策

对初次发生的某类交易或事项采用适当的会计政策，并未改变原有的会计政策。

【学中做6－4】 甲公司以前没有建造合同业务，当年签订一项建造合同为另一企业建造一艘大型船舶。对该项建造合同采用完工百分比法确认收入。

乙公司对初次发生的建造合同交易采用完工百分比法确认收入，不属于会计政策变更。

至于对不重要的交易或事项采用新的会计政策，不按会计政策变更条件作出会计处理并不影响会计信息的可比性，所以不作为会计政策变更。

【学中做6－5】 甲公司原在生产经营过程中使用少量的低值易耗品，并且价值较低，因此在领用低值易耗品时一次计入费用；但该公司于近期投产新产品，所需低值易耗品较多，且价值较大，对领用的低值易耗品摊销改为五五摊销法。

公司低值易耗品在企业生产经营中所占的费用比例并不大，改变低值易耗品处理方法后，对损益影响也不大，属于不重要的事项，会计政策的改变不属于会计政策变更。

【学中做6－6】 下列关于会计政策及其变更的表述中，正确的有(　　)。

A. 会计政策涉及会计原则、会计基础和具体会计处理方法

B. 变更会计政策表明以前会计期间采用的会计政策存在错误

C. 根据规定变更会计政策后应能够更好地反映企业的财务状况和经营成果

D. 本期发生的交易或事项与前期相比具有本质差别而采用新的会计政策，不属于会计政策变更

正确答案：ACD

答案解析：会计政策变更并不意味着以前的会计政策是错误的，而是采用变更后的会计政策会使得会计信息更加具有可靠性和相关性，所以选项B不正确。

【拓展思考】 甲、乙公司经协商后修改合同条款，将甲公司经营租赁给乙公司的一台设备改为融资租赁，之后甲、乙公司采用融资租赁的方法对该租赁进行核算。该变更是会计政

策变更吗?

二、核算会计政策变更的方法

发生会计政策变更时,有两种会计核算方法,即追溯调整法和未来适用法,两种方法适用于不同情形。

(一)追溯调整法

追溯调整法,是指对某项交易或事项变更会计政策,视同该项交易或事项初次发生时即采用变更后的会计政策,并以此对财务报表相关项目进行调整的方法。通常情况下,追溯调整法按照以下步骤进行:

1. 计算会计政策变更的累积影响数

会计政策变更的累积影响数,是指按照变更后的会计政策对以前各期追溯计算的列报前期最早期初留存收益应有金额与现有金额之间的差额。

换言之,会计政策变更的累积影响数为以下两者之间的差额:

(1)在变更会计政策当期,按变更后的会计政策对以前各期追溯计算所得到的列报前期最早期初留存收益金额;

(2)在变更会计政策当期,已有的列报前期最早期初留存收益金额。

【学中做 6—7】 会计政策变更的累积影响数是指(　　)。

A. 会计政策变更对当期税后净利润的影响数

B. 会计政策变更对当期投资收益、累计折旧等相关项目的影响数

C. 会计政策变更对以前各期追溯计算的列报前期最早期初留存收益应有金额与原有金额之间的差额

D. 会计政策变更对以前各期追溯计算后各有关项目的调整数

正确答案:C

答案解析:会计政策变更的累积影响数,是指按照变更后的会计政策对以前各期追溯计算的列报前期最早期初留存收益应有金额与现有金额之间的差额。

【学中做 6—8】 会计政策变更时,下列对于累积影响数的处理中正确的是(　　)。

A. 重新编制以前年度会计报表

B. 调整列报前期最早期初留存收益,其他相关项目的期初余额和列报前期披露的其他比较数据也应一并调整

C. 调整或反映为变更当期及未来各期会计报表相关项目的数字

D. 只需要在报表附注中说明其累积影响

正确答案:B

答案解析:会计政策变更采用追溯调整法进行处理的,将会计政策变更的累积影响数调整列报前期最早期初留存收益,其他相关项目的期初余额和列报前期披露的其他比较数据也应一并调整。

知识链接　　“列报前期最早期初”的理解

对于“列报前期最早期初”可通过以下假设来理解：

1. 假设只追溯调整资产负债表(假设是年度报表,下同)

资产负债表是余额报表,报表中的金额是累计余额;由于资产负债表只有期末数与年初数的比较,此时的会计政策变更累积影响数可定义为:按变更后的会计政策对以前各期追溯计算的变更年度期初留存收益应有金额与现有金额之间的差额。

2. 假设只追溯调整利润表

利润表是期间报表,表中的金额是本期(本年)发生额,与其他期间发生额无关;由于利润表是本期数与上期数的比较,因此,只需追溯调整列报当期的上期数。此时的会计政策变更累计影响数可定义为:按变更后的会计政策对列报前期追溯计算的变更年度期初留存收益应有金额与现有金额之间的差额。该定义中追溯调整的期间是指“列报前期”,而不是“以前各期”。

3. 假设要追溯调整所有者权益变动表

所有者权益变动表也是期间报表,是本年(本期)金额与上年(上期)金额的比较,而且本年金额栏和上年金额栏中都有“本年年初余额”项目,这实际上是所有者权益变动表把整个会计期间分为以下几个期间:以前会计期间至上年年初、上年、本年。此时的会计政策变更的累积影响数可定义为:按照变更后的会计政策对以前各期追溯计算的列报前期期初留存收益应有金额与现有金额之间的差额。该定义中的“列报前期期初”与原定义的“列报前期最早期初”仅有两字之差。

4. 假设要编制不相邻的两个期间的比较财务报表

此时会计政策变更的追溯调整的累积影响数,是指按照变更后的会计政策对以前各期追溯计算的列报前期最早期初留存收益应有金额与现有金额之间的差额。这也是会计准则对会计政策变更累积影响数的定义。由此可见,会计准则对会计政策变更累积影响数的定义更具有一般性,也更全面。

其实,资产负债表、利润表、所有者权益变动表就是比较财务报表,只不过是两个相邻期间的比较,所以当企业不编制不相邻的两年期间的比较财务报表时,会计政策变更累积影响数的定义就是第三种假设中的定义,即“列报前期最早期初”就是指“列报前期期初”。

关于会计政策变更累积影响数的计算需要说明以下几点:

(1)这里的留存收益,包括盈余公积和未分配利润,不考虑由于损益的变化而应当补分的利润或股利。

(2)变更会计政策当期已有的列报前期最早期初留存收益金额,在财务报表只提供列报项目上一个可比会计期间比较数据的情况下,即为上期资产负债表所反映的期初留存收益,可从上年资产负债表项目中获得。

(3)追溯调整后列报前期最早期初留存收益，是指扣除所得税后的净额，即追溯调整一般不涉及应交所得税的调整，但追溯调整如果涉及暂时性差异，则应考虑递延所得税和所得税费用的调整。

(4)会计政策变更的累积影响数通常可以通过以下各步计算获得：

第一步，根据新的会计政策重新计算受影响的前期交易或事项；

第二步，计算两种会计政策下的差异；

第三步，计算差异的所得税影响金额；

第四步，确定前期中每一期的税后差异；

第五步，计算会计政策变更的累计影响数。

2. 编制相关项目的调整分录

依据准则规定，编制相关会计分录。

3. 调整列报前期最早期初财务报表相关项目及其金额

对于比较财务报表期间的会计政策变更，应调整各该期间净利润各项目和财务报表其他相关项目，视同该政策在比较财务报表期间一直采用。对于比较财务报表可比期间以前的会计政策变更的累积影响数，应调整比较财务报表最早期间的期初留存收益，财务报表其他相关项目的数字也应一并调整。

4. 附注说明

【学中做 6—9】 甲公司是一家海洋石油开采公司，2002 年 10 月开始建造一座海上石油开采平台(根据法律法规规定，该开采平台在使用期满后要将其拆除，并需要对其造成的环境污染进行整治)。2003 年 12 月 26 日，该开采平台建造完成并投入使用，建造成本为 13 000万元，预计使用寿命为 10 年，采用平均年限法计提折旧。

2009 年 1 月 1 日甲公司开始执行企业会计准则，企业会计准则对于具有弃置义务的固定资产，要求将相关弃置费用计入固定资产成本，对之前尚未计入资产成本的弃置费用，应当进行追溯调整。

已知甲公司保存的会计资料比较齐备，可以通过会计资料追溯计算。甲公司预计该开采平台弃置费用 1 000 万元，假定折现率(即为实际利率)为 10%。不考虑所得税和其他税法因素的影响。该公司按净利润的 10%提取法定盈余公积。

(1)计算确认弃置义务后的累积影响数(如表 6—1 所示)：

2004 年 1 月 1 日，该开采平台计入资产成本弃置费用的现值＝1 000×(P/S, 10%, 10)＝385.5(万元)；每年应计提折旧＝385.5÷10＝38.55(万元)。

表 6—1 **会计政策变更的累积影响数** 单位：元

年 度	计息金额	实际利率	利息费用①	折旧②	税前差异 —(①＋②)	税后差异
2004	3 855 000.00	10%	385 500.00	385 500.00	—771 000.00	—771 000.00
2005	4 240 500.00	10%	424 050.00	385 500.00	—809 550.00	—809 550.00

续表

年 度	计息金额	实际利率	利息费用①	折旧②	税前差异 －(①＋②)	税后差异
2006	4 664 550.00	10%	466 455.00	385 500.00	－851 955.00	－851 955.00
2007	5 131 005.00	10%	513 100.50	385 500.00	－898 600.50	－898 600.50
小计			1 789 105.50	1 542 000.00	－3 331 105.50	－3 331 105.50
2008	5 644 105.50	10%	564 410.55	385 500.00	－949 910.55	－949 910.55
合　计			2 353 516.05	1 927 500.00	－42 810 16.05	－42 810 16.05

甲公司确认该开采平台弃置费用后的税后净影响额为－4 281 016.05 元，即为该公司确认该开采平台弃置费用后的累积影响数。

(2)会计处理：

①调整确认弃置费用。

借：固定资产——开采平台——弃置义务　　3 855 000

　　贷：预计负债——开采平台弃置义务　　3 855 000

②调整会计政策变更的累积影响数。

借：利润分配——未分配利润　　4 281 016.05

　　贷：累计折旧　　1 927 500

　　　　预计负债——开采平台弃置义务　　2 353 516.05

③调整盈余公积。

借：盈余公积——法定盈余公积(4 281 016.05×10%)　　428 101.61

　　贷：利润分配——未分配利润　　428 101.61

(3)报表调整：

甲公司在列报 2009 年财务报表时，应调整 2009 年资产负债表有关项目的年初余额、利润表有关项目的上年金额以及所有者权益变动表有关项目的上年金额和本年金额。

①资产负债表项目的调整。

固定资产调增 1 927 500.00 元，预计负债调增 6 208 516.05 元，盈余公积调减 428 101.61元，未分配利润调减 3 852 914.44 元。

②利润表项目的调整。

营业成本调增 385 500.00 元，财务费用调增 564 410.55 元，净利润调减 949 910.55 元。

③所有者权益变动表项目的调整。

上年金额：盈余公积调减 333 110.55 元，未分配利润调减 2 997 994.95 元，合计 3 331 105.5元。

本年金额：盈余公积调减 94 991.06 元，未分配利润调减 854 919.49 元，合计 949 910.55 元。

(4)附注说明。

2009 年 1 月 1 日，甲公司按照企业会计准则规定，对 2003 年 12 月 26 日建造完成并交付使用的开采平台的弃置义务进行确认。

此项会计政策变更采用追溯调整法，2008 年的比较报表已重新表述。2008 年运用新的政策追溯计算的会计政策变更累积影响数为－4 281 016.05 元。会计政策变更对 2008 年度报告的损益的影响为减少净利润 949 910.55 元，调减 2008 年的期末留存收益 4 281 016.05元，其中，调减盈余公积 428 101.61 元，调减未分配利润 3 852 914.44 元。

【拓展思考】 运用追溯调整法核算会计政策变更，需要调整财务报表哪一年的金额？

(二)未来适用法

未来适用法，是指将变更后的会计政策应用于变更日及以后发生的交易或者事项，或者在会计估计变更当期和未来期间确认会计估计变更影响数的方法。

在未来适用法下，不需要计算会计政策变更产生的累计影响数，也无须重编以前年度的财务报表。企业会计账簿记录及财务报表上反映的金额，变更之日仍保留原有的金额，不因会计政策变更而改变以前年度的既定结果，并在现有金额的基础上再按新的会计政策进行核算。

知识链接　　会计政策变更会计处理方法的选择

对于会计政策变更，企业应当根据具体情况，分别采用不同的会计处理方法：

1.法律、行政法规或者国家统一的会计制度等要求变更的情况下，企业应当分别以下情况进行处理：

(1)国家发布相关的会计处理办法，则按照国家发布的相关会计处理规定进行处理；

(2)国家没有发布相关的会计处理办法，则采用追溯调整法进行会计处理。

2.会计政策变更能够提供更可靠、更相关的会计信息的情况下，企业应当采用追溯调整法进行会计处理，将会计政策变更的累积影响数调整列报前期最早期初留存收益，其他相关项目的期初余额和列报前期披露的其他比较数据也应当一并调整。

3.确定会计政策变更对列报前期影响数不切实可行的，应当从可追溯调整的最早期间期初开始应用变更后的会计政策。在当期期初确定会计政策变更对以前各期累积影响数不切实可行的，应当采用未来适用法处理。

不切实可行，是指企业在作出所有合理努力后仍然无法采用某项规定。即，企业在采取所有合理的方法后，仍然不能获得采用某项规定所必需的相关信息，而导致无法采用该项规定，则该项规定在此时是不切实可行的。

对于以下特定前期，对某项会计政策变更应用追溯调整法或进行追溯重述以更正一项前期差错是不切实可行的：

(1)应用追溯调整法或追溯重述法的累积影响数不能确定。

(2)应用追溯调整法或追溯重述法要求对管理层在该期当时的意图作出假定。

续

(3)应用追溯调整法或追溯重述法要求对有关金额进行重新估计,并且不可能将提供有关交易发生时存在状况的证据(例如,有关金额确认、计量或披露日期存在事实的证据,以及在受变更影响的当期和未来期间确认会计估计变更的影响的证据)和该期间财务报告批准报出时能够取得的信息这两类信息与其他信息客观地加以区分。

在某些情况下,调整一个或者多个前期比较信息以获得与当期会计信息的可比性是不切实可行的。例如,企业因账簿、凭证超过法定保存期限而销毁,或因不可抗力而毁坏、遗失,如火灾、水灾等,或因人为因素,如盗窃、故意毁坏等,可能使当期期初确定会计政策变更对以前各期累积影响数无法计算,即不切实可行,此时,会计政策变更应当采用未来适用法进行处理。

【学中做 6—10】 下列事项中,应采用未来适用法处理会计政策变更的情况有(　　)。

A. 企业因账簿超过法定保存期限而销毁,引起会计政策变更的累积影响数无法确定

B. 企业账簿因不可抗力而毁坏引起累积影响数无法确定

C. 会计政策变更的累积影响数能够确定,但法律或行政法规要求对会计政策的变更采用未来适用法

D. 会计政策变更的累积影响数能够合理确定,但法律或行政法规要求对会计政策的变更采用追溯调整法

正确答案:ABC

答案解析:如果会计政策变更的累积影响数不能合理确定,无论是属于法规、规章要求而变更会计政策,还是因为经营环境、客观情况改变而变更会计政策,都可采用未来适用法进行会计处理。

知识链接　　**会计政策变更的披露**

企业应当在附注中披露与会计政策变更有关的下列信息:

1.会计政策变更的性质、内容和原因

包括:对会计政策变更的简要阐述、变更的日期、变更前采用的会计政策和变更后所采用的新会计政策及会计政策变更的原因。

2.当期和各个列报前期财务报表中受影响的项目名称和调整金额

包括:采用追溯调整法时,计算出的会计政策变更的累积影响数;当期和各个列报前期财务报表中需要调整的净损益及其影响金额,以及其他需要调整的项目名称和调整金额。

3.无法进行追溯调整的,说明该事实和原因以及开始应用变更后的会计政策的时点、具体应用情况

包括:无法进行追溯调整的事实;确定会计政策变更对列报前期影响数不切实可行的原因;在当期期初确定会计政策变更对以前各期累积影响数不切实可行的原因;开始应用新会计政策的时点和具体应用情况。

需要注意的是,在以后期间的财务报表中,不需要重复披露在以前期间的附注中已披露的会计政策变更的信息。

学习子任务二　核算会计估计变更

一、会计估计及其变更的含义

(一)会计估计的含义

会计估计,是指企业对其结果不确定的交易或事项以最近可利用的信息为基础所作的判断。

在会计核算中,企业总是力求保持会计核算的准确性,但有些经济业务本身具有不确定性,如坏账、固定资产折旧年限、固定资产残余价值、无形资产摊销年限等,因而需要根据经验作出估计。可以说,会计估计的存在是由于经济活动中内在的不确定性因素的影响,在进行会计核算和相关信息披露的过程中,会计估计是不可避免的。

在进行会计估计时,往往以最近可利用的信息或资料为基础,也并不会削弱会计确认和计量的可靠性。

企业应当披露重要的会计估计,不具有重要性的会计估计可以不予披露。判断会计估计是否重要,应当考虑与会计估计相关的项目的性质和金额。企业应当披露的重要会计估计主要包括以下内容:

(1)存货可变现净值的确定。

(2)采用公允价值模式下的投资性房地产公允价值的确定。

(3)固定资产的预计使用寿命与净残值,固定资产的折旧方法。

(4)使用寿命有限的无形资产的预计使用寿命与净残值。

(5)可收回金额按照资产组的公允价值减去处置费用后的净额确定的,确定公允价值减去处置费用后的净额的方法;可收回金额按照资产组预计未来现金流量的现值确定的,预计未来现金流量的确定。

(6)合同完工进度的确定。

(7)债务人债务重组中转让的非现金资产的公允价值、由债务转成的股份的公允价值和修改其他债务条件后债务的公允价值的确定;债权人债务重组中受让的非现金资产的公允价值、由债权转成的股份的公允价值和修改其他债务条件后债权的公允价值的确定。

(8)预计负债初始计量的最佳估计数的确定。

(9)金融资产公允价值的确定。

(10)非同一控制下企业合并成本的公允价值的确定。

(11)其他重要的会计估计。

(二)会计估计变更的含义

会计估计变更,是指由于资产和负债的当前状况及预期经济利益和义务发生了变化,从而对资产或负债的账面价值或者资产的定期消耗金额进行调整。

由于企业经营活动中内在不确定因素的影响,某些财务报表项目不能精确地计量,而只能加以估计。如果赖以进行估计的基础发生了变化,或者由于取得了新的信息、积累了更多的经验以及后来的发展变化,可能需要对会计估计进行修正。

通常情况下,会计估计变更的情形包括:

1. 赖以进行估计的基础发生了变化

企业进行会计估计,总是要依赖于一定的基础。如果其所依赖的基础发生了变化,则会计估计也应相应地发生变化。例如,企业的某项无形资产摊销年限原定为 15 年,但以后发生的情况说明该资产的受益年限已不足 10 年,应相应调减摊销年限。

2. 取得了新的信息,积累了更多的经验

企业进行会计估计是就现有资料对未来所作的判断,随着时间的推移,企业有可能取得新的信息、积累更多的经验,在这种情况下,企业可能不得不对会计估计进行修订,即发生会计估计变更。例如,企业原来根据当时能够得到的信息,对应收账款每年按其余额的 5%计提坏账准备;现掌握新的信息,判定不能收回的应收账款比例已达 15%,企业改按 15%的比例计提坏账准备。

会计估计变更,并不意味着以前期间的会计估计是错误的,只是由于情况发生了变化,或者掌握了新的信息、积累了更多的经验,使得变更会计估计能够更好地反映企业的财务状况和经营成果。如果以前期间的会计估计是错误的,则属于前期差错,应按前期差错更正的会计处理办法进行处理。

(三)会计估计变更与会计政策变更划分

企业应当正确划分会计估计变更与会计政策变更,并按照不同的方法进行相关会计处理。

企业应当以变更事项的会计确认、计量基础和列报项目是否发生变更作为判断该变更是会计估计变更还是会计政策变更的划分基础。

(1)以会计确认是否发生变更作为判断基础。《企业会计准则——基本准则》规定了资产、负债、所有者权益、收入、费用和利润 6 项会计要素的确认标准,是会计处理的首要环节。一般地,对会计确认的指定或选择是会计政策,其相应的变更是会计政策变更。会计确认的变更一般会引起列报项目的变更。

【学中做 6—11】 企业在前期将一项内部研发项目开发阶段的支出计入当期损益,而当期按照《企业会计准则第 6 号——无形资产》的规定,该项支出符合无形资产的确认条件,应当确认为无形资产。

该事项的会计确认发生变更,即前期将开发费用确认为一项费用,而当期将其确认为一项资产。该事项中会计确认发生变化,所以该变更属于会计政策变更。

(2)以计量基础是否发生变更作为判断基础。《企业会计准则——基本准则》规定了历史成本、重置成本、可变现净值、现值和公允价值 5 项会计计量属性,是会计处理的计量基础。一般地,对计量基础的指定或选择是会计政策,其相应的变更是会计政策变更。

【学中做 6—12】 企业在前期对购入的价款超过正常信用条件延期支付的固定资产初始计量采用历史成本,而当期按照《企业会计准则第 4 号——固定资产》的规定,该类固定资产的初始成本应以购买价款的现值为基础确定。

该事项的计量基础发生变化，所以该变更属于会计政策变更。

(3)以列报项目是否发生变更作为判断基础。《企业会计准则第 30 号——财务报表列报》规定了财务报表项目应采用的列报原则。一般地，对列报项目的指定或选择是会计政策，其相应的变更是会计政策变更。

【学中做 6－13】 企业在前期将商品采购费用列入营业费用，当期根据《企业会计准则第 1 号——存货》的规定，将采购费用列入成本。

因为列报项目发生变化，所以该变更是会计政策变更。当然这里也涉及会计确认的变更。

(4)根据会计确认、计量基础和列报项目所选择的、为取得与该项目有关的金额或数值所采用的处理方法，不是会计政策，而是会计估计，其相应的变更是会计估计变更。

综上所述，企业可以采用以下具体方法划分会计政策变更与会计估计变更：

分析并判断该事项是否涉及会计确认、计量基础或列报项目的变更。当至少涉及上述一项划分基础变更的，该事项是会计政策变更；不涉及上述划分基础变更时，该事项可以判断为会计估计变更。

换言之，在单个会计期间，会计政策决定了财务报表所列报的会计信息和列报方式；会计估计是用来确定与财务报表所列报的会计信息有关的金额和数值。

【学中做 6－14】 企业在前期将自行购建的固定资产相关的一般借款费用计入当期损益，而当期根据《企业会计准则第 17 号——借款费用》的规定，符合条件的有关借款费用应予以资本化。

该事项的计量基础未发生变更，即都是以历史成本作为计量基础；该事项的会计确认发生变更，即前期将借款费用确认为一项费用，而当期将其确认为一项资产；同时，会计确认的变更导致该事项在资产负债表和利润表相关项目的列报也发生变更。

该事项涉及会计确认和列报的变更，所以属于会计政策变更。

【学中做 6－15】 企业原采用双倍余额递减法计提固定资产折旧，根据固定资产使用的实际情况，企业决定改用平均年限法计提固定资产折旧。

该事项前后采用的两种计提折旧方法都是以历史成本作为计量基础，对该事项的会计确认和列报项目也未发生变更，只是固定资产折旧、固定资产净值等相关金额发生了变化。因此，该事项属于会计估计变更。

【拓展思考】 会计估计变更与会计政策变更如何划分？

【学中做 6－16】 下列各项中，不属于会计政策变更的有(　　)。

A. 无形资产摊销方法由生产总量法改为平均年限法

B. 因执行新会计准则将建造合同收入确认方法由完成合同法改为完工百分比法

C. 投资性房地产的后续计量由成本模式改为公允价值模式

D. 因执行新会计准则对子公司的长期股权投资由权益法改为成本法核算

正确答案：A

答案解析：选项 A 属于会计估计变更。

【学中做 6－17】 下列各项中，属于会计估计变更的有（　　）。

A. 固定资产折旧年限由 10 年改为 15 年

B. 发出存货计价方法由先进先出法改为加权平均法

C. 因或有事项确认的预计负债根据最新证据进行调整

D. 根据新证据，将使用寿命不确定的无形资产转为使用寿命有限的无形资产

正确答案：ACD

答案解析：选项 B 属于会计政策变更。

【学中做 6－18】 下列各项中，属于会计估计变更的有（　　）。

A. 所得税会计核算方法由应付税款法改为资产负债表法

B. 固定资产折旧方法由双倍余额递减法改为直线法

C. 对无形资产的摊销方法由产量法改为直线法

D. 存货跌价准备由单项计提变为按照存货类别计提

正确答案：BCD

答案解析：选项 A 属于会计政策变更。

二、核算会计估计变更的方法

会计估计变更应采用未来适用法处理，即在会计估计变更当期及以后期间，采用新的会计估计，不改变以前期间的会计估计，也不调整以前期间的报告结果。

第一，会计估计变更仅影响变更当期的，其影响数应当在变更当期予以确认。

第二，会计估计变更既影响变更当期又影响未来期间的，其影响数应当在变更当期和未来期间予以确认。

例如，固定资产的使用寿命或预计净残值的估计发生变更，影响变更当期及资产以后使用年限内各个期间的折旧费用。因此，此类会计估计的变更，应于变更当期及以后各期确认。

第三，会计估计变更的影响数应计入变更当期与前期相同的项目中。如果以前期间的会计估计变更的影响数计入企业日常经营活动损益，则以后期间也应计入日常经营活动损益；如果以前期间的会计估计变更的影响数计入特殊项目，则以后期间也应计入特殊项目。

第四，企业难以对某项变更区分为会计政策变更或会计估计变更的，应当作为会计估计变更处理。

【学中做 6－19】 下列情形中，应采用未来适用法处理的有（　　）。

A. 当期期初确定会计政策变更对以前各期累积影响数不切实可行

B. 固定资产折旧方法、预计使用年限发生变更

C. 难以对某项变更区分为会计政策变更或会计估计变更

D. 当期期初确定会计政策变更对以前各期累积影响数能够合理确定

正确答案：ABC

答案解析：固定资产折旧方法、预计使用年限和净残值的变更都属于会计估计变更，应采用未来适用法处理；企业难以对某项变更区分会计政策变更或会计估计变更的，应当将其作为会计估计变更，采用未来适用法处理；当期期初确定会计政策变更对以前各期累积影响数能够合理确定时，应采用追溯调整法处理。

【学中做6－20】 甲公司于2010年1月1日起开始计提折旧的管理用设备一台，原价为94 000元，预计使用年限为9年，预计净残值为4 000元，按平均年限法计提折旧。至2014年初，由于新技术发展等原因，需要对原估计的使用年限和净残值作出修正，修改后该设备预计尚可使用年限为3年，预计净残值为3 000元。公司适用的企业所得税税率为25%。

(1)不调整以前各期折旧，也不计算累积影响数。

(2)变更日以后改按新的估计提取折旧。

原会计估计每年折旧额＝(94 000－4 000)÷9＝10 000(元)

已使用4年折旧额＝10 000×4＝40 000(元)

2014年年初固定资产账面价值＝94 000－40 000＝54 000(元)

新会计估计每年折旧额＝(54 000－3 000)÷3＝17 000(元)

甲公司编制的会计分录如下：

借：管理费用	17 000	
贷：累计折旧		17 000

(3)附注说明。

本公司一台管理用设备成本为94 000元，原预计使用年限为9年，预计净残值为4 000元，按平均年限法计提折旧。由于新技术发展，该设备已不能按原预计使用年限计提折旧，本公司于2014年年初将该设备的预计尚可使用年限变更为3年，预计净残值变更为3 000元，以反映该设备在目前状况下的预计尚可使用年限和净残值。此会计估计变更将减少本年度净利润5 250元[(17 000－10 000)×(1－25%)]。

知识链接　　**会计估计变更的披露**

企业应当在附注中披露与会计估计变更有关的下列信息：

1. 会计估计变更的内容和原因

包括变更的内容、变更日期以及会计估计变更的原因。

2. 会计估计变更对当期和未来期间的影响数

包括会计估计变更对当期和未来期间损益的影响金额，以及对其他各项目的影响金额。

3. 会计估计变更的影响数不能确定的，披露这一事实和原因。

学习子任务三　更正前期差错

一、前期差错的含义

前期差错，是指由于没有运用或错误运用下列两种信息，而对前期财务报表造成省略漏报或错报：

（1）编报前期财务报表时预期能够取得并加以考虑的可靠信息。

（2）前期财务报告批准报出时能够取得的可靠信息。

前期差错通常包括计算错误、应用会计政策错误、疏忽或曲解事实以及舞弊产生的影响以及存货、固定资产盘盈等。

【拓展思考】 固定资产盘亏如何进行账务处理？

没有运用或错误运用上述两种信息而形成前期差错的情形主要有以下三种：

（1）计算以及账户分类错误。

【学中做6－21】 上期，企业购入五年期国债，意图长期持有，但在记账时计入交易性金融资产。

记账计入交易性金融资产导致账户分类上的错误，并导致在资产负债表上流动资产和非流动资产的分类也有误，即属于前期差错。

（2）采用法律、行政法规或者国家统一的会计制度等不允许的会计政策。

【学中做6－22】 上期，企业将固定资产已达到预定可使用状态后发生的借款费用计入该项固定资产的价值，予以资本化。

按照《企业会计准则第17号——借款费用》的规定，为购建固定资产的专门借款而发生的借款费用，符合资本化条件的，在固定资产达到预定可使用状态前发生的，应予以资本化，计入所购建固定资产的成本；在固定资产达到预定可使用状态后发生的，计入当期损益。

如果企业固定资产已达到预定可使用状态后发生的借款费用也计入该项固定资产的价值，并予以资本化，则属于采用法律或会计准则等行政法规、规章所不允许的会计政策，即属于前期差错。

（3）对事实的疏忽或曲解，以及舞弊。

【学中做6－23】 上期，企业对一项建造合同应按建造合同规定的方法确认营业收入，但该企业却按确认商品销售收入的原则确认收入，即属于前期差错。

需要说明的是，企业应严格区分会计估计变更与前期差错更正。对于前期根据当时的信息、假设等作了合理估计，在当期按照新的信息、假设等需要对前期估计金额作出变更的，应当作为会计估计变更处理，不应作为前期差错更正处理。

二、更正前期差错的方法

(一)不重要的前期差错的处理

> **知识链接** 前期差错重要性的判断
>
> 如果财务报表项目的遗漏或错误表述可能影响财务报表使用者所作出的经济决策，则该项目的遗漏或错误是重要的。
>
> 不重要的前期差错，是指不足以影响财务报表使用者对企业财务状况、经营成果和现金流量作出正确判断的前期差错。
>
> 重要的前期差错，是指足以影响财务报表使用者对企业财务状况、经营成果和现金流量作出正确判断的前期差错。
>
> 前期差错的重要性取决于在相关环境下对遗漏或错误表述的规模和性质的判断。前期差错所影响的财务报表项目的金额或性质，是判断该前期差错是否具有重要性的决定性因素。一般来说，前期差错所影响的财务报表项目的金额越大、性质越严重，其重要性水平越高。

对于不重要的前期差错，可以采用未来适用法更正。

对于不重要的前期差错，企业不需调整财务报表相关项目的期初数，但应调整发现当期与前期相同的相关项目。

属于影响损益的，应直接计入本期与上期相同的净损益项目；属于不影响损益的，应调整本期与前期相同的相关项目。

【学中做 6—24】 甲公司于 2014 年 12 月 31 日发现，一台价值 7 200 元应计入固定资产并于 2013 年 2 月 1 日开始计提折旧的管理用设备，在 2013 年计入当期费用。公司固定资产折旧采用直线法，预计使用年限为 4 年，假设不考虑净残值因素。

2014 年 12 月 31 日甲公司更正差错编制的会计分录如下：

借：固定资产	7 200	
贷：管理费用		3 750
累计折旧		3 450

【拓展思考】【学中做 6—24】中的累计折旧 3 450 元是如何计算的？

(二)重要的前期差错的处理

企业应当采用追溯重述法更正重要的前期差错，但确定前期差错累积影响数不切实可行的除外。

追溯重述法，是指在发现前期差错时，视同该项前期差错从未发生过，从而对财务报表相关项目进行更正的方法。

对于重要的前期差错，企业应当在其发现当期的财务报表中，调整前期比较数据。具体地说，企业应当在重要的前期差错发现当期的财务报表中，通过下述处理对其进行追溯更正：

(1)追溯重述差错发生期间列报的前期比较金额;

(2)如果前期差错发生在列报的最早前期之前,则追溯重述列报的最早前期的资产、负债和所有者权益相关项目的期初余额。

对于发生的重要前期差错,如影响损益,应将其对损益的影响数调整发现当期的期初留存收益,财务报表其他相关项目的期初数也应一并调整;如不影响损益,应调整财务报表相关项目的期初数。

在编制比较财务报表时,对于比较财务报表期间的重要的前期差错,应调整各该期间的净损益和其他相关项目,视同该差错在产生的当期已经更正;对于比较财务报表期间以前的重要的前期差错,应调整比较财务报表最早期间的期初留存收益,财务报表其他相关项目的数字也应一并调整。

需要说明的是,确定前期差错影响数不切实可行的,可以从可追溯重述的最早期间开始调整留存收益的期初余额,财务报表其他相关项目的期初余额也应当一并调整,也可以采用未来适用法。

【拓展思考】 划线更正法、红字冲销法以及补充登记法与前期差错更正方法在适用期间和范围上有什么区别?

【学中做 6—25】 下列关于会计政策、会计估计及其变更的表述中,正确的有(　　)。

A. 会计政策是企业在会计确认、计量和报告中所采用的原则、基础和会计处理方法

B. 会计估计以最近可利用的信息或资料为基础,不会削弱会计确认和计量的可靠性

C. 企业应当在会计准则允许的范围内选择适合本企业情况的会计政策,但一经确定,就不得随意变更

D. 按照会计政策变更和会计估计变更划分原则难以对某项变更进行区分的,应将该变更作为会计政策变更处理

正确答案:ABC

答案解析:按照会计政策变更和会计估计变更划分原则难以对某项变更进行区分的,应将该变更作为会计估计变更处理。

【学中做 6—26】 2013 年 12 月 31 日,甲公司发现 2012 年公司漏记一项管理用固定资产的折旧费用 300 000 元(假定会计与税法计提的折旧方法相同),所得税申报表中也未扣除该项费用。甲公司所得税税率为 25%,按净利润的 10%和 5%提取法定盈余公积和任意盈余公积。

甲公司编制的会计分录如下:

(1)补提折旧:

借:以前年度损益调整——管理费用　　300 000

　　贷:累计折旧　　300 000

(2)调整应交所得税:

借:应交税费——应交所得税　　75 000

　　贷:以前年度损益调整——所得税费用　　75 000

(3)将“以前年度损益调整”科目余额转入未分配利润：

借：利润分配——未分配利润	225 000	
贷：以前年度损益调整——本年利润		225 000

(4)调减盈余公积：

借：盈余公积——法定盈余公积	22 500	
——任意盈余公积	11 250	
贷：利润分配——未分配利润		33 750

(5)财务报表调整和重述(财务报表略)：

①资产负债表项目的调整。

累计折旧调增 300 000 元，应交税费调减 75 000 元，盈余公积调减 33 750 元，未分配利润调减 191 250 元。

②利润表项目的调整。

管理费用上年金额调增 300 000 元，所得税费用上年金额调减 75 000 元，净利润上年金额调减 225 000 元。

③所有者权益变动表项目的调整。

前期差错更正项目中盈余公积上年金额调减 33 750 元，未分配利润上年金额调减 191 250元，所有者权益合计上年金额调减 225 000 元。

④财务报表附注说明。

本年度发现 2012 年漏记管理用固定资产折旧 300 000 元，在编制 2013 年和 2012 年比较财务报表时，已对该项查错进行了更正。更正后，调减 2012 年净利润 225 000 元，调增累计折旧 300 000 元。

知识链接　　　　**前期差错更正的披露**

企业应当在附注中披露与前期差错更正有关的下列信息：

1.前期差错的性质。

2.各个列报前期财务报表中受影响的项目名称和更正金额。

3.无法进行追溯重述的，说明该事实和原因以及对前期差错开始进行更正的时点、具体更正情况。

在以后期间的财务报表中，不需要重复披露在以前期间的附注中已披露的前期差错更正的信息。

企业发现会计差错时，应当根据差错的性质及时纠正。

对于当期发现的、属于当期的会计差错，应调整本期相关项目。

对于年度资产负债表日至财务报告批准报出日之间发现的报告年度的会计差错及报告年度前不重要的前期差错，应按照《企业会计准则第 29 号——资产负债表日后事项》的规定进行处理。

【任务小结】

本学习任务主要包括：核算会计政策变更，核算会计估计变更，更正前期差错。

- 会计政策、会计估计变更和差错更正的会计处理
  - 核算会计政策变更
    - 会计政策及其变更的含义
    - 核算会计政策变更的方法
  - 核算会计估计变更
    - 会计估计及其变更的含义
    - 核算会计估计变更的方法
  - 更正前期差错
    - 前期差错的含义
    - 更正前期差错的方法

【做中学——职业技能·职业资格考试训练】

一、单项选择题

1. 下列各项中，属于会计政策变更的有(　　)。

A. 无形资产预计使用年限发生变化而改变摊销年限

B. 坏账准备的计提方法由余额百分比法改为账龄分析法

C. 固定资产经济利益实现方式发生变化而改变折旧方法

D. 两年前购置一项具有弃置义务的固定资产，本年年初开始执行新企业会计准则

2. 对本期发生的属于本期的会计差错，采取的会计处理方法是(　　)。

A. 不做任何调整　　B. 调整前期相同的相关项目

C. 调整本期相关项目　　D. 直接计入当期净损益项目

3. 甲公司发生的下列交易或事项中，属于会计政策变更的是(　　)。

A. 期末根据当期发生的暂时性差异产生的递延所得税负债调整本期所得税费用

B. 投资性房地产核算由成本模式计量改为公允价值模式计量

C. 因固定资产改良将其折旧年限由 8 年延长为 12 年

D. 固定资产折旧方法由直线法改为双倍余额递减法

4. 下列项目中，属于会计估计项目的是(　　)。

A. 固定资产的使用年限和折旧方法

B. 建造合同的收入确认采用完成合同法还是完工百分比法

C. 内部研发项目开发阶段的支出资本化还是费用化

D. 长期股权投资采用成本法核算还是权益法核算

5. 企业发生的下列交易或事项中，不属于会计政策变更的是(　　)。

A. 固定资产的使用年限和折旧方法

B. 建造合同的收入确认采用完成合同法还是完工百分比法

C. 内部研发项目开发阶段的支出资本化还是费用化

D. 长期股权投资采用成本法核算还是权益法核算

6. 对下列项目的判断中,属于会计政策的是( )。

A. 所得税费用采用资产负债表债务法核算

B. 无形资产的使用寿命

C. 计提坏账准备的比例

D. 固定资产的折旧方法

7. 甲公司于 2013 年 1 月 15 日取得一项无形资产价值 600 万元,2014 年 6 月 7 日甲公司发现 2013 年对该项无形资产仅摊销 11 个月。甲公司 2013 年度的财务会计报告已于 2014 年 4 月 12 日批准报出。该事项涉及的金额较大,不考虑其他因素,下列说法中正确的是( )。

A. 该事项为会计政策变更,采用追溯调整法进行处理

B. 该事项为重要会计差错,采用追溯重述法进行处理

C. 该事项为会计政策变更,不需追溯重述,采用未来适用法进行处理

D. 该事项为会计估计变更,不需追溯重述,采用未来适用法进行处理

8. 企业一台设备从 2012 年 1 月 1 日开始计提折旧,其原值为 650 万元,预计使用年限为 5 年,预计净残值为 10 万元,采用双倍余额递减法计提折旧。从 2014 年起,该企业将该固定资产的折旧方法改为年限平均法,设备的预计使用年限由 5 年改为 4 年,设备的预计净残值由 10 万元改为 4 万元。该设备 2014 年的折旧额为( )万元。

A. 260　　B. 156　　C. 115　　D. 112

9. 甲公司 2014 年 3 月在上年度财务会计报告批准报出后,发现 2012 年 10 月购入的专利权摊销金额出现错误,该专利权 2012 年应摊销的金额为 120 万元,2013 年应摊销的金额为 480 万元,2012 年、2013 年实际摊销金额均为 480 万元。甲公司对此重大会计差错采用追溯重述法进行会计处理,适用的所得税税率为 25%,按净利润的 10%提取法定盈余公积。甲公司 2014 年年初未分配利润应调增的金额为( )万元。

A. 270　　B. 243　　C. 648　　D. 324

二、多项选择题

1. 下列各项中,应采用未来适用法处理会计政策变更的情况有( )。

A. 企业因账簿超过法定保存期限而销毁,引起会计政策变更的累积影响数只能确定账簿保存期限内的部分

B. 企业账簿因不可抗力而毁坏,引起会计政策变更的累积影响数无法确定

C. 会计政策变更的累积影响数能够确定,但法律或行政法规要求对会计政策的变更采用未来适用法

D. 会计政策变更的累积影响数能够合理确定,法律或行政法规要求对会计政策的变更采用追溯调整法

2. 下列各项中，属于会计估计变更的有（　　）。
A. 固定资产的净残值率由9%改为7%
B. 存货的期末计价由成本法改为成本与可变现净值孰低法
C. 坏账准备的提取比例由15%降低为10%
D. 法定盈余公积的提取比例由15%降低为10%
3. 对会计政策变更采用追溯调整法确定累计影响数时，下列应考虑的因素有（　　）。
A. 会计政策变更导致留存收益的变动
B. 会计政策变更后的资产、负债的变化
C. 会计政策变更导致损益变化而带来的所得税变动
D. 会计政策变更导致损益变化而应补分的利润
4. 关于会计政策变更的累积影响数，下列说法中正确的有（　　）。
A. 计算会计政策变更累积影响数时，不需要考虑利润或股利的分配
B. 如果提供可比财务报表，则对于比较财务报表可比期间以前的会计政策变更累积影响数，应调整比较财务报表最早期间的期初留存收益
C. 如果提供可比财务报表，则对于比较财务报表期间的会计政策变更，应调整各该期间净损益各项目和财务报表其他相关项目
D. 累积影响数的计算不需要考虑所得税影响
5. 下列有关会计差错的处理中，正确的有（　　）。
A. 对于当期发生的重要的会计差错，调整当期项目的金额
B. 对发现以前年度影响损益的重要会计差错，应当调整发现当期的期初留存收益
C. 对于比较会计报表期间的重要会计差错，编制比较报表应调整各该期间的净损益及其他相关项目
D. 对于年度资产负债表日至财务报告批准报出日发现的报告年度的重要会计差错，应作为资产负债表日后的调整事项处理
6. 企业发生的下列事项中，不应作为重要差错更正的有（　　）。
A. 由于地震使厂房使用寿命受到影响，调减了厂房的预计使用年限
B. 委托代销方式销售商品，在发出商品时确认了收入
C. 由于出现新技术，将专利权的摊销年限由8年改为5年
D. 鉴于当期利润完成状况不佳，将固定资产的折旧方法由双倍余额递减法改为直线法
7. 对下列交易或事项进行会计处理时，不应调整年初未分配利润的有（　　）。
A. 对以前年度收入确认差错进行更正
B. 对不重要的交易或事项采用新的会计政策
C. 累积影响数无法合理确定的会计政策变更
D. 对当期发生的与以前相比具有本质差别的交易或事项采用新的会计政策
8. 下列说法中正确的有（　　）。
A. 会计估计变更仅影响当期的，其影响数应在变更当期予以确认

B. 会计估计变更仅影响以前期间的，其影响数应调整本期期初留存收益

C. 会计估计变更既影响当期又影响未来期间的，其影响数应当在变更当期和未来期间予以确认

D. 企业对某项会计变更难以区分是会计估计变更还是会计政策变更的，应作为会计估计变更

9. 下列会计政策变更的处理步骤中，正确的有（　　）。

A. 计算会计政策变更的累积影响数　　B. 进行相关的账务处理

C. 调整财务报表的相关项目　　D. 财务报表附注说明

10. 下列各项中，属于会计政策变更的是（　　）。

A. 无形资产摊销方法由直线法改为工作量法

B. 因执行新会计准则将建造合同收入确认方法由完成合同法改为完工百分比法

C. 投资性房地产的后续计量由成本模式改为公允价值模式

D. 发出存货的计量方法由个别计价法改为加权平均法

三、判断题

1. 将经营性租赁的固定资产通过变更合同转为融资租赁固定资产，在会计上应当作为会计政策变更处理。（　　）

2. 追溯重述法，是指在发现前期差错时，视同该项前期差错从未发生过，从而对财务报表相关项目进行更正的方法。（　　）

3. 对于前期重大会计差错，无法进行追溯重述的，应在报表附注中披露该事实和原因以及对前期差错开始进行更正的时点、具体更正情况。（　　）

4. 初次发生的交易或事项采用新的会计政策属于会计政策变更，应采用追溯调整法进行处理。（　　）

5. 固定资产的盘盈在未经批准前先记入“待处理财产损溢”科目，批准后再转入“营业外收入”科目核算。（　　）

6. 如果变更会计政策能够提供更相关、更可靠的财务状况、经营成果和现金流量的信息时，企业应变更会计政策。（　　）

7. 因新技术的发展而改变固定资产的净残值和预计使用年限应采用追溯调整法。（　　）

8. 未来适用法，是指将变更后的会计政策应用于变更日及以后发生的交易或者事项，或者在会计估计变更当期和未来期间确认会计估计变更影响数的方法。（　　）

9. 企业某项固定资产的折旧年限原预计使用寿命为10年，由于市场中新设备的出现，该资产总的使用寿命不足8年，该事项属于差错，按前期差错更正的规定进行会计处理。（　　）

四、计算分录题

甲房地产公司(以下简称甲公司)于2012年12月31日将一建筑物对外出租,租期为3年,每年12月31日收取租金180万元。出租时,该建筑物的成本为2 800万元,已计提折旧700万元(已经使用5年,每年计提折旧140万元,与税法规定一致)。该公司对投资性房地产采用成本模式进行后续计量,原预计使用年限为20年,甲公司对该建筑物采用年限平均法计提折旧,假设无残值。2013年12月31日该建筑物的公允价值为2 400万元。2014年1月1日,甲公司所在地的房地产交易市场逐渐活跃和成熟,具备了采用公允价值模式计量的条件,决定对该项出租的建筑物从成本模式转换为公允价值模式计量。2014年1月1日该建筑物的公允价值为2 400万元。甲公司适用的所得税税率为25%,按净利润的10%计提盈余公积。

要求:

(1)编制甲公司2012年将固定资产转为出租时的会计分录。

(2)编制甲公司2013年收取租金和计提折旧的会计分录。

(3)编制甲公司2014年1月1日建筑物从成本模式转换为公允价值模式计量的账务处理。

学习任务七

政府补助的会计处理

【职业能力目标】

能够界定政府补助，并能准确核算与收益相关的政府补助及与资产相关的政府补助。

【典型学习任务】

界定政府补助，核算政府补助。

学习子任务一 界定政府补助

一、政府补助的含义

政府补助，是指企业从政府无偿取得货币性资产或非货币性资产，但不包括政府作为企业所有者投入的资本。政府补助具有以下特征：

(一)政府补助是无偿的

政府向企业提供补助是单方面的，属于非互惠交易，政府并不因此享有企业的所有权，企业未来也不需要向政府以提供服务、转让资产等方式偿还。无偿性是政府补助的基本特征。

(二)政府补助通常附有条件

政府补助的附有条件主要包括政策条件和使用条件。

(1)政策条件。企业只有符合政府补助政策的规定，且具备申请政府补助资格的，才能取得政府补助。

(2)使用条件。企业已获批准取得政府补助的，应当按照政府规定的用途使用。

(三)直接取得资产

政府补助是企业从政府直接取得的资产，包括货币性资产和非货币性资产。例如，企业取得的财政拨款，以先征后返(退)、即征即退等方式返还的税款，行政划拨的土地使用权等。不涉及资产直接转移的经济支持不属于政府补助，如政府与企业间的债务豁免。

需要说明的是，政府代第三方支付给企业的款项，对于收款企业而言，不属于政府补助。

【拓展思考】 政府补助不包括政府作为企业所有者投入的资本。这种说法如何理解？

【学中做7－1】 关于政府补助，下列说法中正确的有（　　）。

A. 政府补助是无偿的、无条件的

B. 政府代第三方支付给企业的款项，对于收款企业而言不属于政府补助

C. 符合政策规定不一定都能够取得政府补助；不符合政策规定、不具备申请政府补助资格的，不能取得政府补助

D. 企业已获批准取得政府补助的，应当按照政府规定的用途使用

正确答案：BCD

答案解析：政府补助是无偿的，但通常附有政策条件和使用条件。因此，选项A不正确。

二、政府补助的形式

（一）财政拨款

财政拨款是政府为支持企业而无偿拨付的资金。例如，财政部门拨付给企业用于购建固定资产或进行技术改造的专项资金、鼓励企业安置职工就业而给予的奖励款项、拨付企业的粮食定额补贴、拨付企业开展研发活动的研发经费等均属于财政拨款。需要说明的是，政府无偿拨付企业的资金，通常在拨款时就明确了用途。

（二）财政贴息

财政贴息是政府为支持特定领域或区域发展，根据国家宏观经济形势和政策目标，对承贷企业的银行贷款利息给予的补贴。

财政贴息主要有两种方式：一是财政将贴息资金直接拨付给受益企业；二是财政将贴息资金拨付给贷款银行，由贷款银行以政策性优惠利率向企业提供贷款，受益企业按照实际发生的利率计算和确认利息费用。

（三）税收返还

税收返还是政府按照国家有关规定采取先征后返（退）、即征即退等办法向企业返还的税款，属于以税收优惠形式给予的一种政府补助。

增值税出口退税不属于政府补助。

除税收返还外的税收优惠，有直接减征、免征、增加计税抵扣额、抵免部分税额等形式，这类税收优惠体现政策导向，政府并未直接向企业无偿提供资产，不作为政府补助。

【拓展思考】 什么是出口退税？如何计算增值税的出口退税？

（四）无偿划拨非货币性资产

政府无偿划拨非货币性资产在实务中发生较少，有时会存在行政划拨土地使用权、天然起源的天然林等。

【学中做7－2】 下列各项中，不属于政府补助的是（　　）。

A. 收到的财政贴息

B. 政府无偿划拨非货币性资产

C. 收到政府作为资本性投入的财政拨款

D. 收到政府为支持企业技术创新无偿拨付的款项

正确答案:C

答案解析:政府补助不包括政府作为企业所有者投入的资本。

【学中做 7—3】 下列各项中,属于政府补助的有(　　)。

A. 增值税出口退税

B. 财政拨款

C. 先征后返的税金

D. 即征即退的税金

正确答案:BCD

答案解析:增值税的出口退税本质上是归还企业事先垫付的资金,不能认定为政府补助;政府补助必须是直接取得资产。因此,选项 A 不正确。

知识链接　　**政府补助的分类**

政府补助按补助对象可分为与资产相关的政府补助和与收益相关的政府补助。

1. 与资产相关的政府补助

与资产相关的政府补助,是指企业取得的、用于购建或以其他方式形成长期资产的政府补助。

2. 与收益相关的政府补助

与收益相关的政府补助,是指除与资产相关的政府补助之外的政府补助。

学习子任务二　核算政府补助

政府补助的核算主要包括与资产相关的政府补助核算和与收益相关的政府补助核算两方面内容。

知识链接　　**政府补助的确认和计量**

政府补助同时满足下列条件的,才能予以确认:

(1)企业能够满足政府补助所附条件;

(2)企业能够收到政府补助。

政府补助按照以下规定计量:

(1)政府补助为货币性资产的,应当按照收到或应收的金额计量。

(2)政府补助为非货币性资产的,应当按照公允价值计量;公允价值不能可靠取得的,按照名义金额计量。

一、核算与资产相关的政府补助

与资产相关的政府补助，应当确认为递延收益，并在相关资产使用寿命内平均分配，计入当期损益。但是，按照名义金额计量的政府补助，直接计入当期损益。

也就是说，企业取得与资产相关的政府补助，不能全额确认为当期收益，应随着相关资产的使用逐渐计入以后各期的收益。即：与资产相关的政府补助应先确认为递延收益，然后自相关资产可供使用时起，在该项资产使用寿命内平均分摊，计入当期营业外收入；相关资产在使用寿命结束时或结束前被处置（出售、转让、报废等），尚未分摊的递延收益余额应当一次性转入资产处置当期的收益，不再予以递延。

【学中做 7—4】 2008 年 1 月，甲公司需购置一台环保设备，预计价款为 500 万元，因资金不足，按相关规定向有关部门提出补助 210 万元的申请。2008 年 2 月 26 日，政府批准甲公司的申请并拨付 210 万元财政拨款（同日到账）。2008 年 3 月 20 日，甲公司购入不需安装环保设备，实际成本为 480 万元，使用寿命为 10 年，采用直线法计提折旧（假设无残值）。2014 年 3 月，甲公司出售该设备，取得价款 200 万元。（假定不考虑其他因素）

甲公司编制的会计分录如下：

（1）2008 年 2 月 26 日收到财政拨款并确认政府补助时：

借：银行存款	2 100 000	
贷：递延收益		2 100 000

（2）2008 年 3 月 20 日购入设备时：

借：固定资产	4 800 000	
贷：银行存款		4 800 000

（3）自 2008 年 4 月起每个资产负债表日（月末）计提折旧，同时分摊递延收益。

①计提折旧时：

借：管理费用	40 000	
贷：累计折旧		40 000

【拓展思考】 固定资产计提折旧的方法有哪几种？每月 40 000 元的折旧是如何计算的？

②分摊递延收益（月末）时：

借：递延收益	17 500	
贷：营业外收入		17 500

【拓展思考】 每月分摊的 17 500 元递延收益是如何计算的？

（4）2014 年 3 月出售设备，同时转销递延收益余额。

①出售设备时：

借：固定资产清理	1 920 000	
累计折旧	2 880 000	
贷：固定资产		4 800 000
借：银行存款	2 000 000	

贷：固定资产清理　　1 920 000

营业外收入　　80 000

②转销递延收益余额时：

借：递延收益　　840 000

贷：营业外收入　　840 000

【拓展思考】 转销的 840 000 元递延收益是如何计算的？

【学中做 7—5】 2013 年 6 月 1 日，甲公司为建造一项环保工程向银行贷款 400 万元，期限为 2 年，年利率为 6%。当年 12 月 31 日，甲公司向当地政府提出财政贴息申请。经审核，当地政府批准按照实际贷款额 400 万元给予甲公司年利率为 3%的财政贴息，共计 24 万元，分两次支付。2014 年 1 月 15 日，第一笔财政贴息资金 10 万元到账。2014 年 7 月 1 日，工程完工，第二笔财政贴息资金 14 万元到账，该工程预计使用寿命 10 年。

甲公司编制的会计分录如下：

(1)2014 年 1 月 15 日收到财政贴息确认政府补助时：

借：银行存款　　100 000

贷：递延收益　　100 000

(2)2014 年 7 月 1 日收到财政贴息确认政府补助时：

借：银行存款　　140 000

贷：递延收益　　140 000

(3)2014 年 7 月 1 日工程完工，开始分摊递延收益。自 2014 年 7 月 1 日起，每个资产负债表日(月末)账务处理如下：

借：递延收益　　2 000

贷：营业外收入　　2 000

【拓展思考】 每月分摊的 2 000 元递延收益是如何计算的？

二、核算与收益相关的政府补助

与收益相关的政府补助，应当分别下列情况处理：

(1)用于补偿企业以后期间的相关费用或损失的，确认为递延收益，并在确认相关费用的期间，计入当期损益。

(2)用于补偿企业已发生的相关费用或损失的，直接计入当期损益。

【学中做 7—6】 甲储备粮企业(以下简称甲企业)，2014 年实际粮食储备量为 1.2 亿斤。根据国家有关规定，财政部门按照企业的实际储备量给予每斤 0.03 元的粮食保管费补贴，于每个季度初支付。2014 年 1 月 10 日，甲企业收到财政拨付的补贴款。

甲企业编制的会计分录如下：

(1)2014 年 1 月 1 日确认应收的财政补贴款时：

借：其他应收款　　3 600 000

贷：递延收益　　3 600 000

(2)2014 年 1 月 10 日实际收到财政补贴款时：

借：银行存款　　3 600 000

　　贷：其他应收款　　3 600 000

(3)2014 年 1 月将补偿 1 月份保管费补贴计入当期收益时：

借：递延收益　　1 200 000

　　贷：营业外收入　　1 200 000

2014 年 2 月和 3 月的分录同上。

【学中做 7—7】 甲粮食企业(以下简称甲企业)为购买储备粮于 2014 年 3 月从国家农业发展银行贷款 2 000 万元，同期银行贷款年利率为 6%。自 2014 年 4 月开始，财政部门按有关规定于每季度初，按照甲企业的实际贷款额和贷款利率拨付给甲企业贴息资金。

甲企业的账务处理如下：

(1)2014 年 4 月实际收到财政贴息 30 万元时：

借：银行存款　　300 000

　　贷：递延收益　　300 000

【拓展思考】 30 万元财政贴息是如何计算的？

(2)将补偿 2014 年 4 月份利息费用的财政贴息 10 万元计入当期收益时：

借：递延收益　　100 000

　　贷：营业外收入　　100 000

【拓展思考】 4 月份分摊的 10 万元财政贴息是如何计算的？

2014 年 5 月和 6 月的分录同上。

【学中做 7—8】 按照规定，甲企业所生产的产品适用增值税先征后返政策，按实际缴纳增值税额返还 70%。2014 年 2 月，企业实际缴纳增值税税额 210 万元。2014 年 3 月，企业实际收到返还的增值税税额 147 万元。

甲企业编制的会计分录如下：

借：银行存款　　1 470 000

　　贷：营业外收入　　1 470 000

需要说明的是，企业取得针对综合性项目的政府补助，需要将其分解为与资产相关的部分和与收益相关的部分，分别进行会计处理；难以区分的，将政府补助整体归类为与收益相关的政府补助，视情况不同计入当期损益，或者在项目期内分期确认为当期收益。

【学中做 7—9】 甲企业 2011 年 12 月申请某国家级研发补贴。申报书有关内容如下：企业于 2011 年 1 月启动数字印刷技术开发项目，预计总投资 380 万元，为期 3 年，已投入资金 180 万元。项目还需新增投资 200 万元，计划自筹资金 80 万元、申请财政拨款 120 万元。

2012 年 1 月 1 日，主管部门批准企业的申报，签订的补贴协议规定：批准甲企业补贴申请，共补贴 120 万元，分两次拨付。合同签订日拨付 70 万元，验收时支付 50 万元。开发项目于 2014 年 1 月 1 日完工验收。

甲企业编制的会计分录如下：

(1)2012 年 1 月 1 日，实际收到拨款 70 万元时：

借：银行存款　　700 000

　　贷：递延收益　　700 000

(2)自 2012 年 1 月 1 日至 2013 年 12 月 31 日，每个资产负债表日分摊递延收益(假设按年分配)时：

借：递延收益　　350 000

　　贷：营业外收入　　350 000

(3)2014 年 1 月 1 日项目完工并通过验收，于 3 月 1 日收到拨付 50 万元时：

借：银行存款　　500 000

　　贷：营业外收入　　500 000

【学中做 7—10】 2012 年 9 月，甲企业按照有关规定为其自主创新的高新技术项目申报政府财政贴息，申报材料中表明该项目已于 2012 年 3 月启动，预计共需投入资金 1 900 万元，项目期为 2.5 年，已投入资金 500 万元。项目尚需新增投资 1 400 万元，其中计划贷款 800 万元，已与银行签订贷款协议，协议规定贷款年利率为 6%，贷款期为 2 年。

经审核，2012 年 11 月政府批准拨付甲企业贴息资金 70 万元，分别在 2013 年 10 月和 2014 年 10 月支付 36 万元和 34 万元。

甲企业编制的会计分录如下：

(1)2013 年 10 月实际收到贴息资金 30 万元时：

借：银行存款　　360 000

　　贷：递延收益　　360 000

(2)2013 年 10 月起，在项目期内分摊递延收益(假设按月分摊)时：

借：递延收益　　30 000

　　贷：营业外收入　　30 000

【拓展思考】 30 000 元财政贴息是如何计算的？

(3)2014 年 10 月实际收到贴息资金 34 万元时：

借：银行存款　　340 000

　　贷：营业外收入　　340 000

需要强调的是，已确认的政府补助需要返还的，应当分别下列情况处理：

(1)存在相关递延收益的，冲减相关递延收益账面余额，超出部分计入当期损益；

(2)不存在相关递延收益的，直接计入当期损益。

知识链接　　**政府补助的披露**

企业应当在附注中披露与政府补助有关的下列信息：

(1)政府补助的种类及金额。

(2)计入当期损益的政府补助金额。

(3)本期返还的政府补助金额及原因。

【任务小结】

本学习任务主要包括:界定政府补助,核算政府补助。

- 政府补助的会计处理
  - 界定政府补助
    - 政府补助的含义
    - 政府补助的形式
  - 核算政府补助
    - 核算与资产相关的政府补助
    - 核算与收益相关的政府补助

【做中学——职业技能·职业资格考试训练】

一、单项选择题

1. 下列项目中,属于与收益相关的政府补助的是(　　)。

A. 政府拨付的用于企业购买无形资产的财政拨款

B. 政府向企业无偿划拨长期非货币性资产

C. 政府对企业用于建造固定资产的相关贷款给予的财政补贴

D. 企业收到的先征后返的增值税

2. 企业从政府无偿取得的森林,难以按照公允价值计量,只能以名义金额计量,在取得森林时贷记的会计科目是(　　)。

A.“资本公积”10 000 元　　B.“营业外收入”10 000 元

C.“其他业务收入”10 000 元　　D.“营业外收入”1 元

3. 企业收到用于补偿以后将发生的费用或损失的政府补助,应在取得时计入(　　)。

A. 递延收益　　B. 营业外收入

C. 资本公积　　D. 其他业务收入

4. 下列各项中,不属于政府补助的是(　　)。

A. 财政拨款　　B. 先征后返的增值税

C. 行政划拨土地使用权　　D. 直接减征的税款

5. 下列关于政府补助的说法中,错误的是(　　)。

A. 企业取得的与收益相关的政府补助,用于补偿以后期间费用或损失的,在取得时先确认为递延收益,然后在确认相关费用的期间计入当期营业外收入

B. 与收益相关的政府补助应在其取得时直接计入当期营业外收入

C. 与资产相关的政府补助在相关资产使用寿命结束时或结束前被处置时,尚未分摊的递延收益余额应一次性转入当期营业外收入

D. 企业取得的针对综合性项目的政府补助,需将其分解为与资产相关的部分和与收益相关的部分,分别进行处理

6. 企业取得的、用于购建或以其他方式形成长期资产的政府补助，不能直接确认为当期损益，应当确认为递延收益，自相关资产达到预定可使用状态时起，在该资产使用寿命内平均分配，分次记入以后各期的会计科目是(　　)。

A.“管理费用”　　　　B.“财务费用”

C.“营业外收入”　　　　D.“营业外支出”

7. 政府补助为非货币性资产的，应当按照公允价值计量；公允价值不能可靠取得的，按照(　　)计量。

A. 名义金额　　　　B. 评估价值

C. 市价　　　　D. 未来现金流量

二、多项选择题

1. 政府补助的方式有(　　)。

A. 财政拨款　　　　B. 财政贴息

C. 税收返还　　　　D. 无偿提供贷款

2. 下列各项中，属于政府补助的主要特征的有(　　)。

A. 无偿的　　　　B. 无条件的

C. 互惠的　　　　D. 直接取得资产

3. 下列各项中，属于政府补助的有(　　)。

A. 直接减免的税款　　　　B. 财政拨款

C. 税收返还　　　　D. 行政划拨的土地使用权

4. 下列各项中，属于与资产相关的政府补助的是(　　)。

A. 政府拨付的用于企业购买无形资产的财政拨款

B. 政府对企业用于建造固定资产的相关贷款给予的财政贴息

C. 政府对企业储备特种物资给予的补贴款

D. 政府对企业生产的先进产品执行税款的先征后返政策

5. 下列有关政府补助的表述中，正确的有(　　)。

A. 政府补助是企业从政府无偿取得的货币性资产或非货币性资产，但政府作为企业所有者进行的资本性投入不应作为政府补助

B. 政府直接减征、免征、增加计税抵扣额、抵免部分税额等税收返还以外的税收优惠，不能作为政府补助处理

C. 政府补助只有在能够满足其所附条件且能够收到的情况下，才能予以确认

D. 政府补助应区分与资产相关和与收益相关两类，分别不同情况确认为递延收益或直接计入当期损益

6. 下列有关与收益相关的政府补助的确认的表述中，正确的有(　　)。

A. 用于补偿企业以后期间的相关费用或损失的，确认为递延收益，并在确认相关费用的期间计入当期损益

B. 用于补偿企业已发生的相关费用或损失的，直接计入当期损益

C. 用于补偿企业已发生的相关费用或损失的，应当调整期初留存收益

D. 用于补偿企业以后期间的相关费用或损失的，应直接计入当期损益

7. 下列有关政府补助的论述中，正确的有（　　）。

A. 政府补助是无偿的

B. 政府补助的方式是企业直接从政府那里取得资产

C. 政府资本性投资不属于政府补助

D. 直接减征税款因其无偿性也应定义为政府补助

三、判断题

1. 政府向企业提供补助具有无偿性的特点。政府并不因此而享有企业的所有权，企业未来也不需要以提供服务、转让资产等方式偿还。（　　）

2. 与资产和收益均相关的政府补助，如果难以区分哪些与资产相关、哪些与收益相关，则应该将整项政府补助归类为与收益相关的政府补助。（　　）

3. 企业取得与资产相关的政府补助，应全额确认为当期收益。（　　）

4. 政府给予企业的货币性或非货币性资产，均属于政府补助。（　　）

5. 与收益相关的政府补助，应在其补偿的相关费用或损失发生的期间计入损益。（　　）

四、计算分录题

1. 2012 年 3 月 1 日，政府拨付 A 公司 1 000 万元财政拨款（同日到账），要求用于购买大型科研设备 1 台；并规定若有结余，留归公司自行支配。2012 年 4 月 1 日，A 公司购入大型设备，以银行存款支付实际成本 960 万元，同日采用出包方式委托丙公司开始安装。2012 年 6 月 30 日安装完毕，工程完工后，收到有关工程结算单据，实际安装费用为 40 万元，以银行存款支付。同日交付研发新产品的部门使用，使用寿命为 5 年，预计净残值为 40 万元，采用年数总和法计提年折旧额。2014 年 6 月 30 日，A 公司出售了这台设备，取得价款 700 万元。

要求：根据上述资料，编制相关会计分录。

2. 2013 年 1 月 1 日，B 企业为建造一项环保用固定资产向银行专门借款 1 000 万元，期限为 2 年，年利率为 6%，每年年末付息。当年 1 月 1 日，B 企业向当地政府提出财政贴息申请。2013 年 1 月 1 日支付工程款 1 000 万元。经审核，当地政府批准按照实际贷款额 1 000 万元给予 B 企业年利率为 3% 的财政贴息，共计 60 万元（1 000×3%×2），分两次支付。2013 年 6 月 15 日，第一笔财政贴息资金 30 万元到账。2013 年 12 月 31 日，工程完工，支付工程余款 500 万元。该固定资产预计使用寿命为 10 年，采用直线法计提折旧，不考虑净残值。此外第二笔财政贴息资金 30 万元到账。

要求：根据上述资料，编制相关会计分录。

学习任务八

外币折算的会计处理

【职业能力目标】

能够准确核算外币交易业务，并按规定方法准确折算外币财务报表。

【典型学习任务】

核算外币交易，折算外币财务报表。

学习子任务一　核算外币交易

一、外币交易的含义

外币交易，是指以外币计价或者结算的交易，主要包括：

(1)买入或者卖出以外币计价的商品或者劳务。企业在生产过程中，因国内技术所限，从国外购买原材料，或为开拓国际市场，向国外出口商品。

(2)借入或者借出外币资金。企业在生产过程中，因国内资金限制，从国外银行或其他金融机构借款。

(3)其他以外币计价或者结算的交易。例如，企业接受国外投资者以外币投资。

【拓展思考】 外币交易，是以人民币以外的货币计价或者结算的交易。这种说法正确吗?

需要说明的是，外币是企业记账本位币以外的货币。

知识链接　　**记账本位币的选定**

记账本位币,是指企业经营所处的主要经济环境中的货币。

企业通常应选择人民币作为记账本位币。业务收支以人民币以外的货币为主的企业,可以按照下列规定选定其中一种货币作为记账本位币。但是,编报的财务报表应当折算为人民币。

企业选定记账本位币,应当考虑下列因素:

(1)该货币主要影响商品和劳务的销售价格,通常以该货币进行商品和劳务的计价和结算;

(2)该货币主要影响商品和劳务所需人工、材料和其他费用,通常以该货币进行上述费用的计价和结算;

(3)融资活动获得的货币以及保存从经营活动中收取款项所使用的货币。

企业的记账本位币,可以理解为企业主要的经营环境中所使用的货币。主要的经营环境是指企业的经营活动和筹资活动,如果企业在主要的经营环境中,主要的货币是人民币,则以人民币作为企业的记账本位币;如果企业在主要的经营环境中,主要的货币是美元,则以美元作为企业的记账本位币。因此,记账本位币的使用,不是以企业所在的国家或地区为标准的,在中国境内的企业不一定使用人民币作为记账本位币。

【拓展思考】 对于一个企业而言,外币是人民币以外的货币。这种说法正确吗?

需要强调的是,企业记账本位币一经确定,不得随意变更,除非企业经营所处的主要经济环境发生重大变化。企业因经营所处的主要经济环境发生重大变化,确需变更记账本位币的,应当采用变更当日的即期汇率将所有项目折算为变更后的记账本位币。

【拓展思考】 如何确定记账本位币?

【学中做8-1】 下列关于记账本位币的选择和变更的说法中,正确的有(　　)。

A. 记账本位币的选择应根据企业经营所处的主要经济环境的改变而改变

B. 只有当有确凿证据表明企业所处的主要经济环境发生重大变化时,企业才可变更记账本位币

C. 企业经批准变更记账本位币的,应采用变更当日的即期汇率将所有项目折算为变更后的记账本位币

D. 在变更记账本位币时,由于采用变更当日的即期汇率折算所产生的汇兑差额应计入财务费用

正确答案:BC

答案解析:选项A,企业记账本位币一经确定,不得随意变更,除非企业经营所处的主要经济环境发生重大变化。确需变更记账本位币的,应采用变更当日的即期汇率将所有项目折算为变更后的记账本位币。选项D,由于折算时采用的是同一即期汇率(变更当日的即期汇率),所以不会产生汇兑差额。

知识链接　　　　境外经营的记账本位币的选定

境外经营，是指企业在境外的子公司、合营企业、联营企业、分支机构。在境内的子公司、合营企业、联营企业、分支机构，采用不同于企业记账本位币的，也视同境外经营。

企业选定境外经营的记账本位币，还应当考虑下列因素：

(1)境外经营对其所从事的活动是否拥有很强的自主性；

(2)境外经营活动中与企业的交易是否在境外经营活动中占有较大比重；

(3)境外经营活动产生的现金流量是否直接影响企业的现金流量、是否可以随时汇回；

(4)境外经营活动产生的现金流量是否足以偿还其现有债务和可预期的债务。

二、核算外币交易的方法

在我国，金融企业外币账户采用的是分账制，不需要在业务发生时折算成记账本位币，而应是在期末将报表按照记账本位币折算。

对于非金融企业，采用的是统账制，即所涉及的外币业务，在交易发生时，就需要将外币账户折成记账本位币记账。

外币账户通常分为三类：

(1)外币现金账户：库存现金、银行存款。

(2)外币债权账户：应收账款、应收票据等。

(3)外币债务账户：应付账款、应付票据、短期借款、应付债券等。

外币交易的核算，主要包括交易日的核算、资产负债表日及结算日的核算。

(一)交易日的核算

企业对于发生的外币交易，应当将外币金额折算为记账本位币金额。

外币交易应当在初始确认时，采用交易发生日的即期汇率将外币金额折算为记账本位币金额；也可以采用按照系统合理的方法确定的、与交易发生日即期汇率近似的汇率折算。

即期汇率，通常是指中国人民银行公布的当日人民币外汇牌价的中间价。企业发生的外币兑换业务或涉及外币兑换的交易事项，应当按照交易实际采用的汇率(即银行买入价或卖出价)折算。

即期汇率的近似汇率，是指按照系统合理的方法确定的、与交易发生日即期汇率近似的汇率，通常采用当期平均汇率或加权平均汇率等。

企业通常应当采用即期汇率进行折算。汇率变动不大的，也可以采用即期汇率的近似汇率进行折算。

1. 外币买卖业务

外币买卖，是指企业从银行等金融机构购入外币(对于银行来说，则是卖出外币)或向银行等金融机构售出外币(对于银行来说，则是买入外币)。

【学中做8－2】 甲公司外币业务（记账本位币为人民币）采用交易发生时的即期汇率折算。2014年4月7日将60 000美元到银行兑换为人民币，银行当日的美元买入价为1美元＝6.18元人民币，当日中间价为1美元＝6.20元人民币。

公司是卖美元，应对“银行存款——美元户”做减少记录，对“银行存款——人民币户”做增加记录，两者之间的差额作为当期财务费用。

甲公司编制的会计分录如下：

借：银行存款（人民币户）（60 000×6.18）　　370 800

　　财务费用　　1 200

　　贷：银行存款——美元户（60 000×6.20）　　372 000

企业取得人民币，但是从银行的角度看是买入美元，所以企业应使用银行买入价计算取得的人民币的金额；同时，还应采用交易日的平均汇率将银行存款美元账户折算成人民币，两者的差额计入财务费用。

【学中做8－3】 乙公司外币业务（记账本位币为人民币）采用交易发生时的即期汇率折算。2014年4月10日因外币支付需要，从银行购入30 000美元，银行当日的美元卖出价为1美元＝6.20元人民币，当日中间价为1美元＝6.19元人民币。

公司是买美元，应对“银行存款——美元户”做增加记录，对“银行存款——人民币户”做减少记录，两者之间的差额作为当期财务费用。

乙公司编制的会计分录如下：

借：银行存款——美元户（30 000×6.19）　　185 700

　　财务费用　　300

　　贷：银行存款（人民币户）（30 000×6.20）　　186 000

企业取得美元，但是从银行的角度看是卖出美元，所以企业应使用银行卖出价计算支付的人民币的金额；同时，还应采用交易日的平均汇率将银行存款美元账户折算成人民币，两者的差额计入财务费用。

2. 以外币计价的商品购销业务

企业从国外或境外购进原材料、商品或引进设备，按照即期汇率或即期汇率的近似汇率将支付的外币或应支付的外币折算为记账本位币记账，以确定购入原材料等货物及债务的入账价值，同时按照折算后的记账本位币金额登记有关账户。

【学中做8－4】 甲公司外币业务（记账本位币为人民币）采用交易发生时的即期汇率折算。2014年4月13日从境外购入不需要安装的机器设备一台，设备价款为355 000美元，购入该设备时即期汇率为1美元＝6.20元人民币，款项尚未支付。假设不考虑增值税、关税等相关税费，货款尚未收到。

甲公司编制的会计分录如下：

借：固定资产——机器设备　　2 201 000

　　贷：应付账款——美元户（355 000×6.20）　　2 201 000

企业出口商品或产品时，按照即期汇率或即期汇率的近似汇率将外币销售收入折算为记账本位币记账；同时将出口销售取得的款项或发生的债权，按照折算后的记账本位币金额登记有关账户。

【学中做 8—5】 甲公司属于增值税一般纳税企业，其外币业务(记账本位币为人民币)采用交易发生时的即期汇率折算。2014 年 4 月 17 日出口销售商品 12 000 件，销售合同规定的销售价格为每件 250 美元，当日的即期汇率为 1 美元＝6.19 元人民币。假设不考虑增值税等相关税费，货款尚未收到。

甲公司编制的会计分录如下：

借：应收账款——美元户(12 000×250×6.19)　　18 570 000

　　贷：主营业务收入　　18 570 000

3. 外币借贷业务

企业借入外币时，按照借入外币时的即期汇率或即期汇率的近似汇率折算为记账本位币的金额登记入账。

【学中做 8—6】 甲公司的记账本位币为人民币，其外币交易采用交易日即期汇率折算。2014 年 4 月 20 日借入美元 150 000 元，期限为 6 个月，年利率为 5%(等于实际利率)，借入的外币暂存银行。借入时的即期汇率为 1 美元＝6.17 元人民币。

甲公司编制的会计分录如下：

借：银行存款——美元户(150 000×6.17)　　925 500

　　贷：短期借款——美元户　　925 500

4. 接受外币资本投资业务

企业收到投资者以外币投入的资本，应当采用交易发生日即期汇率折算，不得采用合同约定汇率和即期汇率的近似汇率折算，外币投入资本与相应的货币性项目的记账本位币金额相等，不产生外币资本折算差额。

【学中做 8—7】 甲公司(非股份有限公司)的记账本位币为人民币，其外币交易采用交易日即期汇率折算。2014 年 4 月 30 日，甲公司为增资扩股与某外商签订投资合同，当日收到外商投入资本 2 000 000 美元，当日的即期汇率为 1 美元＝6.15 元人民币，其中，12 000 000元人民币作为注册资本的组成部分。假定投资合同约定的汇率为 1 美元＝6.20 元人民币。

甲公司编制的会计分录如下：

借：银行存款——美元户(2 000 000×6.15)　　12 300 000

　　贷：实收资本——××　　12 000 000

　　　　资本公积——资本溢价　　300 000

【拓展思考】 若【学中做 8—7】中投资合同约定的汇率为 1 美元＝6.18 元人民币，又该如何编制会计分录？

【学中做 8—8】 企业发生的下列外币业务中，即使汇率变动不大，也不得使用即期汇率的近似汇率进行折算的是(　　)。

A. 取得的外币借款

B. 投资者以外币投入的资本

C. 以外币购入的固定资产

D. 销售商品取得的外币营业收入

正确答案:B

答案解析:企业收到投资者以外币投入的资本,无论是否有合同约定汇率,均不得采用合同约定汇率和即期汇率的近似汇率折算,而应采用交易日的即期汇率折算。

(二)资产负债表日及结算日的核算

在资产负债表日,企业应当分别外币货币性项目和外币非货币性项目进行处理。

知识链接　　资产负债表日

资产负债表日是指会计年度末和会计中期期末。

我国的会计年度采用公历年度,即1月1日至12月31日,因此,年度资产负债表日为每年的12月31日。

中期是指短于一个完整的会计年度的报告期间,中期资产负债表日为各会计中期期末,包括月末、季末和半年末。

1. 外币货币性项目

货币性项目,是指企业持有的货币资金和将以固定或可确定的金额收取的资产或者偿付的负债。

货币性项目分为货币性资产和货币性负债。货币性资产包括库存现金、银行存款、应收账款、应收票据以及准备持有至到期的债券投资等;货币性负债包括短期借款、应付账款、其他应付款、长期借款、应付债券、长期应付款等。

外币货币性项目,在资产负债表日及结算日,应以当日即期汇率折算外币货币性项目,该项目因当日即期汇率不同于初始入账时或前一资产负债表日即期汇率而产生的汇率差额计入当期损益。

【学中做8—9】 承【学中做8—4】,2014年4月30日,甲公司尚未支付所欠货款。当日即期汇率为1美元=6.15元人民币。

对该笔交易产生的外币货币性项目"应付账款"采用期末即期汇率进行折算,折算为记账本位币2 183 250元(300 000×6.15),与其原记账本位币2 201 000元之间的差额17 750元计入当期损益。

甲公司编制的会计分录如下:

借:应付账款——美元户[355 000×(6.20—6.15)]　　17 750

　　贷:财务费用　　17 750

【学中做8—10】 承【学中做8—5】,2014年4月30日,甲公司尚未收回货款。当日即期汇率为1美元=6.15元人民币。

对该笔交易产生的外币货币性项目"应收账款"采用期末即期汇率进行折算,折算为记账本位币 18 450 000 元(12 000×250×6.15)，与其原记账本位币 18 570 000 元之间的差额 18 570 000 元计入当期损益。

甲公司编制的会计分录如下：

借：财务费用　　120 000

　　贷：应收账款——美元户[12 000×250×(6.19－6.15)]　　120 000

假定 2014 年 6 月 7 日收到上述货款，兑换成人民币直接存入银行，当日银行的美元买入价为 1 美元＝6.17 人民币元。

甲公司编制的会计分录如下：

借：应收账款——美元户　　18 450 000

　　财务费用　　60 000

　　贷：银行存款——美元户(12 000×250×6.17)　　18 510 000

【学中做 8－11】 承【学中做 8－6】，2014 年 4 月 30 日，甲公司尚未偿还借款。假定借款自 5 月 1 日开始计息。当日即期汇率为 1 美元＝6.15 元人民币。

对该笔交易产生的外币货币性项目“短期借款——美元户”采用期末即期汇率进行折算，折算为记账本位币 922 500 元(150 000×6.15)，与其原记账本位币 925 500 元之间的差额 3 000 元计入当期损益。

对该笔交易产生的外币货币性项目“银行存款——美元户”采用期末即期汇率进行折算，折算为记账本位币 922 500 元(150 000×6.15)，与其原记账本位币 925 500 元之间的差额 3 000 元计入当期损益。

甲公司编制的会计分录如下：

借：短期借款——美元户[150 000×(6.17－6.15)]　　3 000

　　贷：财务费用　　3 000

借：财务费用　　3 000

　　贷：银行存款[150 000×(6.17－6.15)]　　3 000

2. 外币非货币性项目

非货币性项目，是指货币性项目以外的项目，包括存货、长期股权投资、固定资产、无形资产等。

【拓展思考】 什么是货币性项目？什么是非货币性项目？

(1)以历史成本计量的外币非货币性项目，仍采用交易发生日的即期汇率折算，资产负债表日不改变其记账本位币金额，不产生汇兑差额。

(2)以公允价值计量的外币非货币性项目，如交易性金融资产，如果期末的公允价值以外币反映，应先将该外币按照公允价值确定日的即期汇率折算，折算后的记账本位币金额与原记账本位币金额的差额，作为公允价值变动损益，计入当期损益。

需要说明的是，对于外币计价购入的存货而言，在期末可能需要进行减值准备的计提。存货本身是非货币性项目，按照人民币折算入账后就不需要再考虑汇率变动问题，但因为在国内无法找到其市场价，只能再考虑其以外币反映的可变现净值。这时应先将可变现净值折算为记账本位币，再与以记账本位币反映的存货成本进行比较，判断是否需要计提跌价准备。

【学中做 8－12】 甲公司为医疗设备经销商，其记账本位币为人民币，外币交易采用交易日即期汇率折算。2014 年 7 月 8 日，以 1 000 美元/台的价格从国外购入 M236 型医疗设备 200 台(该设备在国内市场尚无供应)，当日即期汇率为 1 美元＝6.19 元人民币。2014 年 7 月 31 日，尚有 120 台设备未销售出去，国内市场仍无该设备供应，其在国际市场的价格已降至 920 美元/台。2014 年 7 月 31 日的即期汇率是 1 美元＝6.18 元人民币。假定不考虑相关的估计销售税费。

由于存货在资产负债表日采用成本与可变现净值孰低计量，因此，在以外币购入存货并且该存货在资产负债表日获得的可变现净值以外币反映时，确定该项存货的期末价值时应当考虑汇率变动的影响。

7 月 31 日甲公司医疗设备应计提的存货跌价准备 ＝1 000×120×6.19－920×120×6.18

＝742 800－682 272 ＝60 528(元)

借：资产减值损失——存货(M236 型医疗设备)　　60 528

　　贷：存货跌价准备　　60 528

【拓展思考】 存货的可变现净值如何计算?

还需要说明的是，对于企业持有的以外币计价的股票(作为交易性金融资产或可供出售金融资产核算)而言，因为将来收到的金额是不确定的，所以作为非货币性项目。若记账本位币是人民币，而此时股票是以外币计价，这时，就要既反映外币的变动，又需要反映汇率的变动。

【学中做 8－13】 甲公司以人民币作为记账本位币，其外币交易采用交易日即期汇率折算。

2014 年 8 月 8 日，以每股 4 美元的价格购入乙公司 B 股 20 000 股，划分为交易性金融资产核算，当日汇率为 1 美元＝6.19 元人民币，款项已支付。

2014 年 8 月 31 日，乙公司 B 股市价变为每股 3.5 美元，当日汇率为 1 美元＝6.20 元人民币。

2014 年 9 月 5 日，甲公司将所购乙公司 B 股股票按当日市价每股 4.2 美元全部售出，当日汇率为 1 美元＝6.21 元人民币。假定不考虑相关税费的影响。

甲公司编制的会计分录如下：

①2014 年 8 月 8 日，购入股票时：

借：交易性金融资产——成本(乙公司)　　495 200

　　贷：银行存款——美元户(4×20 000×6.19)　　495 200

②2014 年 8 月 31 日，公允价值变动及汇率变动的影响：

交易性金融资产在资产负债表日应按 434 000 元(3.5×20 000×6.20)入账，与原账面价值 495 200 元的差额为 61 200 元应直接计入公允价值变动损益。61 200 元的差额实际上既包含股票公允价值变动的影响,又包含人民币与美元之间汇率变动的影响。

借:公允价值变动损益　61 200

　贷:交易性金融资产——公允价值变动(乙公司)　61 200

③2014 年 9 月 5 日,出售股票时:

出售股票所得价款 521 640 元(4.2×20 000×6.21),与原账面价值 434 000 元(495 200 —61 200)的差额为 87 640 元。对于汇率的变动和股价的变动不进行区分,均作为投资收益进行处理。

借:银行存款——美元户(4.2×20 000×6.21)　521 640

　交易性金融资产——公允价值变动(乙公司)　61 200

　贷:交易性金融资产——成本(乙公司)　495 200

　　投资收益　87 640

借:投资收益　61 200

　贷:公允价值变动损益　61 200

【学中做 8—14】 外币交易性金融资产采用公允价值确定日的即期汇率进行折算,折算后的记账本位币金额与原记账金额之间的差额,应记入的会计科目是(　　)。

A.“公允价值变动损益”

B.“财务费用”

C.“营业外支出”

D.“营业外收入”

正确答案:A

答案解析:以公允价值计量的外币非货币性项目,采用公允价值确定日的即期汇率折算,折算后的记账本位币金额与原记账金额的差额,作为公允价值变动(含汇率变动)处理,计入当期损益。所以,A 选项正确。

【学中做 8—15】 甲股份有限公司外币业务(记账本位币为人民币)采用交易发生时的即期汇率折算,按月计算汇兑损益。2014 年 3 月 31 日的即期汇率为 1 美元=6.25 元人民币。当日外币余额如表 8—1 所示。

表 8—1　外币账户期末余额表

项　目	外币账户金额(美元)	汇　率	记账本位币金额(人民币)
银行存款	100 000	6.20	620 000
应收账款	500 000	6.20	3 100 000
应付账款	200 000	6.20	1 240 000

甲股份有限公司 4 月份发生如下外币业务(假设不考虑相关税费):

(1)4 月 4 日,收到外商投入的外币资本 500 000 美元,当日即期汇率为 1 美元=6.21 元人民币,投资合同约定的汇率为 1 美元=6.25 元人民币,款项已存入银行。

(2)4月12日，从国外进口一台无须安装的设备，价款共计400 000美元，款项用银行存款支付，当日即期汇率为1美元=6.19元人民币。

(3)4月25日，对外赊销产品一批，价款为200 000美元(不含增值税)，当日即期汇率为1美元=6.18元人民币，款项尚未收到。

(4)4月30日，收到3月份的应收账款300 000美元，当日即期汇率为1美元=6.15元人民币。

假定不考虑增值税等相关税费，且甲股份有限公司在银行开设有美元账户。对于4月份的外币业务处理如下：

(1)日常账务处理：

①4月4日，收到外商投入的外币资本时：

借：银行存款——美元户(500 000×6.21)　　3 105 000

　　贷：股本　　3 105 000

②4月12日，进口设备时：

借：固定资产　　2 476 000

　　贷：银行存款——美元户(400 000×6.19)　　2 476 000

③4月25日，对外销售商品时：

借：应收账款——美元户 (200 000×6.18)　　1 236 000

　　贷：主营业务收入　　1 236 000

④4月30日，收到1月份的应收账款时：

借：银行存款——美元户(300 000×6.15)　　1 845 000

　　贷：应收账款——美元户(300 000×6.15)　　1 845 000

(2)4月30日汇兑损益的计算：

①银行存款(美元)账户的余额=100 000+500 000-400 000+300 000

=500 000(美元)

按期末即期汇率折算为人民币金额=500 000×6.15=3 075 000(元)

当期产生的汇兑差额=3 075 000-(620 000+3 105 000-2 476 000+1 845 000)

=-1 9000(元)

②应收账款(美元)账户的余额=500 000+200 000-300 000=400 000(美元)

按期末即期汇率折算为人民币金额=400 000×6.15=2 460 000(元)

当期产生的汇兑差额=2 460 000-(3 100 000+1 236 000-1 845 000)

=-31 000(元)

③应付账款(美元)账户的余额=200 000(美元)

按期末即期汇率折算为人民币金额=200 000×6.15=1 230 000(元)

当期产生的汇兑差额=1 230 000-1 240 000=-10 000(元)

(3)期末汇兑损益的会计分录：

借：应付账款——美元户　　10 000

财务费用——汇兑差额　　40 000
贷：银行存款——美元户　　19 000
应收账款——美元户　　31 000

【拓展思考】 期末如何计算汇兑损益？其关键点是什么？

学习子任务二　折算外币财务报表

企业的境外经营如果采用与企业相同的记账本位币，则境外经营的财务报表不存在折算问题。如果企业境外经营的记账本位币不同于企业的记账本位币，则需要将企业境外经营的财务报表折算为以企业记账本位币反映的财务报表。

一、折算外币财务报表的方法

企业对境外经营的财务报表进行折算时，应当遵循下列规定：

资产负债表中的资产和负债项目，采用资产负债表日的即期汇率折算，所有者权益项目除"未分配利润"项目外，其他项目采用发生时的即期汇率折算。

利润表中的收入和费用项目，采用交易发生日的即期汇率折算，也可以采用按照系统合理的方法确定的、与交易发生日即期汇率近似的汇率折算。

按照规定方法折算产生的外币财务报表折算差额，在资产负债表中所有者权益项目下单独列示。比较财务报表的折算比照上述规定处理。

需要说明的是，企业在处置境外经营时，应当将资产负债表中所有者权益项目下列示的、与该境外经营相关的外币财务报表折算差额，自所有者权益项目转入处置当期损益；部分处置境外经营的，应当按处置的比例计算处置部分的外币财务报表折算差额，转入处置当期损益。

【学中做 8—16】 企业对境外经营的子公司外币资产负债表进行折算时，在不考虑其他因素的情况下，下列各项中不应采用交易发生时即期汇率折算的是（　　）。

A. 存货

B. 固定资产

C. 实收资本

D. 未分配利润

正确答案：D

答案解析：对于资产负债表中的资产和负债项目，采用资产负债表日的即期汇率折算，所有者权益项目中除"未分配利润"项目外，其他项目采用发生时的即期汇率折算，所以选项D正确。

【学中做 8—17】 下列境外经营的财务报表项目中，按资产负债表日的即期汇率折算的有（　　）。

A. 无形资产

B. 长期借款

C. 盈余公积

D. 资本公积

正确答案:AB

答案解析:资产负债表中的资产和负债项目,采用资产负债表日的即期汇率折算,所有者权益项目除"未分配利润"项目外,其他项目采用发生时的即期汇率折算,所以选项 AB 正确。

【学中做 8-18】 下列关于外币财务报表折算的表述中,不正确的是(　　)。

A. 资产和负债项目应当采用资产负债表日的即期汇率进行折算

B. 所有者权益项目,除"未分配利润"项目外,其他项目均应采用发生时的即期汇率进行折算

C. 利润表中的收入和费用项目,应当采用交易发生日的即期汇率折算,也可以采用与交易发生日即期汇率近似的汇率进行折算

D. 在部分处置境外经营时,应将资产负债表中所有者权益项目下列示的、与境外经营相关的全部外币财务报表折算差额转入当期损益

正确答案:D

答案解析:选项 D,如果企业处置该境外经营,则这部分外币报表折算差额也要转出,计入当期损益。但如果是部分处置的情况下,应该是按处置比例对应的"外币报表折算差额"转入当期损益。

知识链接　处于恶性通货膨胀经济中的境外经营的财务报表折算

对资产负债表项目运用一般物价指数予以重述,对利润表项目运用一般物价指数变动予以重述,再按照最近资产负债表日的即期汇率进行折算。

在境外经营不再处于恶性通货膨胀经济中时,应当停止重述,按照停止之日的价格水平重述的财务报表进行折算。

二、折算境外经营的外币财务报表

境外经营的外币财务报表折算的思路:首先是对利润表(一般按平均汇率)进行折算,再对所有者权益变动表(一般按交易发生日汇率,当期计提的盈余公积要看题目要求选择折算汇率)进行折算,最后对资产负债表进行折算。

【学中做 8-19】 国内甲股份有限公司记账本位币为人民币,其境外经营的子公司记账本位币为英镑。根据合同规定,甲公司拥有子公司 70%的股权,并能够控制子公司的财务和经营政策。2013 年 12 月 31 日,需要将乙公司的财务报表折算为人民币表述。甲公司有关资料如下:

2013 年 12 月 31 日的汇率为 1 英镑=11 元人民币,2013 年的平均汇率为 1 英镑=10

元人民币。实收资本、资本公积发生日的即期汇率为1英镑=8元人民币,2012年12月31日的累计盈余公积为140万英镑,折算为人民币1 190万元,累计未分配利润为100万英镑,折算为人民币900万元,甲公司及其子公司均在年末提取盈余公积。

根据上述资料,该子公司折算前后的财务报表如表8—2至表8—4所示。

表8—2 **利润表(简表)**

编制单位:乙公司 2013年 单位:万元

项 目	期末数(英镑)	折算汇率	折算为人民币金额(人民币)
一、营业收入	3 000	10	30 000
减:营业成本	1 800	10	18 000
管理费用	200	10	2 000
财务费用	100	10	1 000
二、营业利润	900	—	9 000
加:营业外收入	100	10	1 000
三、利润总额	1 000	—	10 000
减:所得税费用	300	10	3 000
四、净利润	700	—	7 000
五、每股收益	—	—	—

表 8—3

所有者权益变动表(简表)

编制单位:乙公司　　2013 年　　单位:万元

项　目	实收资本			盈余公积			未分配利润		外币报表折算差额	所有者权益合计(人民币)
	英镑	折算汇率	人民币	英镑	折算汇率	人民币	英镑	人民币		
一、本年年初余额	6 000	8	48 000	140		1 190	100	900		50 090
二、本年增减变动金额										
(一)净利润							700	7 000		7 000
(二)直接计入所有者权益的利得和损失										19 250
其中:外币报表折算差额									19 250	19 250
(三)利润分配										
其中:提取盈余公积				160	10	1 600	—160	—1 600		
三、本年年末余额	6 000	8	48 000	300		2 790	640	6 300	19 250	76 340

当期计提的盈余公积采用当期平均汇率折算,期初盈余公积为以前年度计提的盈余公积按相应年度平均汇率折算后金额的累计,期初未分配利润记账本位币金额为以前年度未分配利润记账本位币的累计。

表 8—4

资产负债表(简表)

编制单位:乙公司　　　　2013 年 12 月 31 日　　　　单位:万元

资　产	期末数(英镑)	折算汇率	折算后(人民币)	负债和所有者权益	期末数(英镑)	折算汇率	折算后(人民币)
流动资产:				流动负债:			
银行存款	1 000	11	11 000	应付账款	360	11	3 960
应收账款	1 800	11	19 800	应付职工薪酬	800	11	8 800
存货	1 500	11	16 500				
流动资产合计	4 300	—	47 300	流动负债合计	1 160	—	12 760
非流动资产:				非流动负债:			
长期应收款	1 000	11	11 000	长期借款	1 200	11	13 200
固定资产	5 000	11	55 000	非流动负债合计	1 200	—	13 200
减:累计折旧	2 000	11	22 000	负债合计	2 360	—	25 960
无形资产	1 000	11	11 000	股东权益:			
非流动资产合计	5 000	—	55 000	实收资本	6 000	8	48 000
				盈余公积	300	—	2 790
				未分配利润	640	—	6 300
				外币报表折算差额	—	—	19 250
				股东权益合计	6 940	—	76 340
资产总计	9 300	—	102 300	负债和所有者权益总计	9 300	—	102 300

外币报表折算差额为以记账本位币反映的净资产减去以记账本位币反映的实收资本、累计盈余公积及累计未分配利润后的金额。

知识链接　　外币折算的披露

企业应当在附注中披露与外币折算有关的下列信息:

(1)企业及其境外经营选定的记账本位币及选定的原因,记账本位币发生变更的,说明变更理由。

(2)采用近似汇率的,说明近似汇率的确定方法。

(3)计入当期损益的汇兑差额。

(4)处置境外经营对外币财务报表折算差额的影响。

【任务小结】

本学习任务主要包括:核算外币交易,折算外币财务报表。

- 外币折算的会计处理
  - 核算外币交易
    - 外币交易的含义
    - 核算外币交易
  - 折算外币财务报表
    - 折算外币财务报表的方法
    - 折算境外经营的外币财务报表

【做中学——职业技能·职业资格考试训练】

一、单项选择题

1. 企业发生的下列外币业务中,即使汇率变动不大,通常也不得使用即期汇率的近似汇率进行折算的是(　　)。

A. 取得的外币借款　　B. 投资者以外币投入的资本

C. 以外币购入的固定资产　　D. 销售商品取得的外币营业收入

2. 甲公司外币业务采用业务发生时的即期汇率进行折算,按月计算汇兑损益。5月20日对外销售产品发生应收账款500万欧元,当日的市场汇率为1欧元=10.30元人民币。5月31日的市场汇率为1欧元=10.28元人民币;6月1日的市场汇率为1欧元=10.32元人民币;6月30日的市场汇率为1欧元=10.35元人民币。7月10日收到该应收账款,当日市场汇率为1欧元=10.34元人民币。该应收账款6月份应当确认的汇兑收益为(　　)万元人民币。

A. －10　　B. 15　　C. 25　　D. 35

3. 外币报表折算为人民币报表时,所有者权益变动表中的"未分配利润"项目应当(　　)。

A. 根据折算后所有者权益变动表中的其他项目的数额计算确定

B. 按历史汇率折算

C. 按现行汇率计算

D. 按平均汇率计算

4. 国内甲公司的记账本位币为人民币。2013 年 12 月 5 日以每股 7 港元的价格购入乙公司的 H 股 10 000 股作为交易性金融资产，当日汇率为 1 港元＝1 元人民币，款项已支付。2013 年 12 月 31 日，当月购入的乙公司 H 股的市价变为每股 8 元，当日汇率为 1 港元＝0.9 元人民币。甲公司 2013 年 12 月 31 日应确认的公允价值变动损益为(　　)元。

A. 2 000　　B. 0　　C. －1 000　　D. 1 000

5. 企业在编制合并财务报表时，下列子公司外币会计报表项目中，可以采用交易发生日的即期汇率折算为母公司记账本位币的是(　　)。

A. 无形资产　　B. 短期借款　　C. 应付债券　　D. 管理费用

二、多项选择题

1. 以下说法中正确的有(　　)。

A. 企业以人民币以外的货币作记账本位币的，在编制财务报表时应折算为人民币

B. 记账本位币的选择应根据企业经营所处的主要经济环境的改变而改变

C. 只有当企业所处的主要经济环境发生重大变化时，企业才可以变更记账本位币

D. 企业经批准变更记账本位币的，应采用变更当日的即期汇率将所有项目折算为变更后的记账本位币

2. 关于外币报表折算的一般原则，下列说法中正确的有(　　)。

A. 企业的境外经营若采用与企业相同的记账本位币，则境外经营的财务报表不用进行折算

B. 资产负债表中的资产、负债项目均采用资产负债表日的即期汇率折算

C. 利润表中的收入和费用项目，可以采用交易发生日的即期汇率折算

D. 企业在编制合并财务报表时，如果有实质上构成对境外经营净投资的外币货币性项目，因汇率变动产生的汇兑差额，列入“外币报表折算差额”

3. 企业对境外经营的财务报表进行折算时，下列项目中可用资产负债表日的即期汇率折算的有(　　)。

A. 预收款项　　B. 交易性金融资产

C. 资本公积　　D. 盈余公积

4. 对于企业发生的汇兑损益，下列说法中正确的有(　　)。

A. 外币交易性金融资产发生的汇兑损益计入财务费用

B. 外币专门借款发生的汇兑损益，应计入购建固定资产期间的财务费用

C. 企业因外币交易业务所形成的应收款发生的汇兑损益，应计入当期财务费用

D. 企业的外币银行存款发生的汇兑损益，应计入当期财务费用

5. 根据企业会计准则的规定，外币财务报表中应当按照资产负债表日的即期汇率折算

的项目有(　　)。

A. 固定资产　　B. 实收资本　　C. 无形资产　　D. 盈余公积

6. 关于外币折算,下列说法中正确的有(　　)。

A. 以历史成本计量的外币非货币性项目,按交易发生日当日即期汇率折算,不产生汇兑差额

B. 如存货的可变现净值以外币确定,确定存货的期末价值时,要先将可变现净值折算为记账本位币,可变现净值小于存货成本的差额计入资产减值损失

C. 以外币计量的交易性金融资产,由于汇率变动引起的公允价值变动计入公允价值变动损益

D. 投资者以外币投入的资本,应按合同约定汇率折算

7. 下列项目中,企业应当计入当期损益的有(　　)。

A. 外币银行存款账户发生的汇兑差额

B. 外币应收账款账户期末折算差额

C. 兑换外币时发生的折算差额

D. 期末公允价值以外币反映的股票,原记账本位币金额与按公允价值确定当日的即期汇率折算的记账本位币金额之差

8. 关于外币财务报表折算差额,下列说法中正确的有(　　)。

A. 企业在处置境外经营时,应当将资产负债表中所有者权益项目下列示的、与该境外经营相关的外币财务报表折算差额,自外币财务报表折算差额项目转入未分配利润项目

B. 企业在处置境外经营时,应当将资产负债表中所有者权益项目下列示的、与该境外经营相关的外币财务报表折算差额,自所有者权益项目转入处置当期损益

C. 部分处置境外经营的,应当按处置的比例计算处置部分的外币报表折算差额,转入处置当期损益

D. 企业发生的外币报表折算差额,在资产负债表中所有者权益项目下单独列示

三、判断题

1. 业务收支以人民币以外的货币为主的境内企业,可以选择其中的一种货币作为记账本位币,且在编报财务报表时不需要折算为人民币。(　　)

2. 企业在处置境外经营时,应当将资产负债表中所有者权益项目下列示的、与该境外经营相关的外币财务报表折算差额,自所有者权益项目转入处置当期损益。(　　)

3. 在中华人民共和国境内发生的业务都不是外币业务。(　　)

4. 企业收到投资者以外币投入资本,应当采用交易发生日即期汇率折算,不得采用合同约定汇率和即期汇率的近似汇率折算。(　　)

5. 外币财务报表折算时,资产负债表中的资产、负债项目,采用资产负债表日的即期汇

率折算，所有者权益项目除“未分配利润”项目外，其他项目采用发生时的即期汇率折算。

( )

四、计算分录题

甲有限责任公司的外币交易采用交易发生时的市场汇率进行折算，并按月计算汇兑损益。2013 年 11 月 31 日，市场汇率为 1 美元＝6.5 元人民币。有关外币账户期末余额如表 8—5 所示。

表 8—5 **外币账户期末余额表**

项　目	外币账户金额(万美元)	汇率	记账本位币金额(万人民币)
银行存款	500	6.5	3 250
应收账款	20	6.5	130
应付账款	10	6.5	65
长期借款	80	6.5	520

甲公司 12 月份发生如下外币业务(假设不考虑有关税费)：

(1)12 月 1 日，甲公司以每股 5 美元的价格购入本公司的股票 100 万股，作为交易性金融资产核算，当日的汇率为 1 美元＝6.46 元人民币，款项已用美元支付。

(2)12 月 10 日，甲公司对外销售一批商品，售价为 30 万美元，当日的市场汇率为 1 美元＝6.6 元人民币，款项尚未收到。

(3)12 月 16 日，收到国外的投资 500 万美元，合同约定的汇率为 1 美元＝6.8 元人民币，款项已收到，当日的市场汇率为 1 美元＝6.53 元人民币。

(4)12 月 20 日，甲公司购入一批原材料，该批原材料的价款为 50 万美元，款项尚未支付，当日的市场汇率为 1 美元＝6.56 元人民币。

(5)12 月 23 日，甲公司收到上月应收货款 20 万美元，款项已存入银行，当日的市场汇率为 1 美元＝6.55 元人民币。

(6)12 月 31 日，计提长期借款利息为 5 万美元，利息尚未支付，该项长期借款是在 2013 年 1 月 1 日借入的，用于建造固定资产，到期一次还本付息，该项固定资产在 2013 年 1 月 1 日已开始建造，2013 年年末尚未完工。

(7)12 月 31 日，当月购入的本公司的股票公允价值为每股 4.6 美元，当日的市场汇率为 1 美元＝6.56 元人民币。

要求：

(1)进行上述业务的相关会计处理。

(2)计算期末汇兑损益并做出相关的账务处理。

学习任务九

所得税的会计处理

【职业能力目标】

能够运用资产负债表债务法计算资产、负债的账面价值和计税基础,以及暂时性差异和应交所得税,以准确核算企业所得税。

【典型学习任务】

分析所得税会计,计算资产和负债的计税基础及暂时性差异,核算所得税。

学习子任务一　分析所得税会计

一、所得税会计的含义

所得税会计是关于处理会计收益和应税收益差异,反映企业所得税的确认、计量和报告的会计原理、程序和方法。

知识链接　　**所得税会计的产生和发展**

所得税会计是所得税法规和会计准则规定相互分离的结果,两者分离的程度以及差异直接影响和决定所得税会计处理方法的改进。

1. 税法和会计制度合二为一阶段

在税法和会计制度两者中,会计制度的产生远早于税法。会计制度很完整和成熟时才开始有税法,所以早年税法是全盘接受会计制度的,曾经有过税法与会计制度合一的时期。如美国在20世纪初的所得税法中就全盘接受按会计制度核算的结果,规定企业应纳税所得额的确定以会计核算结果为基础,即接受按权责发生制核算的利润作为计税依据。在这个阶段,由于税法的不成熟,只能靠拢会计制度,不存在税法和会计制度的差异,也就不存在所得税会计。

2. 税法与会计制度分离阶段

当税法逐渐成熟后，税法与会计制度的差异开始逐步凸显，开始离开会计制度，不接受以会计利润作为应纳税所得额，而必须按税法进行纳税调整，计算应纳税额。税法与会计制度开始分离，所得税会计也开始形成。

3. 所得税会计产生和发展阶段

20 世纪中叶，美国、英国等国家首先采用按会计制度编制财务报表，而按税法编制所得税申请表。税法与会计制度的分离，宣布所得税会计的产生。

二、所得税会计的核算方法

我国所得税会计采用资产负债表债务法。

资产负债表债务法是从资产负债表出发，通过比较资产负债表上列示的资产、负债按照企业会计准则规定确定的账面价值与按照税法规定确定的计税基础，对于两者之间的差额分别应纳税暂时性差异与可抵扣暂时性差异，确认相关的递延所得税负债与递延所得税资产，并在此基础上确定每一个会计期间利润表中的所得税费用。

【学中做 9—1】 在我国现行会计实务中，所得税会计的核算方法是资产负债表债务法。

正确答案：√

知识链接　　**我国所得税会计的发展**

1. 税利合一时期

1979 年前，我国处于全民所有制占主导地位的经济体制中，国家取得企业上缴的税收和利润，在经济实质上没有区别，所以利润和税收是合一的，没有必要进行区分。事实上在那个时期，根本没有"所得税"一说，企业所得与国家财政是完全"打通"的。

2. 税利分开初期

1979 年改革开放后，我国逐渐进行经济体制改革，推行多种所有制并存的经济体制，"税利分开"成为企业所有制改革的必然结果。

1980 年我国颁布的《中外合资企业所得税法》，是我国第一部所得税法。1983 年"利改税"后，我国国有企业开始计算和缴纳所得税。但在那个时期(1993 年会计制度改革前)，我国会计还是以服务于政府为目标，强调会计要满足国家宏观管理的需求，要求服从于税法等法规。所以当时按会计制度计算的税前利润和按税法计算的应税所得基本一致，税法和会计制度不分离，所得税会计没有产生的可能性。

3. 所得税会计的产生

1992 年我国开始进行社会主义市场经济体制改革，1993 年进行相应的会计制度全面改革，颁布我国第一个《企业会计准则——基本准则》。1993 年 12 月及 1994 年 2 月国家颁布《中华人民共和国企业所得税暂行条例》和相关实施细则，与此同时，财政部颁

续

布《企业所得税会计处理的暂行规定》，将企业所得税由对企业利润的分配，改为作为企业的一项费用，这为所得税会计的产生奠定了基础，也标志着我国所得税会计的产生。

4. 税法与会计制度分开之初

2002年年初，我国开始在部分省市率先进行税法与会计制度的分离。企业平时按会计制度进行核算，编制财务报表；到年底则编制“所得税申报表”，按照税法对会计利润进行调整，计算应税所得。

5. 新准则对所得税会计的健全

2006年2月15日财政部颁布《企业会计准则》，标志着我国会计准则的完善。其中的《企业会计准则第18号——所得税》健全了我国企业的所得税会计。

三、所得税会计的核算程序

在采用资产负债表债务法核算所得税的情况下，企业一般应于每一资产负债表日进行所得税的核算。企业核算所得税的程序如表9—1所示。

表9—1　所得税会计的核算程序

核算程序	具体说明
确定资产、负债项目的账面价值	按相关会计准则的规定，确定资产负债表中除递延所得税资产和递延所得税负债以外的其他资产和负债项目的账面价值
确定资产、负债项目的计税基础	按照会计准则中对于资产和负债计税基础的确定方法，以适用的税收法规为基础，确定资产负债表中有关资产、负债项目的计税基础
确认递延所得税负债、递延所得税资产及其相应的递延所得税	比较资产、负债的账面价值与其计税基础，对于两者之间存在差异的，分析其性质，除准则中规定的特殊情况外，分别应纳税暂时性差异与可抵扣暂时性差异，确定资产负债表日递延所得税负债和递延所得税资产的应有金额，并与期初递延所得税负债和递延所得税资产的余额相比，确定当期应予进一步确认的递延所得税资产和递延所得税负债的金额或应予转销的金额，作为递延所得税
计算应纳税所得额、应交所得税及当期所得税	就企业当期发生的交易或事项，按照适用的税法规定计算确定当期应纳税所得额，将当期应纳税所得额与适用的所得税税率计算的结果确认为当期应交所得税，作为当期所得税。 即：应交所得税＝应纳税所得额×所得税税率
确定所得税费用	利润表中的所得税费用包括当期所得税（当期应交所得税）和递延所得税两个组成部分，企业在计算确定当期所得税和递延所得税后，两者之和（或之差），是利润表中的所得税费用。 即：所得税费用＝当期所得税（应交所得税）±递延所得税

学习子任务二 计算资产和负债的计税基础及暂时性差异

一、界定暂时性差异

(一)暂时性差异的含义

暂时性差异,是指资产或负债的账面价值与其计税基础之间的差额。

也就是说,对暂时性差异的定义是从资产负债表的角度出发的,是指一项资产或一项负债的计税基础与其列示在资产负债表上的账面价值之间的差额,该差额在以后会计期间当资产收回或负债偿还时,会产生应税所得或扣除金额。

对暂时性差异的分析如图 9—1 所示。

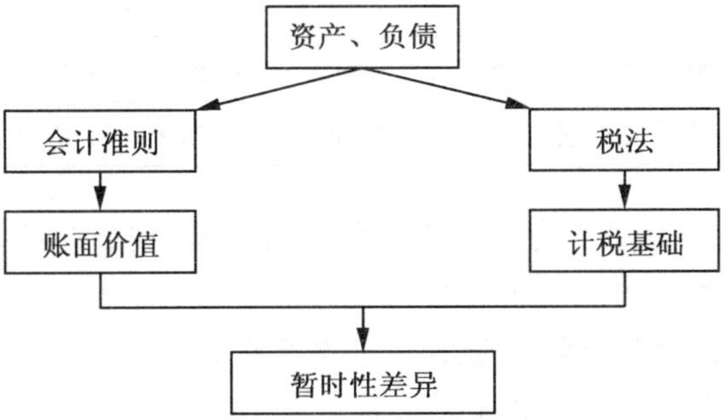

图 9—1 暂时性差异的分析

按照暂时性差异对未来期间应税金额的影响,分为应纳税暂时性差异和可抵扣暂时性差异。

应纳税暂时性差异,是指在确定未来收回资产或清偿负债期间的应纳税所得额时,将导致产生应税金额的暂时性差异。

可抵扣暂时性差异,是指在确定未来收回资产或清偿负债期间的应纳税所得额时,将导致产生可抵扣金额的暂时性差异。

企业在取得资产、负债时,应当确定其计税基础。资产、负债的账面价值与其计税基础存在差异的,应当按照规定确认所产生的递延所得税资产或递延所得税负债。

所谓的“应纳税暂时性差异”和“可抵扣暂时性差异”是相对于“未来期间”而言,即未来期间计算应纳税所得额时,导致产生应税金额和可抵扣金额,而在本期分别调减和调增会计利润。

应纳税暂时性差异和可抵扣暂时性差异的区别如表 9—2 所示。

表 9—2　　应纳税暂时性差异和可抵扣暂时性差异的区别

暂时性差异种类	会计利润调整应纳税所得额	
	未来期间	本　期
应纳税暂时性差异	＋	—
可抵扣暂时性差异	—	＋

应纳税暂时性差异和可抵扣暂时性差异的性质如表 9—3 所示。

表 9—3　　应纳税暂时性差异和可抵扣暂时性差异的性质

项目	暂时性差异产生情形	会计利润的调整	暂时性差异种类	报表项目的确认
资产	计税基础＜账面价值	会计利润－暂时性差异	应纳税暂时性差异	递延所得税负债
	计税基础＞账面价值	会计利润＋暂时性差异	可抵扣暂时性差异	递延所得税资产
负债	账面价值＜计税基础	会计利润－暂时性差异	应纳税暂时性差异	递延所得税负债
	账面价值＞计税基础	会计利润＋暂时性差异	可抵扣暂时性差异	递延所得税资产

【学中做 9—2】 所得税采用资产负债表债务法核算，其暂时性差异是指(　　)。

A. 资产、负债的账面价值与其公允价值之间的差额

B. 资产、负债的账面价值与计税基础之间的差额

C. 资产、负债的公允价值与计税基础之间的差额

D. 仅仅是资产的账面价值与计税基础之间的差额

正确答案：B

答案解析：根据规定，暂时性差异是指资产或负债的账面价值与其计税基础之间的差额。

(二)资产产生的暂时性差异

对于资产而言，资产的账面价值代表的是企业在持续使用或最终出售该项资产时将取得的经济利益的总额，而计税基础代表的是资产在未来期间可予税前扣除的金额。其计税基础与账面价值相比较的理解如表 9—4 所示。

表 9—4　　资产的计税基础与账面价值的比较

暂时性差异产生情形	具体理解
计税基础＜账面价值	资产的账面价值大于其计税基础，该项资产未来期间产生的经济利益不能全部税前抵扣，两者之间的差额需要交税，产生应纳税暂时性差异，在其产生当期确认为递延所得税负债
计税基础＞账面价值	资产的账面价值小于其计税基础，意味着资产在未来期间产生的经济利益少，按照税法规定允许税前扣除的金额多，两者之间的差额可以减少企业在未来期间的应纳税所得额并减少应交所得税，符合有关条件时，应当确认相关的递延所得税资产

(三)负债产生的暂时性差异

对于负债而言,负债的账面价值为企业预计在未来期间清偿该项负债时的经济利益流出,而其计税基础代表的是账面价值在扣除税法规定未来期间允许税前扣除的金额之后的差额。负债的账面价值与其计税基础不同产生的暂时性差异,实质上是税法规定就该项负债在未来期间可以税前扣除的金额(即与该项负债相关的费用支出在未来期间可予税前扣除的金额)。其账面价值与计税基础相比较的理解如表 9—5 所示。

表 9—5　　负债的账面价值和计税基础的比较

暂时性差异产生情形	具体理解
账面价值＜计税基础	负债的账面价值小于其计税基础,意味着就该项负债在未来期间可以税前抵扣的金额为负数,即应在未来期间应纳税所得额的基础上调增,增加未来期间的应纳税所得额和应交所得税金额,产生应纳税暂时性差异,应确认相关的递延所得税负债
账面价值＞计税基础	负债的账面价值大于其计税基础,负债产生的暂时性差异实质上是税法规定就该项负债可以在未来期间税前扣除的金额。即: 负债产生的暂时性差异＝账面价值－计税基础 ＝账面价值－(账面价值－未来期间计税时按照税法规定可予税前扣除的金额) ＝未来期间计税时按照税法规定可予税前扣除的金额 负债的账面价值大于其计税基础,意味着未来期间按照税法规定与负债相关的全部或部分支出可以从未来应税经济利益中扣除,减少未来期间的应纳税所得额和应交所得税。符合有关确认条件时,应确认相关的递延所得资产

某些交易或事项发生以后,因为不符合资产、负债确认条件而未体现为资产负债表中的资产或负债,但按照税法规定能够确定其计税基础的,其账面价值与计税基础之间的差异也构成暂时性差异。

二、计算资产的计税基础及暂时性差异

资产的计税基础,是指企业收回资产账面价值过程中,计算应纳税所得额时按照税法规定可以自应税经济利益中抵扣的金额,即某一项资产在未来期间计税时按照税法规定可以税前扣除的金额。

资产在初始确认时,其计税基础一般为取得成本,即企业为取得某项资产支付的成本在未来期间准予税前扣除,此时,资产计税基础等于账面价值。

资产在持续持有的过程中,其计税基础是指资产的取得成本减去以前期间按照税法规定已经税前扣除的金额后的余额。即:

资产的计税基础＝未来期间税法允许税前扣除的金额

＝取得成本－以前期间已累计税前扣除的金额

(一)固定资产

以各种方式取得的固定资产,初始确认时按照会计准则规定确定的入账价值基本是被

税法认可的，即取得时其账面价值一般等于计税基础。

固定资产在持有期间进行后续计量时，会计准则规定按照“会计账面价值＝实际成本－累计折旧－固定资产减值准备”进行计量，计税基础按照“计税基础＝实际成本－累计折旧（税法）”进行计量。

由于会计处理与税收处理规定的不同，固定资产的账面价值与计税基础的差异主要产生于折旧方法、折旧年限的不同，以及固定资产减值准备的提取。

1. 因折旧方法不同产生的差异

企业会计准则规定，企业应当根据与固定资产有关的经济利益的预期实现方式合理选择折旧方法，如按年限平均法、双倍余额递减法、年数总和法等计提折旧。税法中除某些按照规定可以加速折旧的情况外，基本上可以税前扣除的是按照年限平均法计提的折旧。

2. 因折旧年限不同产生的差异

税法就每一类固定资产的最低折旧年限作出规定，而会计准则规定折旧年限是由企业根据固定资产的性质和使用情况合理确定的。

3. 因计提固定资产减值准备产生的差异

持有固定资产的期间内，在对固定资产计提减值准备以后，因税法规定企业计提的资产减值准备在发生实质性损失前不允许扣除的，也会造成固定资产的账面价值与计税基础的差异。

知识链接　固定资产账面余额、账面净值和账面价值的区别

账面余额＝固定资产的账面原价

账面净值＝固定资产的折余价值＝固定资产原价－计提的累计折旧

账面价值＝固定资产的原价－计提的减值准备－计提的累计折旧

【学中做9－3】 甲公司一项固定资产（2013年1月1日开始计提折旧）原价为600万元，使用年限为10年，采用年限平均法计提折旧，预计净残值为零。税法规定固定资产采用加速折旧法计提的折旧可予税前扣除，该公司在计税时采用双倍余额递减法计提折旧，预计净残值为零。2014年12月31日，估计该项固定资产的可收回金额为440万元。

2014年12月31日，具体分析计算如下：

账面价值＝600－60×2－40＝440（万元）

计税基础＝600－600×20％－480×20％＝384（万元）

该项固定资产账面价值440万元与其计税基础384万元之间的56万元差额，代表着将于未来期间计入企业应纳税所得额的金额，产生未来期间应交所得税的增加，属于应纳税暂时性差异，应确认为递延所得税负债。

【拓展思考】 在【学中做9－3】中，2013年12月31日如何计算固定资产的账面价值、计税基础及暂时性差异？

【学中做9－4】 甲公司于2014年6月15日取得某项固定资产，其初始入账价值为

360 万元，使用年限为 10 年，采用年限平均法计提折旧，预计净残值为零。税法规定，对于该项固定资产最低折旧年限为 15 年，折旧方法、预计净残值与会计估计相同。则 2014 年 12 月 31 日该项固定资产的计税基础为(　　)万元。

A. 346　　B. 24　　C. 12　　D. 348

正确答案：D

答案解析：计税基础＝360－360÷15÷2＝348(万元)。

(二)无形资产

除内部研究开发的无形资产以外，其他方式取得的无形资产，初始确认时按照会计准则规定确定的入账价值与按照税法规定确定的计税基础之间一般存在差异。

无形资产的差异主要产生于内部研究开发形成的无形资产以及使用寿命不确定的无形资产。

1. 内部研究开发形成的无形资产

内部研究开发形成的无形资产，企业会计准则规定，其成本为开发阶段符合资本化条件以后至达到预定用途前发生的支出，除此之外，研究开发过程中发生的其他支出应予以费用化并计入当期损益；税法规定，自行开发的无形资产，以开发过程中该资产符合资本化条件后至达到预定用途前发生的支出为计税基础。

另外，对于研究开发费用的加计扣除，税法规定企业为开发新技术、新产品、新工艺发生的研究开发费用，未形成无形资产计入当期损益的，在按照规定据实扣除的基础上，按照研究开发费用的 50%加计扣除；形成无形资产的，按照无形资产成本的 150%摊销。

知识链接　　无形资产账面余额、账面净值与账面价值的区别

账面余额＝无形资产的账面原价

账面净值＝无形资产的摊余价值＝无形资产原价－累计摊销

账面价值＝无形资产的原价－计提的减值准备－累计摊销

【学中做 9－5】　甲企业 2014 年发生研究开发支出计 1 000 万元，其中研究阶段的支出为 200 万元，开发阶段符合资本化条件前发生的支出为 200 万元，符合资本化条件后至达到预定用途前发生的支出为 600 万元。

税法规定，研究开发支出未形成无形资产计入当期损益的，按照研究开发费用的 50%加计扣除；形成无形资产的，按照无形资产成本的 150%摊销。假定开发形成的无形资产在当期期末已达到预定用途(尚未开始摊销)。

具体分析计算如下：

2014 年，研究开发支出中，按照会计准则规定应予费用化的金额为 400 万元，形成无形资产的成本为 600 万元，即无形资产的账面价值为 600 万元。

2014 年发生的 1 000 万元研究开发支出，按照税法规定可在当期税前扣除的金额为 600 万元(400×150%)，所形成无形资产在未来期间可予税前扣除的金额为 900 万元(600

×150%)，即其计税基础为 900 万元。

无形资产计税基础为 900 万元，大于账面价值 600 万元，形成可抵扣暂时性差异 300 万元。

2. 无形资产在后续计量时，会计与税法的差异主要产生于是否需要摊销及无形资产减值准备的提取

会计准则规定，应根据无形资产的使用寿命情况，区分为使用寿命有限的无形资产与使用寿命不确定的无形资产。对于使用寿命不确定的无形资产，不要求摊销，但持有期间每年应进行减值测试。税法规定，企业取得的无形资产成本(外购商誉除外)，应在一定期限内摊销。对于使用寿命不确定的无形资产，由于会计与税法规定不同，造成该无形资产的账面价值与计税基础的差异。

在对无形资产计提减值准备的情况下，因税法规定计提的无形资产减值准备在转变为实质性损失前不允许扣除，从而造成无形资产的账面价值与计税基础的差异。

【学中做 9－6】 甲企业于 2014 年 1 月 1 日开始计提摊销的一项无形资产，取得成本为 300 万元，列为使用寿命不确定的无形资产。2014 年 12 月 31 日，对该项无形资产进行的减值测试表明其未发生减值。企业在计税时，对该项无形资产按照 10 年的期间摊销，有关金额允许税前扣除。

具体分析计算如下：

会计上将该项无形资产作为使用寿命不确定的无形资产，在未发生减值的情况下，2014 年 12 月 31 日的账面价值为 300 万元。

无形资产在 2014 年 12 月 31 日的计税基础为 270 万元(300－30)。

无形资产的计税基础为 270 万元，小于其账面价值 300 万元，形成应纳税暂时性差异 30 万元，应确认为递延所得税负债。

(三)以公允价值计量且变动计入当期损益的金融资产

会计准则规定，以公允价值计量且变动计入当期损益的金融资产于某一会计期末的账面价值为其公允价值。税法规定，企业以公允价值计量的金融资产，持有期间公允价值的变动不计入应纳税所得额，在实际处置或结算时，处置取得的价款扣除其历史成本后的差额应计入处置或结算期间的应纳税所得额。

也就是说，按照税法规定，以公允价值计量的金融资产在持有期间市价的波动在计税时不予考虑，有关金融资产在某一会计期末的计税基础为其取得成本，从而造成在公允价值变动的情况下，以公允价值计量的金融资产账面价值与计税基础之间的差异。

【学中做 9－7】 2014 年 10 月 21 日，甲公司自公开市场取得一项权益性投资，支付价款 1 000 万元，作为交易性金融资产核算。2014 年 12 月 31 日，该投资的市价为 1 100 万元。

具体分析计算如下：

该项交易性金融资产期末市价为 1 100 万元，按照会计准则规定，在 2014 年年末的账面价值为 1 100 万元。

因税法规定，以公允价值计量的金融资产在持有期间公允价值的变动不计入应纳税所得额，其在2014年年末的计税基础为1 000万元。

该项交易性金融资产的计税基础为1 000万元，小于账面价值1 100万元，产生应纳税暂时性差异100万元，应确认为递延所得税负债。

【拓展思考】 在【学中做9—7】中，2014年12月31日交易性金融资产100万元的公允价值变动如何进行账务处理？

（四）投资性房地产

对于以公允价值模式进行后续计量的投资性房地产，其期末账面价值为公允价值，而如果税法规定不认可该类资产在持有期间因公允价值变动产生的利得或损失，则其计税基础应以取得时支付的历史成本为基础计算确定。

对于以历史成本模式进行后续计量的投资性房地产，其账面价值与计税基础的差异可以比照固定资产和无形资产账面价值与计税基础的差异来理解。

【学中做9—8】 甲公司于2014年1月1日将其自用的一幢房屋（已使用5年，按照年限平均法计提折旧，预计使用20年）对外出租，该房屋的成本为700万元。转为投资性房地产核算后，采用公允价值模式进行后续计量。

假定税法规定的折旧方法、折旧年限及净残值与会计规定相同。同时，税法规定资产在持有期间公允价值的变动不计入应纳税所得额，待处置时一并计算确定应计入应纳税所得额的金额。该项投资性房地产在2014年12月31日的公允价值为800万元。

2014年12月31日，具体分析计算如下：

该项投资性房地产的账面价值为其公允价值800万元。

该项投资性房地产的计税基础为取得成本扣除按照税法规定允许税前扣除的折旧额后的金额，即其计税基础为490万元（700—700÷20×6）。

该项投资性房地产的计税基础为490万元，小于账面价值800万元，产生应纳税暂时性差异310万元，应确认为递延所得税负债。

（五）其他计提减值准备的各项资产

有些资产计提减值准备以后，其账面价值会随之下降，而按照税法规定，资产的减值在发生实质性损失之前，不允许税前扣除，即其计税基础不会因减值准备的提取而发生变化，从而造成资产的账面价值与其计税基础之间的差异。

【学中做9—9】 某公司2012年12月1日购入一项环保设备，原价为1 000万元，预计使用年限为10年，预计净残值为零。会计按年限平均法计提折旧，税收规定按双倍余额递减法计提折旧。2014年年末企业对该项固定资产计提80万元的固定资产减值准备。2014年年末该项设备的计税基础是（　　）万元。

A. 800　　B. 720　　C. 640　　D. 560

正确答案：C

答案解析：该项设备的计税基础＝1 000—200—160＝640（万元）。

【学中做9—10】 不考虑其他因素，下列各事项中，不会导致计税基础与账面价值产生差异的有(　　)。

A. 存货期末的可变现净值高于成本(以前未计提过跌价准备)

B. 交易性金融资产期末公允价值低于成本

C. 固定资产发生的维修支出

D. 使用寿命不确定的无形资产计提减值准备

正确答案:AC

答案解析:选项 A,可变现净值高于成本且以前未计提过跌价准备,故存货不需要计提减值准备,账面价值等于计税基础;选项 B,账面价值小于计税基础;选项 C,维修支出应计入当期损益,不影响账面价值,不会导致计税基础与账面价值产生差异;选项 D,无形资产发生减值,则会导致账面价值与计税基础产生差异。

三、计算负债的计税基础及暂时性差异

负债的计税基础,是指负债的账面价值减去未来期间计算应纳税所得额时按照税法规定可予抵扣的金额。用公式表示为:

负债的计税基础＝账面价值－未来期间税法允许税前扣除的金额

负债的确认与偿还一般不会影响企业的损益,也不会影响其应纳税所得额,未来期间计算应纳税所得额时按照税法规定可予抵扣的金额为零,计税基础即为账面价值。但是,在某些情况下,负债的确认可能会影响企业的损益,进而影响不同期间的应纳税所得额,从而使其计税基础与账面价值之间产生差额。

(一)预计负债

关于预计负债的计税基础及暂时性差异的计算,有两种情况:一是税法规定,现在预计时不允许税前扣除,将来实际发生时允许税前扣除;二是税法规定,现在不允许税前扣除,将来实际发生时仍不允许税前扣除。

1. 税法规定现在不允许税前扣除,将来实际发生时允许税前扣除

按照《企业会计准则第 13 号——或有事项》的规定,企业应将预计提供售后服务发生的支出在销售当期确认为费用,同时确认预计负债。如果税法规定,有关的支出应于发生时税前扣除,由于该类事项产生的预计负债在期末的计税基础为其账面价值与未来期间可税前扣除的金额之间的差额,有关的支出在实际发生时可全部税前扣除,其计税基础为零。

【学中做 9－11】 甲企业 2014 年因销售商品承诺提供 3 年的保修服务,预计产品保修费用为 100 万元,同时确认预计负债,当年度未发生任何保修支出。税法规定,与产品售后服务相关的费用在实际发生时允许税前扣除。

2014 年,具体分析计算如下:

预计负债账面价值＝100(万元)

因税法规定,与产品售后服务相关的费用在实际发生时允许税前扣除,则:

预计负债的计税基础＝账面价值－未来期间税法允许税前扣除的金额

＝100－100＝0(万元)

预计负债的账面价值为100万元，大于计税基础0，产生可抵扣暂时性差异100万元，应确认为递延所得税资产。

2. 税法规定现在不允许税前扣除，将来实际发生时也不允许税前扣除

例如，企业的罚款支出，有可能满足预计负债确认条件确认一项预计负债。

【学中做9—12】 甲企业违反环保法的规定被起诉，2014年12月31日确认预计负债100万元。税法规定，违法的罚款支出不允许税前扣除。

2014年12月31日，具体分析计算如下：

预计负债的账面价值＝100(万元)

税法规定，违法的罚款支出不得税前扣除，则：

预计负债的计税基础＝账面价值－未来期间税法允许税前扣除的金额

＝100－0＝100(万元)

预计负债的账面价值等于计税基础，不形成暂时性差异。

(二)预收账款

企业在收到客户预付的款项时，因不符合收入确认条件，会计上将其确认为负债。

关于预收账款的计税基础及暂时性差异的计算，有两种情况：一是会计确认收入与税法确认收入时点不同；二是会计确认收入与税法确认收入时点相同。

1. 会计确认收入与税法确认收入时点不同

在某些情况下，因不符合会计准则规定的收入确认条件、未确认为收入的预收账款，按照税法规定应计入当期应纳税所得额时，有关预收账款的计税基础为零，即因其产生时已经计算缴纳所得税，未来期间可全额税前扣除。

【学中做9—13】 甲企业2014年12月16日发出一批商品并开具增值税专用发票，商品成本为80万元，不含税价款为100万元，款项已经收存银行。假定由于不符合收入的确认条件会计上未确认收入，但是按税法规定，该款项应计入取得当期应纳税所得额计算缴纳所得税。

2014年，具体分析计算如下：

预收账款账面价值＝100(万元)

会计计入预收账款，未确认收入，而税法规定应计入本期应纳税所得额。因预收账款产生时已经计算缴纳所得税，未来期间可全额税前扣除。则：

预收账款计税基础＝账面价值－未来期间税法允许税前扣除的金额

＝100－100＝0(万元)

预收账款的账面价值为100万元，大于计税基础0，产生可抵扣暂时性差异，应确认递延所得税资产。

2. 会计确认收入与税法确认收入时点相同

税法中对于收入的确认原则一般与会计规定相同，即会计上未确认收入时，计税时一般也不计入应纳税所得额，该部分经济利益在未来期间计税时可予税前扣除的金额为零，计税基础等于账面价值。

【学中做 9－14】 甲企业采取订单生产方式，2014 年 12 月预收客户账款 100 万元，产品尚未生产。

2014 年，具体分析计算如下：

预收账款账面价值＝100(万元)

会计计入预收账款，未确认收入，而税法当期也不计入应纳税所得额。未来销售商品会计确认收入时，税法上也要计入应纳税所得额，没有允许税前抵扣的金额。则：

预收账款计税基础＝账面价值－未来期间税法允许税前扣除的金额

＝100－0＝100(万元)

预收账款账面价值与计税基础相等，不形成暂时性差异。

(三)应付职工薪酬

会计准则规定，企业为获得职工提供的服务给予的各种形式报酬以及其他相关支出均作为企业的成本费用，在未支付之前确认为负债。税法中对于合理的职工薪酬允许在税前扣除，但税法中如果规定税前扣除标准的，按照会计准则规定计入成本费用支出的金额超过规定标准部分，应进行纳税调整。因超过部分在发生当期不允许税前扣除，在以后期间也不允许税前扣除，即该部分差额对未来期间计税不产生影响，所产生应付职工薪酬负债的账面价值等于计税基础。

【学中做 9－15】 甲企业 2014 年 12 月计入成本费用的职工薪酬总额为 700 万元，至 2014 年 12 月 31 日尚未支付。按照税法规定，当期计入成本费用的 700 万元工资支出中，可予税前扣除的合理部分为 500 万元。

2014 年，具体分析计算如下：

应付职工薪酬账面价值＝700(万元)

按照税法规定，超过税前扣除标准的 200 万元只影响当期应纳税所得额的计算，未来期间税法上也不允许企业税前扣除，即该项职工薪酬未来期间可从税前扣除的金额是零。则：

应付职工薪酬计税基础＝账面价值－未来期间税法允许税前扣除的金额

＝700－0＝700(万元)

应付职工薪酬账面价值与计税基础相等，不形成暂时性差异。

(四)其他负债

其他负债如企业应交的罚款和滞纳金等，在尚未支付之前按照会计规定确认为费用，同时作为负债反映。

税法规定，罚款和滞纳金本期不能税前扣除，以后期间也不允许税前扣除，其计税基础为账面价值减去未来期间可予税前扣除的金额(零)，即计税基础等于账面价值，不产生暂时性差异。

【学中做 9－16】 下列交易或事项中，其计税基础不等于账面价值的是(　　)。

A. 企业因销售商品提供售后服务等原因于当期确认 100 万元的预计负债(税法规定有关的支出在实际发生时允许全部税前扣除)

B. 企业为关联方提供债务担保确认了预计负债 1 000 万元

C. 企业当期确认应支付的职工工资及其他薪金性质支出计 1 000 万元，尚未支付。假定税法规定只允许企业税前列支 800 万元

D. 税法规定的收入确认时点与会计准则一致，会计确认预收账款 500 万元

正确答案：A

答案解析：企业为关联方提供债务担保确认的预计负债，按税法规定与该预计负债相关的费用不允许税前扣除，这种情况下账面价值等于计税基础，故选项 B 错误；选项 C，对于应付职工薪酬，其计税基础为账面价值减去在未来期间可予税前扣除的金额 0，故账面价值等于计税基础，不符合题意；选项 D，税法规定的收入确认时点与会计准则一致，会计确认的预收账款，税收规定亦不要计入当期应纳税所得额，故预收账款账面价值等于其计税基础。

四、特殊项目产生的暂时性差异

1. 未作为资产、负债确认的项目产生的暂时性差异

某些交易或事项发生以后，因为不符合资产、负债确认条件而未体现为资产负债表中的资产或负债，但按照税法规定能够确定其计税基础的，其账面价值零与计税基础之间的差异也构成暂时性差异。

【学中做 9—17】 甲公司 2014 年发生 1 000 万元广告费支出，发生时已作为销售费用计入当期损益，税法规定，该类支出不超过当年销售收入 15%的部分允许当期税前扣除，超过部分允许向以后年度结转税前扣除。公司 2014 年实现销售收入 5 000 万元。

该广告费支出因按照会计准则规定在发生时已计入当期损益，不体现为期末资产负债表中的资产，如果将其视为资产，其账面价值为 0。

因按照税法规定，该类支出税前列支有一定的限制，根据当期销售收入 15%计算，当期可予税前扣除 750 万元(5 000×15%)，当期未予税前扣除的 250 万元可以向以后年度结转，其计税基础为 250 万元。

该项资产的账面价值 0 与其计税基础 250 万元之间产生 250 万元的暂时性差异，为可抵扣暂时性差异，符合确认条件时，应确认相关的递延所得资产。

2. 可抵扣亏损及税款抵减产生的暂时性差异

按照税法规定可以结转以后年度的未弥补亏损及税款抵减，虽不是因资产、负债的账面价值与计税基础不同产生的，但与可抵扣暂时性差异具有同样的作用，均能够减少未来期间的应纳税所得额，进而减少未来期间的应交所得税，会计处理上视同可抵扣暂时性差异，符合条件的情况下，应确认与其相关的递延所得税资产。

【学中做 9—18】 甲公司于 2014 年发生经营亏损 1 000 万元，按照税法规定，该亏损可用于抵减以后 5 个年度的应纳税所得额。该公司预计其于未来 5 年期间能够产生足够的应纳税所得额弥补该亏损。

该经营亏损不是资产、负债的账面价值与其计税基础产生的，但从性质上可以减少未来期间的应纳税所得额和应交所得税，属于可抵扣暂时性差异。企业预计未来期间能够产生足够的应纳税所得额用以该可抵扣亏损时，应确认相关的递延所得税资产。

学习子任务三　核算所得税

一、核算当期所得税

当期所得税，是指企业按照税法规定计算确定的针对当期发生的交易和事项，应缴纳给税务部门的所得税金额，即当期应交所得税。

应交所得税的计算流程如图 9－2 所示。

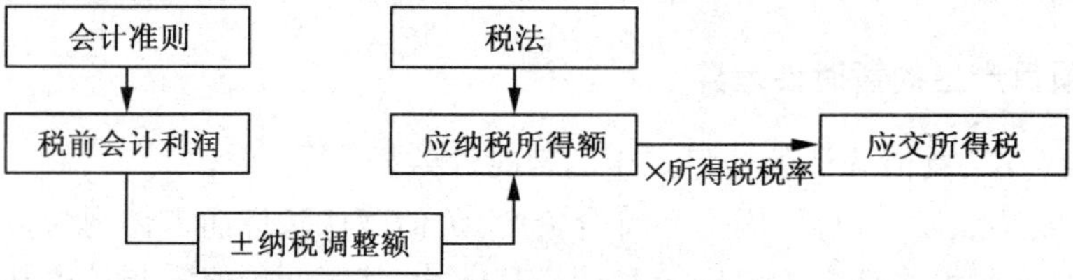

图 9－2　应交所得税的计算流程

企业在确定当期所得税时，对于当期发生的交易或事项，会计处理与税收处理不同的，应在会计利润的基础上，按照适用税收法规的规定进行调整，计算出当期应纳税所得额，按照应纳税所得额与适用所得税税率计算确定当期应交所得税。

一般情况下，应纳所得税额可在会计利润的基础上，考虑会计与税收法规之间的差异，按照以下公式计算确定：

应纳税所得额＝会计利润＋按会计准则规定计入利润表但计税时不允许税前扣除的费用
±计入利润表的费用与按税法规定可予税前抵扣的金额之间的差额
±计入利润表的收入与按税法规定应计入应纳税所得额的收入之间的差额
－税法规定的不征税收入
±其他需要调整的因素

二、核算递延所得税

递延所得税，是指按照所得税准则规定当期应予确认的递延所得税资产和递延所得税负债金额，即递延所得税资产和递延所得税负债当期发生额的综合结果，但不包括计入所有者权益的交易或事项的所得税影响金额。

(一)核算递延所得税负债

1. 确认递延所得税负债

除所得税准则中明确规定可不确认递延所得税负债的情况以外，企业对于所有的应纳税暂时性差异均应确认相关的递延所得税负债。

【学中做 9－19】　甲公司一项固定资产原价为 120 万元，假设会计折旧年限为 4 年，税法折旧年限为 3 年，不考虑净残值，会计与税法均按直线法计提折旧，则会计上每年计提 30 万元的折旧，税法上每年计提 40 万元的折旧。假定 2014 年会计利润为 100 万元，且递延所得税负债不存在期初余额。

甲公司 2014 年相关会计处理如下：

固定资产账面价值＝120－30＝90(万元)

固定资产计税基础＝120－40＝80(万元)

固定资产账面价值 90 万元大于计税基础 80 万元，产生应纳税暂时性差异。

应纳税暂时性差异确认递延所得税负债金额＝10×25%＝2.5(万元)

应纳税所得额＝100－10＝90(万元)

应交所得税＝90×25%＝22.5(万元)

借：所得税费用	25	
贷：应交税费——应交所得税		22.5
递延所得税负债		2.5

【拓展思考】 用在【学中做 9－19】中，假定 2015 年会计利润为 120 万元，如何进行相应的会计处理？

需要说明的是，除与直接计入所有者权益的交易或事项以及企业合并中取得资产、负债相关的以外，在确认递延所得税负债的同时，应增加利润表中的所得税费用。

(1)某项交易或事项按照会计准则规定计入所有者权益的，由该交易或事项产生的递延所得税负债及其变化也应计入所有者权益，不构成利润表中的递延所得税费用。

【学中做 9－20】 甲公司 2014 年 12 月 1 日取得一项可供出售金融资产，成本为 500 万元。2014 年 12 月 31 日，该项可供出售金融资产的公允价值为 600 万元。公司适用的所得税税率为 25%。除该事项外，甲公司不存在其他会计与税法之间的差异，且递延所得税负债不存在期初余额。

可供出售金融资产的账面价值为 600 万元。

可供出售金融资产的计税基础为 500 万元。

2014 年 12 月 31 日该项可供出售金融资产产生应纳税暂时性差异 100 万元，应确认的递延所得税负债为 25 万元。

借：资本公积——其他资本公积	250 000	
贷：递延所得税负债		250 000

【拓展思考】 在【学中做 9－20】中，期末确认 100 万元的公允价值变动时，甲公司如何进行会计处理？

(2)企业合并中取得的资产、负债，其账面价值与计税基础不同，应确认相关递延所得税的，该递延所得税的确认影响合并中产生的商誉或是计入当期损益的金额，不影响所得税费用。

知识链接　　不确认递延所得税负债的特殊情况

有些情况，虽然资产、负债的账面价值与其计税基础不同，产生应纳税暂时性差异，但所得税准则规定不确认相应的递延所得税负债，主要包括：

(1)商誉的初始确认。非同一控制下的企业合并中产生的商誉。在免税合并的情况下，税法不认可商誉的价值，即计税基础为0，形成应纳税暂时性差异。但准则中规定不确认相关的递延所得税负债。

(2)除企业合并以外的其他交易或事项中，如果该项交易或事项发生时既不影响会计利润，也不影响应纳税所得额，则所产生的资产、负债的初始确认金额与其计税基础不同，形成应纳税暂时性差异的，交易或事项发生时不确认相应的递延所得税负债。

(3)与子公司、联营企业、合营企业投资等相关的应纳税暂时性差异，一般应确认相应的递延所得税负债，但同时满足以下两个条件的除外：

一是投资企业能够控制暂时性差异转回的时间；

二是该暂时性差异在可预见的未来很可能不会转回。

满足上述条件时，投资企业可以运用自身的影响力决定暂时性差异的转回，如果不希望其转回，则在可预见的未来该项暂时性差异即不会转回，从而无须确认相应的递延所得税负债。

2. 计量递延所得税负债

所得税准则规定，资产负债表日，对于递延所得税负债，应当根据适用税法规定，按照预期收回该资产或清偿该负债期间的适用税率计量。

即递延所得税负债应以相关应纳税暂时性差异转回期间按照税法规定适用的所得税税率计量。无论应纳税暂时性差异的转回期间如何，递延所得税负债的确认不要求折现。

(二)核算递延所得税资产

1. 确认递延所得税资产

(1)企业应当以很可能取得用来抵扣可抵扣暂时性差异的应纳税所得额为限，确认由可抵扣暂时性差异产生的递延所得税资产。

在可抵扣暂时性差异转回的未来期间内，企业无法产生足够的应纳税所得额用以抵减可抵扣暂时性差异的影响，使得与递延所得税资产相关的经济利益无法实现的，该部分递延所得税资产不应确认；企业有明确的证据表明其于可抵扣暂时性差异转回的未来期间能够产生足够的应纳税所得额，进而利用可抵扣暂时性差异的，则应以可能取得的应纳税所得额为限，确认相关的递延所得税资产。

【学中做9－21】　甲公司2014年亏损100万元，如果现在已有证据表明该企业未来5年的盈利最多只有50万元，即有证据表明未来期间的应纳税所得额只有50万元，那么现在不能确认递延所得税资产25万元(100×25%)，只能确认递延所得税资产12.5万元(50×25%)。

这个要求的含义就是：在借记递延所得税资产时，将来应有机会可以在贷方体现，递延所得税资产不能永久地挂在账上，放在报表中将来无法转回。

(2)按照税法规定可以结转以后年度的未弥补亏损和税款抵减，应视同可抵扣暂时性差异处理。

在预计可利用可弥补亏损或税款抵减的未来期间内能够取得足够的应纳税所得额时，除准则中不予确认的情况外，应当以很可能取得的应纳税所得额为限，确认相应的递延所得税资产，同时减少确认当期的所得税费用。

(3)与直接计入所有者权益的交易或事项相关的可抵扣暂时性差异，相应的递延所得税资产应计入所有者权益。

【学中做9—22】 甲公司2014年12月1日取得一项可供出售金融资产，成本为220万元。2014年12月31日，该项可供出售金融资产的公允价值为200万元。公司适用的所得税税率为25%。除该事项外，甲公司不存在其他会计与税法之间的差异，且递延所得税负债不存在期初余额。

可供出售金融资产的账面价值为220万元。

可供出售金融资产的计税基础为200万元。

2014年12月31日该项可供出售金融资产产生可抵扣暂时性差异20万元，应确认的递延所得税资产为5万元。

借：递延所得税资产　　50 000

　贷：资本公积——其他资本公积　　50 000

(4)企业合并中，按照会计准则规定确定的合并中取得各项可辨认资产、负债的入账价值与其计税基础之间形成可抵扣暂时性差异的，应确认相应的递延所得税资产，并调整合并中应予确认的商誉或是应计入当期损益的金额(商誉不足冲减的部分)。

(5)不确认递延所得税资产的特殊情况。

在某些情况下，企业发生的某项交易或事项不属于企业合并，并且该交易发生时既不影响会计利润也不影响应纳税所得额，且该项交易中产生的资产、负债的初始确认金额与其计税基础不同，产生可抵扣暂时性差异的，所得税准则中规定在交易或事项发生时不确认相应的递延所得税资产。

【学中做9—23】 承【学中做9—5】，无形资产计税基础为900万元，大于账面价值600万元，形成可抵扣暂时性差异300万元。

该无形资产在初始确认时其账面价值与计税基础即存在差异。由于无形资产并非产生于企业合并，同时在初始确认时既不影响会计利润也不影响应纳税所得额，不确认与该暂时性差异相关的递延所得税资产。

【学中做9—24】 甲公司于2014年度共发生研发支出200万元，其中研究阶段支出20万元，开发阶段不符合资本化条件支出60万元，符合资本化条件支出120万元形成无形资产。假定该无形资产于2014年7月20日达到预定用途，采用直线法按5年摊销。该公司2014年税前会计利润为1 000万元，适用的所得税税率为25%。不考虑其他纳税调整事项。假定无形资产摊销计入管理费用。

2014 年按准则规定计入管理费用金额＝20＋60＋120÷5÷12×6＝92(万元)

2014 按税法规定年应计入损益的金额＝92＋92×50％＝138(万元)

2014 年应纳税所得额调减金额＝92×50％＝46(万元)

2014 年应交所得税＝(1 000－46)×25％＝238.5(万元)

2014 年 12 月 31 日无形资产账面价值＝120－120÷5÷12×6＝108(万元)，计税基础＝108×150％＝162(万元)，可抵扣暂时性差异＝162－108＝54(万元)，但不能确认递延所得税资产。

2. 计量递延所得税资产

(1)适用税率的确定。确认递延所得税资产时，应当以预期收回该资产期间的适用所得税税率为基础计算确定。无论相关的可抵扣暂时性差异转回期间如何，递延所得税资产均不予折现。

(2)递延所得税资产账面价值的复核。资产负债表日，企业应当对递延所得税资产的账面价值进行复核。

如果未来期间很可能无法取得足够的应纳税所得额用以利用递延所得税资产带来的利益，应当减记递延所得税资产的账面价值。

递延所得税资产的账面价值减记以后，以后期间根据新的环境和情况判断能够产生足够的应纳税所得额利用可抵扣暂时性差异，使得递延所得税资产包含的经济利益能够实现的，应相应恢复递延所得税资产的账面价值。

【学中做 9－25】 资产负债表日，企业应当对递延所得税资产的账面价值进行复核。如果未来期间很可能无法获得足够的应纳税所得额用以抵扣递延所得税资产的利益，应当减记递延所得税资产的账面价值。继后期间在很可能获得足够的应纳税所得额时，减记的金额也不应当转回。

正确答案：×

答案解析：资产负债表日，企业应当对递延所得税资产的账面价值进行复核。如果未来期间很可能无法获得足够的应纳税所得额用以抵扣递延所得税资产的利益，应当减记递延所得税资产的账面价值。以后期间在很可能获得足够的应纳税所得额时，减记的金额应当转回。

知识链接　　适用税率变化对确认递延所得税资产和递延所得税负债的影响

因税收法规的变化，导致企业在某一会计期间适用的所得税税率发生变化的，企业应对已确认的递延所得税资产和递延所得税负债按照新的税率进行重新计量。

递延所得税资产和递延所得税负债的金额代表的是有关可抵扣暂时性差异或应纳税暂时性差异于未来期间转回时，导致企业应交所得税金额的减少或增加的情况。适用税率变动的情况下，应对原已确认的递延所得税资产及递延所得税负债的金额进行调整，反映税率变化带来的影响。

除直接计入所有者权益的交易或事项产生的递延所得税资产及递延所得税负债，相关的调整金额应计入所有者权益以外，其他情况下因税率变化产生的调整金额应确认为税率变化当期的所得税费用(或收益)。

三、核算所得税费用

利润表中确认的所得税费用为当期所得税和递延所得税之和，即：

所得税费用＝当期所得税＋递延所得税

递延所得税＝(递延所得税负债的期末余额－递延所得税负债的期初余额)
－(递延所得税资产的期末余额－递延所得税资产的期初余额)
＝当期递延所得税负债的增加＋当期递延所得税资产的减少
－当期递延所得税负债的减少－当期递延所得税资产的增加

需要说明的是，“递延所得税资产”账户借方表示增加，贷方表示减少；“递延所得税负债”账户贷方表示增加，借方表示减少。

如果某项交易或事项按照会计准则应计入所有者权益，则其产生的递延所得税资产或负债及其变化也应计入所有者权益(资本公积)，不构成递延所得税费用(或收益)。

【学中做9－26】 甲公司2014年度利润表中利润总额为6 000万元，该公司适用的所得税税率为25%。递延所得税资产及递延所得税负债不存在期初余额。与所得税核算有关的情况如下：

2014年发生的有关交易和事项中，会计处理与税收处理存在差别的有：

(1)2014年1月开始计提折旧的一项固定资产，成本为3 000万元，使用年限为10年，净残值为0，会计处理按双倍余额递减法计提折旧，税收处理按直线法计提折旧。假定税法规定的使用年限及净残值与会计规定相同。

(2)向关联企业捐赠现金1 000万元。假定按照税法规定，企业向关联方的捐赠不允许税前扣除。

(3)当期取得作为交易性金融资产核算的股票投资成本为1 600万元，2014年12月31日的公允价值为2 400万元。税法规定，以公允价值计量的金融资产持有期间市价变动不计入应纳税所得额。

(4)违反环保法规定应支付罚款500万元。

(5)期末对持有的存货计提了150万元的存货跌价准备，存货账面余额为4 150万元。

该公司2014年资产负债表相关项目金额及其计税基础如表9－6所示。

表9－6　甲公司2014年资产负债表相关项目金额及其计税基础　单位：万元

项　目	账面价值	计税基础	差　异	
			应纳税暂时性差异	可抵扣暂时性差异
存货	4 000	4 150		150
固定资产：				
固定资产原价	3 000	3 000		
减：累计折旧	600	300		
减：固定资产减值准备	0	0		
固定资产账面价值	2 400	2 700		300
交易性金融资产	2 400	1 600	800	

续表

项目	账面价值	计税基础	差异	
			应纳税暂时性差异	可抵扣暂时性差异
其他应付款	500	500		
合计			800	450

(1)2014 年度当期应交所得税：

应纳税所得额＝6 000＋300＋1 000－800＋500＋150＝7 150(万元)

应交所得税＝7 150×25%＝1 787.5(万元)

(2)2014 年度递延所得税：

递延所得税资产＝450×25%＝112.5(万元)

递延所得税负债＝800×25%＝200(万元)

(3)利润表中应确认的所得税费用。

确认所得税费用的账务处理如下：

借：所得税费用　　18 750 000

　　递延所得税资产　　1 125 000

　　贷：应交税费——应交所得税　　17 875 000

　　　　递延所得税负债　　2 000 000

【拓展思考】 在【学中做 9－26】中，2014 年 1 月 1 日递延所得税资产和递延所得税负债的期初余额为 120 000 元和 260 000 元，又该如何进行会计处理？

【任务小结】

本学习任务主要包括：分析所得税会计，计算资产和负债的计税基础及暂时性差异，核算所得税。

- 所得税的会计处理
  - 分析所得税会计
    - 所得税会计的含义
    - 所得税会计的核算方法
    - 所得税会计的核算程序
  - 计算资产和负债的计税基础及暂时性差异
    - 界定暂时性差异
    - 计算资产的计税基础及暂时性差异
    - 计算负债的计税基础及暂时性差异
    - 特殊项目产生的暂时性差异
  - 核算所得税
    - 核算当期所得税
    - 核算递延所得税
    - 核算所得税费用

【做中学——职业技能·职业资格考试训练】

一、单项选择题

1. 某企业2014年度的利润总额为1 000万元，其中包括本年收到的国库券利息收入10万元；全年实发工资为350万元，假设均为合理的职工薪酬，企业所得税税率为25%。税法规定，国库券利息收入免税，企业发生的合理的职工薪酬可在税前扣除。不考虑其他因素，则该企业2014年所得税费用为(　　)万元。

A. 340　　B. 247.5　　C. 252.5　　D. 162.5

2. 企业因下列事项所确认的递延所得税，不影响所得税费用的是(　　)。

A. 期末固定资产的账面价值高于其计税基础，产生的应纳税暂时性差异

B. 期末按公允价值调减交易性金融资产的金额，产生的可抵扣暂时性差异

C. 期末按公允价值调增可供出售金融资产的金额，产生的应纳税暂时性差异

D. 期末按公允价值调增投资性房地产的金额，产生的应纳税暂时性差异

3. 某公司2007年利润总额为1 000万元，适用的所得税税率为33%，根据2007年颁布的企业所得税税法，自2008年1月1日起适用的所得税税率变更为25%。2007年发生的交易事项中，会计与税收规定之间存在差异的包括：(1)当期计提存货跌价准备80万元；(2)年末持有的可供出售金融资产当期公允价值上升200万元；(3)当年确认持有至到期国债投资利息收入40万元。假定该公司2007年1月1日不存在暂时性差异，预计未来期间能够产生足够的应纳税所得额。该公司2007年度利润表中列示的所得税费用为(　　)万元。

A. 323.2　　B. 343.2　　C. 333.2　　D. 363.2

4. 甲公司2008年1月1日购入一项无形资产。该无形资产的实际成本为1 000万元，摊销年限为10年(与税法规定相同)，采用直线法摊销(与税法规定相同)。2012年12月31日，该无形资产发生减值，预计可收回金额为360万元。计提减值准备后，该无形资产原摊销年限和摊销方法不变。所得税税率为25%。2013年12月31日，与该无形资产相关的"递延所得税资产"科目余额为(　　)万元。

A. 30　　B. 72　　C. 36　　D. 28

5. 甲公司自2012年2月1日起自行研究开发一项新产品专利技术，2012年度在研究开发过程中发生研究费用300万元，开发阶段符合资本化条件前发生的支出为400万元，符合资本化条件后至达到预定用途前发生的支出为600万元，2013年4月2日该项专利技术获得成功并取得专利权。甲公司预计该项专利权的使用年限为10年，采用直线法进行摊销。甲公司发生的研究开发支出及预计年限均符合税法规定的条件，所得税税率为25%。甲公司2013年年末因上述业务确认的递延所得税资产为(　　)万元。

A. 0　　B. 75　　C. 69.38　　D. 150

6. 某企业 2014 年 1 月 1 日持有购入一项可供出售金融资产，价款为 2 500 万元，2014 年 12 月 31 日该项可供出售金融资产的公允价值为 3 000 万元，则产生的暂时性差异为（　　）。

A. 应纳税暂时性差异 500 万元　　B. 可抵扣暂时性差异 500 万元

C. 应纳税暂时性差异 5 500 万元　　D. 可抵扣暂时性差异 5 500 万元

7. 2012 年 12 月 31 日，A 公司"预计负债——产品质量保证费用"科目贷方余额为 100 万元，2013 年实际发生产品质量保证费用 90 万元，2013 年 12 月 31 日预提产品质量保证费用 120 万元，税法规定相关支出在实际发生时准予税前扣除。2013 年 12 月 31 日，下列说法中正确的是（　　）。

A. 应纳税暂时性差异余额为 130 万元　B. 可抵扣暂时性差异余额为 130 万元

C. 应纳税暂时性差异余额为 120 万元　D. 可抵扣暂时性差异余额为 120 万元

8. 某公司适用的所得税税率为 25%，2013 年 12 月因违反当地有关环保法规的规定，接到环保部门的处罚通知，要求其支付罚款 100 万元。税法规定，企业因违反国家有关法律法规支付的罚款和滞纳金，计算应纳税所得额时不允许税前扣除。至 2013 年 12 月 31 日，该项罚款尚未支付。则 2013 年年末该公司产生的应纳税暂时性差异为（　　）万元。

A. 0　　B. 100　　C. −100　　D. 25

9. 甲公司 2012 年 12 月 31 日"预计负债——产品质量保证"科目贷方余额为 50 万元，2013 年实际发生产品质量保证费用 30 万元，2013 年 12 月 31 日预提产品质量保证费用 40 万元，税法规定因产品质量保证而计提的预计负债，可在实际发生时税前扣除。不考虑其他因素，则 2013 年 12 月 31 日该项负债的计税基础为（　　）万元。

A. 0　　B. 30　　C. 50　　D. 40

10. 下列各项负债中，其计税基础为零的是（　　）。

A. 因欠税产生的应交税款滞纳金　　B. 因购入存货形成的应付账款

C. 因确认保修费用形成的预计负债　　D. 为职工计提的应付养老保险金

二、多项选择题

1. 下列各事项中，计税基础等于账面价值的有（　　）。

A. 应付的购货合同违约金　　B. 计提的国债利息

C. 因产品质量保证计提的预计负债　　D. 应付的税收滞纳金

2. 下列关于资产或负债的计税基础的表述中，正确的有（　　）。

A. 资产的计税基础，即在未来期间计税时按照税法规定可以税前扣除的金额

B. 资产的计税基础，即账面价值减去在未来期间计税时按照税法规定可以税前扣除的金额

C. 负债的计税基础，即在未来期间计税时，按照税法规定可以税前扣除的金额

D. 负债的计税基础，即账面价值减去在未来期间计税时按照税法规定可以税前扣除的金额

3. 下列交易或事项中，其计税基础等于账面价值的有(　　)。

A. 企业持有的交易性金融资产在资产负债表日的公允价值变动

B. 企业为关联方提供债务担保确认了预计负债 1 000 万元

C. 企业自行开发的无形资产，开发阶段符合资本化条件的支出为 100 万元，按税法规定，开发阶段支出形成无形资产，要按照无形资产成本的 150%摊销

D. 税法规定的收入确认时点与会计准则一致，会计确认预收账款 500 万元

4. 下列交易或事项中，产生应纳税暂时性差异的有(　　)。

A. 企业购入固定资产，会计采用直线法计提折旧，税法采用年数总和法计提折旧

B. 企业购入交易性金融资产，期末公允价值小于其初始确认金额

C. 企业购入无形资产，作为使用寿命不确定的无形资产进行核算

D. 对联营企业的长期股权投资，因被投资单位实现净利润而调整增加投资的账面价值

5. 下列资产和负债项目的账面价值与其计税基础之间的差额，应确认递延所得税的有(　　)。

A. 企业自行研究开发并资本化的专利权

B. 期末按公允价值调增可供出售金融资产的金额

C. 期末按公允价值调减投资性房地产的金额

D. 企业因销售商品提供售后服务确认的预计负债

6. 下列项目中，应确认递延所得税负债的有(　　)。

A. 固定资产账面价值大于其计税基础

B. 可供出售金融资产账面价值大于其计税基础

C. 预计负债账面价值大于其计税基础

D. 预收账款账面价值大于其计税基础

三、判断题

1. 对于按税法规定可以结转到以后年度的未弥补亏损和税款抵减，在预计可利用可弥补亏损或税款抵减的未来期间内能够取得足够的应纳税所得额时，应当以很可能取得的应纳税所得额为限，确认相关的递延所得税资产。(　　)

2. 递延所得税负债应以相关应纳税暂时性差异产生期间适用的所得税税率计量，递延所得税负债的确认不要求折现。(　　)

3. 递延所得税资产或递延所得税负债均应以相关暂时性差异产生当期适用的所得税税率计量。(　　)

4. 可抵扣暂时性差异是指在确定未来收回资产或清偿负债期间的应纳税所得额时，将导致产生应税金额的暂时性差异。(　　)

5. 资产账面价值大于其计税基础，产生可抵扣暂时性差异；负债账面价值小于其计税基础，产生可抵扣暂时性差异。(　　)

6. 企业应缴纳的罚款和滞纳金，在尚未支出之前按照会计准则规定确认为费用，同时

作为负债反映。税法规定，罚款和滞纳金不允许税前扣除，则该项负债的账面价值等于计税基础。（　　）

7. 资产的账面价值与计税基础不同产生暂时性差异的原因，主要是由于会计和税收对资产的入账价值不同所产生的。（　　）

8. 未作为资产和负债确认的项目，如按照税法规定可以确定其计税基础，则该计税基础与其账面价值之间的差额应属于暂时性差异。（　　）

四、计算分录题

1. 甲公司2013年度利润表中利润总额为3 000万元，该公司适用的所得税税率为25%。递延所得税资产及递延所得税负债不存在期初余额。与所得税核算有关的情况如下：

2013年发生的有关交易和事项中，会计处理与税收处理存在差别的有：

(1)2013年1月开始计提折旧的一项固定资产，成本为1 500万元，使用年限为10年，净残值为0，会计处理按双倍余额递减法计提折旧，税收处理按直线法计提折旧。假定税法规定的使用年限及净残值与会计规定相同。

(2)向关联企业捐赠现金500万元。假定按照税法规定，企业向关联方的捐赠不允许税前扣除。

(3)当期取得作为交易性金融资产核算的股票投资成本为800万元，2013年12月31日的公允价值为1 200万元。税法规定，以公允价值计量的金融资产持有期间市价变动不计入应纳税所得额。

(4)违反环保法规定应支付罚款250万元。

(5)期末对持有的存货计提了75万元的存货跌价准备，存货账面余额为2 075万元。

要求：进行所得税相关的会计处理。

2. 甲股份有限公司(以下简称"甲公司")为上市公司，2012年1月1日递延所得税资产余额为396万元，递延所得税负债余额为990万元，适用的所得税税率为33%。根据税法规定，自2013年1月1日起，该公司适用的所得税税率变更为25%。

该公司2012年利润总额为6 000万元，涉及所得税的交易或事项如下：

(1)2012年1月1日，以2 044.70万元自证券市场购入当日发行的一项3年期到期还本付息国债。该国债票面金额为2 000万元，票面年利率为5%，年实际利率为4%，到期日为2014年12月31日。甲公司将该国债作为持有至到期投资核算。税法规定，国债利息收入免交所得税。

(2)2011年12月15日，甲公司购入一项管理用设备，支付购买价款、运输费、安装费等共计2 400万元。12月26日，该设备经安装达到预定可使用状态。甲公司预计该设备使用年限为10年，预计净残值为零，采用年限平均法计提折旧。税法规定，该类固定资产的折旧年限为20年。假定甲公司该设备预计净残值和采用的折旧方法符合税法规定。

(3)2012年6月20日，甲公司因废水超标排放被环保部门处以300万元罚款，罚款已用银行存款支付。税法规定，企业违反国家法规所支付的罚款不允许在税前扣除。

(4)2012 年 9 月 12 日，甲公司自证券市场购入某股票，支付价款 500 万元(假定不考虑交易费用)。甲公司将该股票作为交易性金融资产核算。12 月 31 日，该股票的公允价值为 1 000 万元。假定税法规定，交易性金融资产持有期间公允价值变动金额不计入应纳税所得额，待出售时一并计入应纳税所得额。

(5)2012 年 10 月 10 日，甲公司由于为乙公司银行借款提供担保，乙公司未如期偿还借款，而被银行提起诉讼，要求其履行担保责任。12 月 31 日，该诉讼尚未审结。甲公司预计履行该担保责任很可能支出的金额为 2 200 万元。税法规定，企业为其他单位债务提供担保发生的损失不允许在税前扣除。

(6)其他有关资料如下：

①甲公司预计 2012 年 1 月 1 日存在的暂时性差异将在 2013 年 1 月 1 日以后转回。

②甲公司上述交易或事项均按照企业会计准则的规定进行了处理。

③甲公司预计在未来期间有足够的应纳税所得额用于抵扣可抵扣暂时性差异。

要求：

(1)根据上述交易或事项，计算 2012 年 12 月 31 日暂时性差异计算。

(2)计算甲公司 2012 年应纳税所得额和应交所得税。

(3)计算甲公司 2012 年应确认的递延所得税和所得税费用。

(4)编制甲公司 2012 年确认所得税费用的相关会计分录。

学习任务十

资产负债表日后事项的会计处理

【职业能力目标】

能够准确界定、判断资产负债表日后事项，并对调整事项和非调整事项两类资产负债表日后事项进行正确的会计核算。

【典型学习任务】

界定资产负债表日后事项，核算资产负债表日后事项。

学习子任务一　界定资产负债表日后事项

一、资产负债表日后事项的含义

资产负债表日后事项，是指资产负债表日至财务报告批准报出日之间发生的有利或不利事项。理解资产负债表日后事项的含义，需要注意以下几点：

(一)界定资产负债表日

资产负债表日是指会计年度末和会计中期期末。

按照《会计法》的规定，我国会计年度采用公历年度，即 1 月 1 日至 12 月 31 日。因此，年度资产负债表日是指每年的 12 月 31 日。

中期是指短于一个完整的会计年度的报告期间，包括半年度、季度和月度。中期资产负债表日是指各会计中期期末，包括月末、季末和半年末。

【拓展思考】 企业提供第一季度财务报告时，资产负债表日是哪一时点？企业提供半年度财务报告时，资产负债表日又是哪一时点？

(二)界定财务报告批准报出日

财务报告批准报出日，是指董事会或类似机构批准财务报告报出的日期，通常是对财务报告的内容负有法律责任的单位或个人批准财务报告对外公布的日期。

公司制企业的财务报告批准报出日，是指董事会批准财务报告报出的日期，既不是股东大会审议批准的日期，也不是注册会计师出具审计报告的日期。

非公司制企业的财务报告批准报出日，是指经理（厂长）会议或类似机构批准财务报告报出的日期。

知识链接　　资产负债表日后事项涵盖的期间

资产负债表日后事项涵盖的期间是自资产负债表日次日起至财务报告批准报出日止的期间。对于上市公司而言，这一期间涉及几个日期：完成财务报告编制日、注册会计师出具审计报告日、董事会批准财务报告可以对外公布日、实际对外公布日等。具体而言，资产负债表日后事项涵盖的期间应当包括：

(1)报告期间下一期间的第一天至董事会或类似机构批准财务报告对外公布的日期；

(2)财务报告批准报出以后、实际报出之前又发生与资产负债表日后事项有关的事项，并由此影响财务报告对外公布日期的，应以董事会或类似机构再次批准财务报告对外公布的日期为截止日期。

如果公司管理层由此修改了财务报表，注册会计师应当根据具体情况实施必要的审计程序，并针对修改后的财务报表出具新的审计报告。

【学中做 10－1】 甲公司 2013 年的年度财务报告于 2014 年 2 月 20 日编制完成，注册会计师完成年度财务报表审计工作并签署审计报告的日期为 2014 年 4 月 16 日，董事会批准财务报告对外公布的日期为 2014 年 4 月 17 日，财务报告实际对外公布的日期为 2014 年 4 月 23 日，股东大会召开日期为 2014 年 5 月 6 日。

根据资产负债表日后事项涵盖期间的规定，甲公司 2013 年年度资产负债表日后事项涵盖的期间为 2014 年 1 月 1 日至 2014 年 4 月 17 日。

如果 4 月 17 日至 23 日发生了重大事项，需要调整财务报表相关项目或需要在财务报表附注中披露，经过调整或说明后的财务报告再经董事会批准报出日期为 2014 年 4 月 25 日，实际报出的日期为 2014 年 4 月 30 日，则 2013 年年度资产负债表日后事项涵盖的期间为 2014 年 1 月 1 日至 2014 年 4 月 25 日。

(三)界定有利事项和不利事项

资产负债表日后事项包括有利事项和不利事项，即对于资产负债表日后有利或不利事项的处理原则相同。“有利或不利事项”是指资产负债表日后对企业财务状况和经营成果具有一定影响（既包括有利影响也包括不利影响）的事项。如果某些事项的发生对企业并无任何影响，那么，这些事项既不是有利事项，也不是不利事项，也就不属于所说的资产负债表日后事项。

关于资产负债表日后事项的理解如图 10－1 所示。

关于图 10－1 需要说明以下几点：

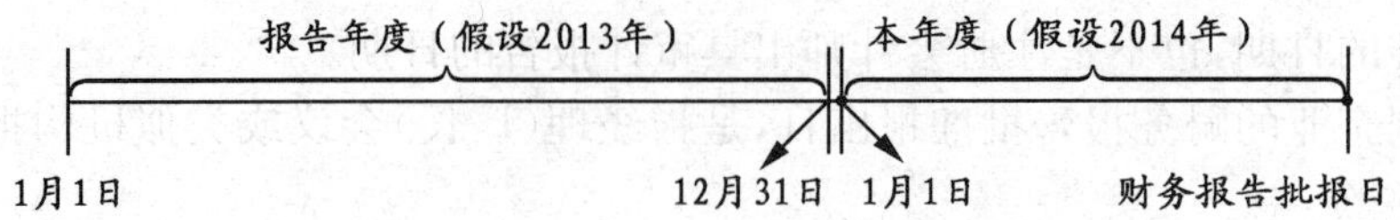

图 10—1　资产负债表日后事项示意图

(1)资产负债表日后事项涵盖的期间是 2014 年 1 月 1 日(不包括 2013 年 12 月 31 日，包括 2014 年 1 月 1 日)至财务报告批准报出日。

(2)2014 年 1 月 1 日至财务报告批准报出日之间发生的事项并不一定都归属于报告年度。

(3)资产负债表日后事项针对报告年度而言，虽然发生在下一年度，但其应归属于报告年度。

(4)资产负债表日后事项的发生需要对报告年度的财务报表进行重新调整或披露，相当于报告年度的延续。

二、资产负债表日后事项的内容

资产负债表日后事项包括资产负债表日后调整事项和资产负债表日后非调整事项。

(一)调整事项

资产负债表日后调整事项，是指对资产负债表日已经存在的情况提供了新的或进一步证据的事项。

调整事项的特点是：

(1)在资产负债表日已经存在，资产负债表日后得以证实的事项；

(2)对按资产负债表日存在状况编制的财务报表产生重大影响的事项。

如果资产负债表日后事项及所属会计期间已经存在某些情况，但当时并不知道其存在或者不能知道确切结果，资产负债表日后发生的事项能够证实该情况的存在或者确切结果，则该事项属于资产负债表日后事项中的调整事项。

企业发生的资产负债表日后调整事项，应当调整资产负债表日的财务报表。

关于调整事项的理解如图 10—2 所示。

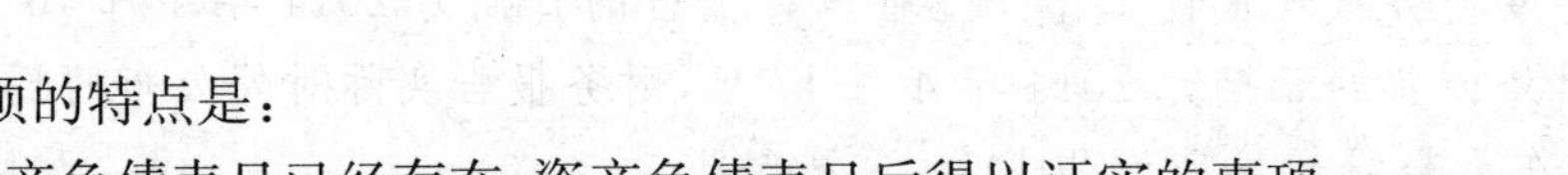

图 10—2　调整事项示意图

关于图 10—2 需要说明以下几点：

(1)“因”是指已经存在某些情况，“果”是指该情况的确切结果。

(2)调整事项的重要特点是“有因有果，因果分开”，即：“因”发生在2013年1月1日至12月31日或以前，“果”发生在2014年1月1日至财务报告批准报出日。

(3)“因”与“果”同处在2013年1月1日至12月31日期间以及2014年1月1日至财务报告批准报出日期间，则不属于调整事项。

企业发生的资产负债表日后调整事项，通常包括下列各项：

(1)资产负债表日后诉讼案件结案，法院判决证实了企业在资产负债表日已经存在现时义务，需要调整原先确认的与该诉讼案件相关的预计负债，或确认一项新负债。

(2)资产负债表日后取得确凿证据，表明某项资产在资产负债表日发生了减值或者需要调整该项资产原先确认的减值金额。

【学中做10-2】 2013年11月15日A公司向B公司销售一批商品，之后B公司发生财务困难，未能及时付款，到2013年12月31日，A公司据估计对该项应收账款计提了20%的坏账准备。

2014年1月20日B公司倒闭。根据法院所裁定清偿的顺序，A公司的销货款只能收回20%，此时补提60%的坏账准备。

该事项影响重大，且在资产负债表日已经存在，日后进一步发展的，应按照资产负债表日后调整事项处理，调整报告年度(2013年度)的财务报告。

(3)资产负债表日后进一步确定了资产负债表日前购入资产的成本或售出资产的收入。

【学中做10-3】 2013年12月，A公司销售商品给B公司，销售后B公司发来一份传真说明产品质量有问题并要求退货，2014年1月20日B公司将产品退回给A公司。

对A公司来说，在2013年销售时确认了收入，但对方提出退货要求时因为并未真正收到退货，故没有做销售退回的处理。而2014年1月份有了新的证据，即收到了退回的商品，这种情况应按照资产负债表日后调整事项处理，将销售退回的金额调整报告年度(2013年度)的财务报告。

(4)资产负债表日后发现了财务报表舞弊或差错。

(二)非调整事项

资产负债表日后非调整事项，是指表明资产负债表日后发生的情况的事项。

非调整事项的特点是：

(1)事项在资产负债表日并不存在；

(2)影响比较重大，若不说明将会影响财务报告使用者作出正确估计和决策。

企业发生的资产负债表日后非调整事项，不应当调整资产负债表日的财务报表。

非调整事项的发生不影响资产负债日企业的财务报表数字，只说明资产负债表日后发生了某些情况，对于财务报告使用者而言，重要的非调整事项虽然不影响资产负债表日的财务报表数字，但可能影响资产负债表日以后的财务状况和经营成果，不加以说明将会影响财务报告使用者作出正确估计和决策，因此需要适当披露。

关于非调整事项的理解如图10-3所示。

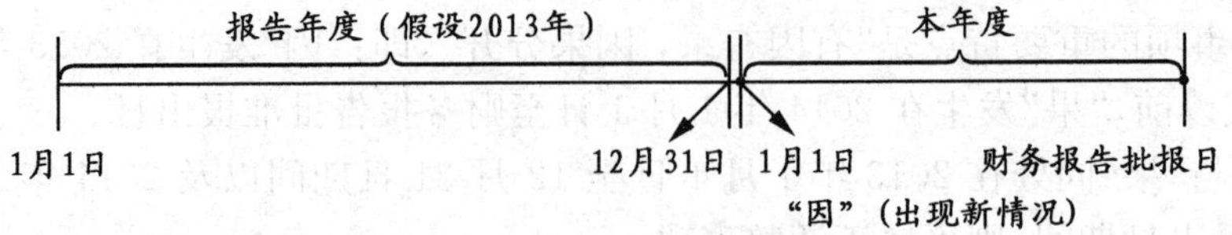

图 10—3　非调整事项示意图

关于图 10—3 需要说明以下几点：

(1)非调整事项的重要特点是"有因不强调果"，即："因"发生在 2014 年 1 月 1 日至财务报告批准报出日。

(2)非调整事项表明的情况在 2014 年 1 月 1 日至财务报告批准报出日不存在。

企业发生的资产负债表日后非调整事项，通常包括下列各项：

(1)资产负债表日后发生重大诉讼、仲裁、承诺。

(2)资产负债表日后资产价格、税收政策、外汇汇率发生重大变化。

(3)资产负债表日后因自然灾害导致资产发生重大损失。

(4)资产负债表日后发行股票和债券以及其他巨额举债。

(5)资产负债表日后资本公积转增资本。

(6)资产负债表日后发生巨额亏损。

(7)资产负债表日后发生企业合并或处置子公司。

资产负债表日后，企业利润分配方案中拟分配的以及经审议批准宣告发放的股利或利润，不确认为资产负债表日的负债，但应当在附注中单独披露。

【学中做 10—4】 企业自年度资产负债表日至财务报告批准报出日之间发生的下列事项中，属于非调整事项的有（　　）。

A. 董事会作出出售子公司决议

B. 发行股票

C. 董事会作出与债权人进行债务重组决议

D. 因冰冻天气给企业库存商品造成重大损失

正确答案：ABCD

【学中做 10—5】 资产负债表日至财务会计报告批准报出日之间发生的下列事项，属于资产负债表日后调整事项的是（　　）。

A. 为子公司的银行借款提供担保

B. 对资产负债表日存在的债务签订债务重组协议

C. 法院判决赔偿的金额与资产负债表日预计的相关负债的金额不一致

D. 遭受自然灾害导致资产负债表日存在的资产发生重大损失

正确答案：C

答案解析：选项 A、B、D 均符合日后非调整事项的定义和特征，属于日后非调整事项。

【学中做 10－6】 甲公司2013年度财务报告经董事会批准对外公布的日期为2014年3月30日，实际对外公布的日期为2014年4月3日。甲公司2014年1月1日至4月3日发生的下列事项中，应当作为资产负债表日后调整事项核算的是（　　）。

A. 3月1日发现2013年10月接受捐赠获得的一项固定资产尚未入账

B. 3月11日临时股东大会决议购买乙公司51%的股权并于4月2日执行完

C. 4月2日为从丙银行借入8 000万元长期借款而签订重大资产抵押合同

D. 2月1日与丁公司签订的债务重组协议执行完毕，该债务重组协议系甲公司于2014年1月5日与丁公司签订

正确答案：A

答案解析：选项A，在日后期间发现报告年度的差错，报告年度资产负债表日反映的财务状况有问题，应作为调整事项；选项B、C、D，在报告年度资产负债表日并不存在，属于非调整事项，只需要表外披露。

【拓展思考】 调整事项与非调整事项有什么区别？

学习子任务二　核算资产负债表日后事项

一、核算资产负债表日后调整事项

知识链接　　调整事项处理原则

企业发生的调整事项，应当调整资产负债表日的财务报表。对于年度财务报告而言，由于资产负债表日后事项发生在报告年度的次年，报告年度的有关账目已经结转，特别是损益类账户结转后已无余额。因此，年度资产负债表日后发生的调整事项，应具体分别以下情况进行处理：

(1)涉及损益的事项，通过"以前年度损益调整"科目核算。

涉及损益的调整事项，如果发生在资产负债表所属年度（即报告年度）所得税汇算清缴之前的，应调整报告年度应纳税所得额、应纳所得税额；发生在报告年度所得税汇算清缴后的，应调整本年度（即报告年度的次年）应纳税所得额。

调整完成后，应将"以前年度损益调整"科目的贷方或借方余额，转入"利润分配——未分配利润"科目。

(2)涉及利润分配调整的事项，直接在"利润分配——未分配利润"科目核算。

(3)不涉及损益以及利润分配的事项，调整相关科目。

(4)通过上述账务处理后，还应同时调整财务报表相关项目的数字，包括：

①资产负债表日编制的财务报表相关项目的期末数或本年发生数；

②当期编制的财务报表相关项目的期初数或上年数；

③经过上述调整后，如果涉及财务报表附注内容的，还应当调整报表附注相关项目的数字。

【学中做 10—7】 下列发生于报告年度资产负债表日至财务报告批准报出日之间的各事项中，应调整报告年度财务报表相关项目金额的有(　　)。

A. 董事会通过报告年度利润分配方案

B. 发生重大诉讼案件

C. 资产负债表日未决诉讼结案，实际判决金额与已确认预计负债不同

D. 新证据表明存货在报告年度资产负债表日的可变现净值与原估计不同

正确答案：CD

答案解析：选项 A 和 B 属于非调整事项。选项 C 和 D 属于调整事项，需要调整报告年度财务报表相关项目金额。

为简化处理，本学习任务所有例子均假定：财务报告批准报出日均为次年 3 月 31 日，所得税税率为 25%，按净利润的 10%提取法定盈余公积，提取法定盈余公积后不再作其他分配；调整事项按税法规定均可调整应缴纳的所得税；涉及递延所得税资产的，均假定未来期间很可能取得用来抵扣暂时性差异的应纳所得税额；不考虑报表附注中有关现金流量表项目的数字。

(一)资产负债表日后诉讼案件结案，法院判决证实了企业在资产负债表日已经存在现时义务，需要调整原先确认的与该诉讼案件相关的预计负债，或确认一项新负债

【学中做 10—8】 甲公司与乙公司签订销售合同，约定甲公司在 2013 年 8 月向乙公司交付产品 2 000 件。但甲公司未按照合同发货，并致使乙公司遭受重大经济损失。2013 年 11 月，乙公司将甲公司告上法庭，要求甲公司赔偿 225 万元。2013 年 12 月 31 日人民法院尚未判决，甲公司对该诉讼事项确认预计负债 150 万元，乙公司未确认应收赔偿款。

2014 年 2 月 8 日，经人民法院判决甲公司应赔偿乙公司 200 万元，甲、乙双方均服从判决。判决当日，甲公司向乙公司支付赔偿款 200 万元。(假定该项预计负债产生的损失不允许在预计时税前抵扣，只有在损失实际发生时才允许税前抵扣)

1. 甲公司编制的会计分录如下：

(1)记录支付的赔偿款：

借：以前年度损益调整——营业外支出	500 000	
预计负债——未决诉讼	1 500 000	
贷：其他应付款——乙公司		2 000 000
借：其他应付款——乙公司	2 000 000	
贷：银行存款		2 000 000

注：资产负债表日后事项如涉及现金收支项目，均不调整报告年度资产负债表的货币资金项目和现金流量表各项目数字。在调整会计报表相关数字时，只需调整上述第一笔分录，第二笔分录作为 2014 年的会计事项处理。

(2)调整递延所得税资产：

注：对于甲公司 2013 年 12 月 31 日确认预计负债 150 万元，分析如下：

预计负债的计税基础＝账面价值－未来允许税前抵扣金额＝150－150＝0(万元)

预计负债账面价值大于计税基础，产生可抵扣暂时性差异150万元，确认为递延所得税资产。

递延所得税资产＝150×25%＝37.5(万元)

2013年年末因确认预计负债150万元时，已确认相应的递延所得税资产；但资产负债表日后事项发生后递延所得税资产不复存在，应予转销。

借：以前年度损益调整——所得税费用　　375 000

　　贷：递延所得税资产　　375 000

(3)调整应交所得税：

注：预计负债产生的损失在实际发生时允许税前抵扣，资产负债表日后应调减应交所得税。

调减应交所得税＝200×25%＝50(万元)

借：应交税费——应交所得税　　500 000

　　贷：以前年度损益调整——所得税费用　　500 000

(4)将"以前年度损益调整"科目余额转入未分配利润：

借：利润分配——未分配利润　　375 000

　　贷：以前年度损益调整——本年利润　　375 000

(5)因净利润减少，调减盈余公积：

借：盈余公积——法定盈余公积(375 000×10%)　　37 500

　　贷：利润分配——未分配利润　　37 500

(6)调整报告年度财务报表(财务报表略)。

①资产负债表项目的调整：

调减预计负债150万元，调增其他应付款200万元，调减递延所得税资产37.5万元，调减应交税费50万元，调减盈余公积3.75万元，调减未分配利润33.75万元。

②利润表项目的调整：

调增营业外支出50万元，调减所得税费用12.5万元，调减净利润37.5万元。

③所有者权益变动表项目的调整：

调减净利润37.5万元；提取盈余公积项目中盈余公积调减3.75万元，未分配利润调增3.75万元。

(7)调整2014年2月的财务报表(财务报表略)。

2. 乙公司编制的会计分录如下：

(1)记录收到的赔款：

借：其他应收款——甲公司　　2 000 000

　　贷：以前年度损益调整——营业外收入　　2 000 000

借：银行存款　　2 000 000

　　贷：其他应收款——甲公司　　2 000 000

注：资产负债表日后事项如涉及现金收支项目，均不调整报告年度资产负债表的货币资

金项目和现金流量表各项目数字。在调整会计报表相关数字时，只需调整上述第一笔分录，第二笔分录作为2014年的会计事项处理。

(2)调整应交所得税：

借：以前年度损益调整——所得税费用(2 000 000×25%)　　500 000

　贷：应交税费——应交所得税　　500 000

(3)将“以前年度损益调整”科目余额转入未分配利润：

借：以前年度损益调整——本年利润　　1 500 000

　贷：利润分配——未分配利润　　1 500 000

(4)因净利润增加，补提盈余公积：

借：利润分配——未分配利润　　150 000

　贷：盈余公积(1 500 000×10%)　　150 000

(5)调整报告年度财务报表(财务报表略)。

①资产负债表项目的调整：

调增其他应收款200万元，调增应交税费50万元，调增盈余公积15万元，调增未分配利润135万元。

②利润表项目的调整：

调增营业外收入200万元，调增所得税费用50万元，调增净利润150万元。

③所有者权益变动表项目的调整：

调增净利润150万元；提取盈余公积项目中盈余公积调增15万元，未分配利润调减15万元。

(6)调整2014年2月的财务报表略。

【拓展思考】 或有事项与资产负债表日后事项有什么区别？

(二)资产负债表日后取得确凿证据，表明某项资产在资产负债表日发生了减值或者需要调整该项资产原先确认的减值金额

【学中做10－9】 甲公司2013年6月销售给乙公司商品，货款为400万元(含增值税)。乙公司于7月份收到所购物资并验收入库。按合同规定，乙公司应于收到所购物资后3个月内付款。由于乙公司财务状况不佳，到2013年12月31日仍未付款。甲公司于2013年12月31日已为该项应收账款计提坏账准备20万元。2013年12月31日资产负债表上“应收账款”项目的金额为800万元，其中380万元为该项应收账款。

甲公司于2014年2月3日(所得税汇算清缴前)收到人民法院通知，乙公司已宣告破产清算，无力偿还所欠部分货款。甲公司预计可收回应收账款的60%。

甲公司编制的会计分录如下：

(1)补提坏账准备：

应补提的坏账准备＝400×40%－20＝140(万元)

借：以前年度损益调整——资产减值损失　　1 400 000

　贷：坏账准备　　1 400 000

(2)调整递延所得税资产：

借：递延所得税资产　350 000

　贷：以前年度损益调整——所得税费用(1 400 000×25%)　350 000

注：本业务不需要调整应交税费。

(3)将“以前年度损益调整”科目的余额转入未分配利润：

借：利润分配——未分配利润　1 050 000

　贷：以前年度损益调整——本年利润　1 050 000

(4)因净利润减少，调减盈余公积：

借：盈余公积——法定盈余公积　105 000

　贷：利润分配——未分配利润(1 050 000×10%)　105 000

(5)调整报告年度财务报表(财务报表略)。

①资产负债表项目的调整：

调减应收账款 140 万元，调增递延所得税资产 35 万元，调减盈余公积 10.5 万元，调减未分配利润 94.5 万元。

②利润表项目的调整：

调增资产减值损失 140 万元，调减所得税费用 35 万元，调减净利润 105 万元。

③所有者权益变动表项目的调整：

调减净利润 105 万元；提取盈余公积项目中盈余公积调减 10.5 万元，未分配利润调增 10.5 万元。

(6)调整 2014 年 2 月财务报表(财务报表略)。

(三)资产负债表日后进一步确定了资产负债表日前购入资产的成本或售出资产的收入

【学中做 10－10】 甲公司 2013 年 10 月 25 日销售商品给乙公司，取得销售收入 240 万元(不含增值税)，并结转成本 200 万元。2013 年 12 月 31 日，该笔货款尚未收到，甲公司未对该应收账款计提坏账准备。2014 年 2 月 8 日，由于产品质量问题，商品被全部退回。甲公司适用的增值税税率为 17%。

甲公司编制会计分录如下：

(1)调整销售收入：

借：以前年度损益调整——主营业务收入　2 400 000

　　应交税费——应交增值税(销项税额)　408 000

　贷：应收账款——乙公司　2 808 000

(2)调整销售成本：

借：库存商品——A 商品　2 000 000

　贷：以前年度损益调整——主营业务成本　2 000 000

(3)调整应缴纳的所得税：

借：应交税费——应交所得税[(2 400 000－2 000 000)×25%]　100 000

　贷：以前年度损益调整——所得税费用　100 000

(4)将“以前年度损益调整”科目的余额转入未分配利润：

借：利润分配——未分配利润　　300 000

　　贷：以前年度损益调整——本年利润　　300 000

(5)因净利润减少，调减盈余公积：

借：盈余公积——法定盈余公积(300 000×10%)　　30 000

　　贷：利润分配——未分配利润　　30 000

(6)调整报告年度财务报表(财务报表略)。

①资产负债表项目的调整：

调减应收账款 280.8 万元，调增库存商品 200 万元，调减应交税费 50.8 万元，调减盈余公积 3 万元，调减未分配利润 27 万元。

②利润表项目的调整：

调减营业收入 240 万元，调减营业成本 200 万元，调减所得税费用 10 万元，调减净利润 30 万元。

③所有者权益变动表项目的调整：

调减净利润 30 万元；提取盈余公积项目中盈余公积调减 3 万元，未分配利润调增 3 万元。

(7)调整 2014 年 2 月财务报表(财务报表略)。

【拓展思考】 若【学中做 10—10】中，乙公司在 2014 年 4 月 8 日全部退货给甲公司，则甲公司应如何编制会计分录？

(四)资产负债表日后发现了财务报表舞弊或差错

这一事项是指资产负债表日后发现报告期或以前期间存在的财务报表舞弊或差错。企业发生这一事项后，应当将其作为资产负债表日后调整事项，调整报告期间的财务报告相关项目的数字。

具体会计处理可以参见“学习任务六　会计政策、会计估计变更和差错更正的会计处理”。

二、核算资产负债表日后非调整事项

知识链接　　**非调整事项处理原则**

资产负债表日后发生的非调整事项，是表明资产负债表日后发生的情况的事项，与资产负债表日存在状况无关，不应当调整资产负债表日的财务报表。但有的非调整事项对财务报告使用者具有重大影响，如不加以说明，将会影响财务报告使用者作出正确估计和决策，因此，应在附注中加以披露。

资产负债表日后发生的非调整事项，应当在报表附注中披露每项重要的资产负债表日后非调整事项的性质、内容，及其对财务状况和经营成果的影响。无法作出估计的，应当说明原因。

(一)资产负债表日后发生重大诉讼、仲裁、承诺

资产负债表日后发生的重大诉讼等事项,对企业影响较大,为防止误导投资者及其他财务报告使用者,应当在报表附注中披露。

(二)资产负债表日后资产价格、税收政策、外汇汇率发生重大变化

资产负债表日后发生的资产价格、税收政策、外汇汇率的重大变化,虽然不会影响资产负债表日财务报表相关项目的数据,但对企业资产负债表日后期间的财务状况和经营成果有重大影响,应当在报表附注中披露。

(三)资产负债表日后因自然灾害导致资产发生重大损失

资产负债表日后发生的因自然灾害导致资产的重大损失,对企业影响较大,应当在报表附注中披露。

(四)资产负债表日后发行股票和债券以及其他巨额举债

企业发行股票、债权以及向银行或非银行金融机构举借巨额债务是比较重大的事项,虽然这一事项与企业资产负债表日的存在状况无关,但其披露能使财务报告使用者了解与此有关的情况及可能带来的影响,因此,应当在报表附注中披露。

(五)资产负债表日后资本公积转增资本

企业以资本公积转增资本将会改变企业的资本结构,影响较大,应当在报表附注中披露。

(六)资产负债表日后发生巨额亏损

企业资产负债表日后发生巨额亏损将会对报告期以后的财务状况和经营成果产生重大影响,应当在报表附注中及时披露。

(七)资产负债表日后发生企业合并或处置子公司

企业合并或者处置子公司的行为可以影响股权结构、经营范围等方面,对企业未来生产经营活动产生重大影响,应当在报表附注中披露。

(八)资产负债表日后董事会提出或已批准的发放的股利和利润

资产负债表日后,企业利润分配方案中拟分配的以及经审议批准宣告发放的股利或利润,不确认为资产负债表日的负债,但应当在附注中单独披露。

【拓展思考】 董事会制订的利润分配方案经审议批准后,宣告发放股利或利润。此种情况应如何编制会计分录?该项会计处理应归属到哪一期间?

【学中做 10-11】 企业在资产负债表日至财务会计报告批准报出日之间发生的对外巨额投资,应在会计报表附注中披露,但不需要对报告期的会计报表进行调整。

正确答案:√

答案解析:企业在资产负债表日至财务报告批准报出日之间发生的对外巨额投资,属于日后非调整事项,应在财务报表附注中披露,不需要调整报告年度的报表。

【学中做 10-12】 甲公司 2013 年度财务报告于 2014 年 3 月 15 日对外报出。下列事项中,属于甲公司 2013 年度资产负债表日后非调整事项的是(　　)。

A. 2014 年 2 月 1 日，甲公司收到乙公司因产品质量原因退回的商品，该商品系 2013 年 12 月 5 日销售

B. 2014 年 2 月 5 日，甲公司按照 2013 年 12 月份申请通过的方案成功发行公司债券

C. 2014 年 1 月 25 日，甲公司发现 2013 年 11 月 20 日入账的固定资产未计提折旧

D. 2014 年 1 月 5 日，甲公司得知丙公司于 2013 年 12 月 30 日发生重大火灾，无法偿还所欠甲公司 2013 年货款

正确答案：B

答案解析：选项 A，报告年度或以前期间所售商品在日后期间退回的，属于调整事项；选项 C 是日后期间发现的前期差错，属于调整事项；选项 D，因为火灾是在报告年度 2013 年发生的，所以属于调整事项，如果是在日后期间发生的，则属于非调整事项。

知识链接　　资产负债表日后事项的披露

企业应当在附注中披露与资产负债表日后事项有关的下列信息：

(1)财务报告的批准报出者和财务报告批准报出日。

按照有关法律、行政法规等规定，企业所有者或其他方面有权对报出的财务报告进行修改的，应当披露这一情况。

(2)每项重要的资产负债表日后非调整事项的性质、内容，及其对财务状况和经营成果的影响。无法作出估计的，应当说明原因。

企业在资产负债表日后取得了影响资产负债表日存在情况的新的或进一步的证据，应当调整与之相关的披露信息。

【任务小结】

本学习任务主要包括：界定资产负债表日后事项，核算资产负债表日后事项。

资产负债表日后事项的会计处理
- 界定资产负债表日后事项
  - 资产负债表日后事项的含义
  - 资产负债表日后事项的内容
- 核算资产负债表日后事项
  - 核算资产负债表日后调整事项
  - 核算资产负债表日后非调整事项

【做中学——职业技能·职业资格考试训练】

一、单项选择题

1. 2012 年 12 月 5 日，甲公司销售一批商品给乙公司，取得销售收入 1 000 万元。2014 年 2 月 10 日，因该批商品存在质量问题，乙公司经甲公司同意后退回了一半商品。假设甲

公司 2013 年的财务报告批准在 2014 年 4 月 30 日报出，下列处理中正确的是(　　)。

A. 调减 2012 年营业收入 500 万元　　B. 调减 2013 年营业收入 500 万元

C. 调减 2013 年年初未分配利润 500 万元　D. 调减 2014 年营业收入 500 万元

2. 甲公司 2013 年 10 月份与大海公司签订一项供销合同，由于甲公司未按合同发货，致使大海公司发生重大经济损失。甲公司被大海公司提起诉讼，至 2013 年 12 月 31 日法院尚未判决。甲公司 2013 年 12 月 31 日在资产负债表中的“预计负债”项目反映了 100 万元的赔偿款。2014 年 3 月 5 日经法院判决，甲公司需偿付大海公司经济损失 120 万元。甲公司不再上诉，假定赔偿款已经支付。甲公司 2013 年度财务会计报告批准报出日为 2014 年 4 月 28 日，下列报告年度资产负债表中有关项目的调整处理方法中，正确的是(　　)。

A.“预计负债”项目调增 20 万元；“其他应付款”项目 0 万元

B.“预计负债”项目调减 100 万元；“其他应付款”项目调增 120 万元

C.“预计负债”项目调增 20 万元；“其他应付款”项目调增 120 万元

D.“预计负债”项目调减 120 万元；“其他应付款”项目调增 20 万元

3. 2013 年财务报告批准报出日为 2012 年 4 月 30 日。2014 年 3 月 4 日，公司发现 2013 年一项财务报表舞弊或差错，该公司应调整(　　)。

A. 2013 年会计报表资产负债表的期末余额和利润表本期金额

B. 2013 年会计报表资产负债表的年初余额和利润表上期金额

C. 2013 年会计报表资产负债表的期末余额和利润表上期金额

D. 2014 年会计报表资产负债表的期末余额和利润表本期金额

4. 甲公司在年度财务报告批准报出日之前发现了报告年度的重大会计差错，需要做的会计处理是(　　)。

A. 按照资产负债表日后调整事项的处理原则作出相应调整

B. 作为发现当期的会计差错更正

C. 按照资产负债表日后非调整事项的处理原则作出说明

D. 在发现当期报表附注做出披露

5. 资产负债表日后期间发生的下列事项中，属于调整事项的是(　　)。

A. 为子公司的银行借款提供担保

B. 对资产负债表日存在的债务签订债务重组协议

C. 在资产负债表日后取得确凿证据，已证实某项资产在资产负债表日发生了减值

D. 债务人遭受自然灾害导致资产负债表日存在的应收款项无法收回

6. 下列发生于资产负债表日后期间的事项中，属于调整事项的有(　　)。

A. 日后期间发现报告年度重大会计差错

B. 外汇汇率发生较大变动

C. 在日后期间满足收入确认条件的商品销售业务

D. 公司支付报告年度的财务报告审计费

7. 甲企业 2013 年度的财务报告于 2014 年 4 月 10 日批准报出。2014 年 4 月 1 日，因

产品质量原因，该企业客户将 2014 年 2 月 1 日购买的一批大额商品退回。对于该事项，下列说法中正确的是(　　)。

A. 不做会计处理

B. 冲减 2013 年度相关财务报表“营业收入”等项目

C. 冲减 2014 年度相关财务报表“营业收入”等项目

D. 在 2014 年度财务报告报出时，冲减利润表“营业收入”项目的上年数等相关项目

8. 下列年度资产负债表日至财务报告批准报出日之间发生的事项中，不属于资产负债表日后事项的是(　　)。

A. 销售商品活动

B. 对企业财务状况产生重大影响的外汇汇率大幅度变动

C. 出售重要的子公司

D. 火灾造成重大损失

9. 甲企业 2014 年 1 月 20 日向乙企业销售一批商品，已进行收入确认的有关账务处理；同年 2 月 1 日，乙企业收到货物后验收不合格要求退货，2 月 10 日甲企业收到退货。甲企业年度资产负债表批准报出日是 4 月 30 日。甲企业对此业务的正确处理是(　　)。

A. 作为 2013 年资产负债表日后事项的调整事项

B. 作为 2013 年资产负债表日后事项的非调整事项

C. 作为 2014 年资产负债表日后事项的调整事项

D. 作为 2014 年当期正常的销售退回事项

10. 某上市公司 2013 年度财务报告于 2014 年 1 月 20 日编制完成，注册会计师签署审计报告的日期为 2014 年 3 月 20 日，经董事会批准财务报告对外公布的日期为 4 月 1 日，实际对外公布的日期为 4 月 10 日，资产负债表日后事项所涵盖的期间为(　　)。

A. 2014 年 1 月 1 日至 2014 年 1 月 20 日

B. 2014 年 1 月 1 日至 2014 年 3 月 20 日

C. 2014 年 1 月 1 日至 2014 年 4 月 1 日

D. 2014 年 1 月 1 日至 2014 年 4 月 10 日

二、多项选择题

1. 下列年度资产负债表日至财务报告批准报出日之间发生的事项中，属于资产负债表日后事项的有(　　)。

A. 按期履行报告年度签订的商品购销合同

B. 对企业财务状况产生重大影响的外汇汇率大幅度变动

C. 出售重要的子公司

D. 火灾造成重大损失

2. 下列发生在资产负债表日后期间的各事项中，属于资产负债表日后调整事项的有(　　)。

A. 上年销售的商品因质量问题而发生退回

B. 银行同意在日后期间到期的借款展期 2 年

C. 对于资产负债表日已经存在的未决诉讼,法院在日后期间判决

D. 董事会通过利润分配预案

3. 在报告年度资产负债表日至财务报告批准报出日之间发生的下列事项中,属于资产负债表日后调整事项的有(　　)。

A. 发现报告年度财务报表存在严重舞弊

B. 进一步确定了资产负债表日前售出资产的收入

C. 国家发布对企业经营业绩将产生重大影响的产业政策

D. 发现某商品销售合同在报告年度资产负债表日已成为亏损合同的证据

4. 资产负债表日后期间发生的下列事项中,不属于非调整事项的是(　　)。

A. 日后期间发行股票筹措巨额资金

B. 报告年度暂估入账的固定资产,在日后期间办妥了竣工决算手续

C. 日后期间资产负债表日未决诉讼结案并支付赔偿,且上年确认的预计负债金额小于实际支付金额

D. 日后期间自然灾害导致资产损失严重

5. 下列有关资产负债表日后事项的表述中,正确的有(　　)。

A. 调整事项是对报告年度资产负债表日已经存在的情况提供进一步证据的事项

B. 非调整事项是报告年度资产负债表日及之前其状况不存在的事项

C. 调整事项均应通过"以前年度损益调整"科目进行账务处理

D. 调整事项中涉及损益调整的直接在"利润分配——未分配利润"科目核算

三、判断题

1. 资产负债表日前已符合收入确认条件的商品销售,在日后期间发生销售折让的,应该调整报告年度财务报表相关项目的金额。(　　)

2. 企业在报告年度资产负债表日至财务报告批准报出日之间取得确凿证据,表明某项资产在资产负债表日已发生减值的,应作为调整事项进行处理。(　　)

3. 资产负债表日后事项涵盖期间股利的分配可以作为日后调整事项进行处理。(　　)

4. 资产负债表日至财务会计报告批准报出日之间发生的报告年度售出的商品因质量问题被退回,该事项属于资产负债表日后非调整事项。(　　)

5. 如果企业在日后期间获得可靠证据证实某项资产在资产负债表日已经发生了减损,企业应将其作为调整事项处理。(　　)

6. 资产负债表日后事项既可以是有利事项,也可以是不利事项。(　　)

7. 资产负债表日后发生的所有事项都属于资产负债表日后事项。(　　)

四、计算分录题

甲公司系上市公司，属于增值税一般纳税企业，适用的增值税税率为17%，适用的所得税税率为25%，所得税采用资产负债表债务法核算。如无特别说明，甲公司对于3个月以内账龄的应收款项按照5‰的比例计提坏账准备。不考虑除增值税、所得税以外的其他相关税费。甲公司按当年实现净利润的10%提取法定盈余公积。

甲公司2013年度所得税汇算清缴于2014年4月8日完成。甲公司2013年度财务报告于2014年3月31日经董事会批准对外报出。

2014年1月1日至3月31日，甲公司发生如下交易或事项：

(1)1月14日，甲公司收到乙公司退回的2013年10月4日购入的一批商品，同时收到税务机关开具的进货退出证明单。当日，甲公司向乙公司开具红字增值税专用发票。该批商品的销售价格(不含增值税)为200万元，增值税为34万元，销售成本为185万元。假定甲公司销售该批商品时，销售价格是公允的，也符合收入确认条件。至2014年1月14日，该批商品的应收账款尚未收回。

(2)2月25日，甲公司办公楼因电线短路引发火灾，造成办公楼严重损坏，直接经济损失为230万元。

(3)2月26日，甲公司获知丙公司被法院依法宣告破产，预计应收丙公司账款250万元(含增值税)收回的可能性极小，应按全额计提坏账准备。甲公司在2013年12月31日已被告知丙公司资金周转困难无法按期偿还债务，因而按应收丙公司账款余额的50%计提了坏账准备。

(4)3月5日，甲公司发现2013年度漏记某项生产设备折旧费用200万元，金额较大。至2013年12月31日，该生产设备生产的已完工产品尚未对外销售。

(5)3月15日，甲公司决定以2 400万元收购丁上市公司股权。该项股权收购完成后，甲公司将拥有丁上市公司有表决权股份的10%。

(6)3月28日，甲公司董事会提出利润分配方案，决定分配现金股利210万元。

要求：

(1)指出甲公司发生的上述(1)、(2)、(3)、(4)、(5)、(6)事项中哪些属于调整事项。

(2)对于上述调整事项，编制有关调整会计分录。

(3)填列甲公司2013年12月31日资产负债表相关项目调整表中各项目的调整金额(调增数以"+"表示，调减数以"-"表示)。

("应交税费"科目要求写出明细科目及专栏名称，"利润分配"科目要求写出明细科目；答案中的金额单位用万元表示，结果保留两位小数)

参考文献

1.中华人民共和国财政部:《企业会计准则》,经济科学出版社 2006 年版。
2.财政部会计司编写组:《企业会计准则讲解》,人民出版社 2010 年版。
3.刘永泽,傅荣:《高级财务会计》,东北财经大学出版社 2014 年版。
4.富风英,黄菊英:《新编财务会计Ⅱ》,大连理工大学出版社 2010 年版。
5.刘永泽,陈立军:《中级财务会计》,东北财经大学出版社 2012 年版。
6.石本仁:《高级财务会计》,中国人民大学出版社 2011 年版。
7.李青,陈红:《高级财务会计》,中国财政经济出版社 2013 年版。
8.王文华,徐文丽:《中级财务会计》,立信会计出版社 2012 年版。
9.傅秉潇:《中级财务会计》,清华大学出版社 2010 年版。